PEQUEÑO CERDO CAPITALISTA

INVERSIONES

PARA HIPPIES, YUPPIES Y BOHEMIOS

PEQUEÑO CERDO CAPITALISTA

INVERSIONES
PARA HIPPIES, YUPPIES Y BOHEMIOS

SOFÍA MACÍAS

AGUILAR

AGUILAR®

Pequeño cerdo capitalista: Inversiones para hippies, yuppies y bohemios
D.R.© Sofía Macías, 2013.

De esta edición:
D.R.© Santillana Ediciones Generales, S. A. de C. V.
Av. Río Mixcoac 274, Col. Acacias
C.P. 03240, México, D. F.
Teléfono (55 52) 5420 7530
www.librosaguilar.com/mx

28.⁰⁰
02/14

Primera edición: septiembre de 2013.
ISBN: 978-607-11-2717-4

Diseño de interiores y de cubierta: Ramón Navarro / www.estudionavarro.com.mx
Fotografía de la autora: Sofía Liceaga Arteaga

Impreso en México

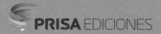

PRISA EDICIONES

Agradecimientos

Este libro es producto del activo más valioso de muchas personas: tiempo. Gracias de verdad a todos los que lo invirtieron en distintas maneras, para que fuera posible este proyecto.

Quiero agradecer mucho a mis lectores porque sus preguntas, comentarios e historias, son el reto principal por el que escribí este libro.

A mi mamá, mi papá, Héctor (#MiHermanoEsUnChiste), a Guillermo y a Juan Montes, por hacerle, de críticos, hasta de terapeutas.

A toda mi familia por las porras y el interés en el tema. A Yolanda Morales, por sus doradas ideas.

A Adriana Rangel y Omar Morales, por ser el 01-800 financiero de este libro. Gracias de verdad por la disposición.

A Carolina Meléndez, por ser la consultora internacional honoraria. Gracias, chama.

A Jesús Reyes y Alejandra Sánchez, por darme la perspectiva de los lectores. Sus comentarios valen su peso en oro... cuando el oro estaba en máximos históricos.

A Daniela Clavijo, por compartirme sus perspectivas y fuentes. A Julia Ruiz, por toda su ayuda y trabajo. A mis editorzazos, por todo el cariño y paciencia que le ponen a cada libro.

Muchísimas gracias a los expertos que se dejaron entrevistar, citar y consultar hasta el cansancio en este proceso. De verdad cada plática fue una clase y cada corrección una cubetada de arena para que este libro fuera mejor de lo que sería sin ustedes: José Manuel Herrera, Hugo Petricioli, Iván González Orozco (no Flores :P), Jorge Madrigal, Roberto Charvel, César Salazar, Claudia de Heredia, Fernando, Lelo de Larrea, Heberto Taracena, Claudia de Heredia, Pablo Kohan, Fernando Soto-Hay, Jorge Castañares, Eduardo Corona, Adrián Loustaunau, Horacio Urbano, Noel Castillo, Iliana Estrada, Isela Muñoz, Pablo Escobedo, Ernesto Macías, Ana Sarez (Ramírez), Tamara de Anda, Wookie, Dago, Luna, Hernán Fernández, al gran Ben Graham y sus libros, y a Roberto Morán.

Y de nuevo a Ernesto Murguía, que sigue sin aparecer, pero al que aún quiero darle las gracias por su inesperada contribución a que todo esto suceda.

ÍNDICE

Índice

😀 **Introducción, 15**

① **1.- ¿Vas a invertir o a apostar? Principios generales de las inversiones**

Qué es, pero sobre todo, qué no es una inversión **28**

Diversificación: ¿Por qué meter todos los huevos en una sola canasta puede terminar en omelette financiero? **61**

Los tres cochinitos... capitalistas **71**

② **2.- Un ojo al gato y otro al garabato. ¿Qué factores afectan a las inversiones?**

¿Qué son y cómo funcionan los mercados? **84**

1.-La inflación **89**

2.-Los ciclos económicos **93**

3.-Las tasas de interés **98**

4.-Las finanzas públicas **104**

5.-La polaca **104**

6.-Impuestos **105**

7.-Desastres naturales, calamidades y anexas **106**

8.-¿Cómo van otras opciones de inversión? **107**

Una los puntos, ¿cómo se relacionan los factores entre sí? **107**

3.- No corro, no grito, no empujo... ¿Qué hacer cuando los mercados van mal?

¿Pérdida o minusvalía? **112**

¿Qué hacen los profesionales para no apanicarse con las crisis y los cambios bruscos del mercado? **119**

4.- En instrumentos de inversión, para todo hay en esta viña del Señor

Instrumentos de deuda **125**

De acreedor a socio, les presento a las acciones **141**

Divisas o por qué nos gustan tanto los billetitos verdes (o naranjas si son euros) **156**

Invertir en "cosas": Los *commodities* **168**

5.- Palitos II: Pagarés bancarios, cetes, fondos de inversión, ETF´S, seguros y afores

Pagarés o instrumentos bancarios, ¿qué es un pagaré? **181**

Cedes, los primos del pagaré **186**

Los famosos cetes, ¿con qué se comen? **188**

Fondos de inversión, la "vaquita" para los rendimientos **193**

🐷 Índice

Fondos de gestión activa *versus* fondos indizados **204**

ETF´S, los híbridos de acciones y fondos **211**

Seguros con inversión, ¿inversión segura? **214**

6.- Oro, ¿el sueño dorado de los inversionistas?

De los egipcios a la crisis financiera global de 2008... en 10 minutos **236**

Propiedades del "oro" **241**

Formas de invertir en los metales **250**

7.- Bienes raíces

Los bienes inmuebles, ¿estáticos? ¡Sólo de nombre! **255**

Comprar casa, ¿patrimonio o inversión? **264**

Y a todo esto, ¿con qué se come eso de TIIE? **292**

Los fibras: formas no físicas de invertir en bienes raíces **294**

8.- Invertir en negocios

Alto riesgo, altos rendimientos **309**

"De a cómo no" o la famosa valuación **331**

Página

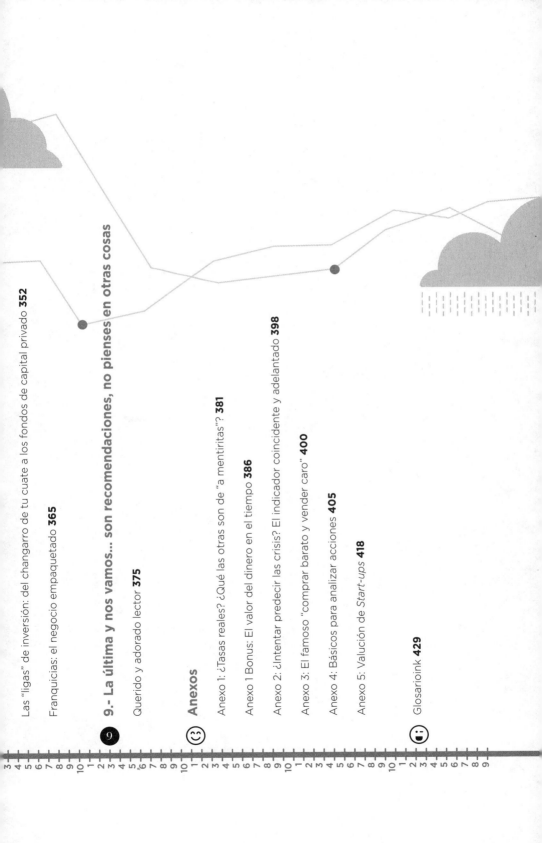

Las "ligas" de inversión: del changarro de tu cuate a los fondos de capital privado **352**

Franquicias: el negocio empaquetado **365**

9.- La última y nos vamos... son recomendaciones, no pienses en otras cosas

Querido y adorado lector **375**

Anexos

Anexo 1: ¿Tasas reales? ¿Qué las otras son de "a mentiritas"? **381**

Anexo 1 Bonus: El valor del dinero en el tiempo **386**

Anexo 2: ¿Intentar predecir las crisis? El indicador coincidente y adelantado **398**

Anexo 3: El famoso "comprar barato y vender caro" **400**

Anexo 4: Básicos para analizar acciones **405**

Anexo 5: Valución de Start-ups **418**

Glosarioink **429**

Introducción

Tengo una confesión que hacer: la verdad, la verdad, las inversiones son el área de las finanzas personales por la que más me queman las llamas de la pasión.

¿Por qué las inversiones son mi tema favorito y por qué quiero contagiarte ese gusto? Porque me di cuenta de que era la única forma de llegar más fácil y rápido a mi sueño: cuando tenía 21 años moría por hacer una maestría (de preferencia fuera de México), y como no me había ganado la lotería, no me apellidaba Slim ni tenía papás ricos ni una tía Eduviges del Conde y Palacios que me heredara, hacerlo posible sólo recaía en trabajar duro... pero no sólo yo, también mi dinero.

Tres años antes ya había sido "la bella durmiente del banco". Quería hacer un mochilazo y tontamente dejé mis ahorros echando la flojera durante un año en mi cuenta de banco, en lugar de que produjeran intereses para completar el viaje, y así irme más tiempo u hospedarme en hoteles que por lo menos tuvieran media estrella. Confieso que desperdicié ese dinero, pero escarmenté y me di cuenta de que quitarse lo gastalón y ahorrar es la base, pero no es suficiente.

Tu meta puede o no ser una maestría, puede que más bien quieras por fin salirte de casa de tus papás o, peor, ¡de tus suegros! Chance, sea la lana para independizarte, poner una empresa o "ninguna de las anteriores". El chiste es que, sea lo que sea nuestro sueño, multipliquemos nuestro esfuerzo para conseguirlo por medio de la inversión, en lugar de solitos ponernos el pie para que nos cueste más trabajo.

Hay a quienes les llegó el momento en la vida en que arreglaron su relajito financiero o están muy cerca de lograrlo. ¡Aplausos! Pero entonces llega la pregunta: "¿Y ahora qué hago con mis 1,000 pesos, 10,000 pesos, 100,000 pesos...? o lo que tengan ahorrado ¿Los dejo abajo del colchón? ¿Me los gasto antes de que valgan menos? ¿Los cambio por un premio con taparroscas?... O ¿en serio puedo empezar a invertir mis "pesitos"?

¡En México puedes invertir desde 100 pesos en tu afore o en cetes directo! Así que nada de ningunear el dinero y nada de que "es poquito, me voy a esperar para ponerlo a trabajar". No es necesario esperarnos a tener sumas altas para invertir. Cada peso trabajando genera y va aumentando tu riqueza.

Puede ser que empieces con alternativas sencillas que tampoco den rendimientos espectaculares, pero te permitirán hacer el hábito, aprenderás a dejar el dinero en paz y trabajando, a ver fluctuaciones, a tomar decisiones... para que cada vez tengas mayores ganancias.

Además, entre antes empieces, más te vas a ahorrar en novatadas. Todos podemos meter la pata alguna vez o nos puede hacer una jugarreta el mercado, pero mejor que te suceda al principio, con una cuenta pequeña, y agarres callo, a que te esperes a ser millonario y que la primera vez que te tomen en curva tus pérdidas sean cientos de miles.

Ok, ok, ya voy a invertir, pero entonces ¿cuál es la inversión que me dé 50% de rendimiento en tres meses? ¿Y tu nieve de qué la quieres? Vamos a empezar por aclarar que "se hacen inversiones, no milagros", así que para obtener rendimientos sostenidos y reales, primero hay que grabarnos en la cabezota que requerimos tres cosas: tiempo, conocimientos y paciencia.

Quien te diga lo contrario es muy posible que quiera enjaretarte algo de dudosa procedencia o fugarse con tu dinero a las Islas Caimán. ¿Por qué? Los buenos rendimientos toman algo de tiempo, porque al final la capacidad del dinero para generar más dinero depende de qué está produciendo y qué tan duro trabaje (por eso hay que preguntar cómo, no sólo cuánto).

Conseguir inversiones que se duplican en meses o pocos años son producto de:

- **A** Un caso de extrema chiripa.
- **B** Algo ilegal.
- **C** Que dejes tu vida actual para dedicarte a esas, claro, cruzando los dedos para que no te vayas a ir a la quiebra.
- **D** Que asumas un riesgo mucho más alto del que deberías (¿recuerdas eso de "mayor rendimiento conlleva mayores riesgos", si no, por qué pagarte más?).
- **E** Todas las anteriores.

Este libro no pretende ninguna de esas cosas. Lo que busca es que conozcas bien las alternativas para que escojas la mejor manera de hacer que tu dinero produzca de acuerdo con cuánto riesgo quieras asumir, cuánto te quieras clavar en el tema y cuánto le puedas dedicar, y que así vayas construyendo riqueza real y no accidental, o sólo humo.

En un congreso de mujeres empresarias conocí a una que llevaba invirtiendo desde los 18 años porque su primer trabajo era en una casa de Bolsa. Ella cuenta que cuando abrió su primer contrato su jefe le dijo: "Para invertir hay que tener estómago... y asentaderas, sí: hay que analizar, tomar la decisión y sentarse a que de verdad den frutos (nada de desesperarse al segundo año), saber que van a existir altos y bajos, y decidir fríamente para no perder dinero." Quince años después, lo que empezó como pequeños ahorros se había convertido en una pequeña fortuna. Pero leyeron bien, esto no pasó ni en uno ni en tres ni en cinco años. Es un proceso. Si estás dispuesto a aprender, en unos años verás bastantes más ceros a la derecha de tu cuenta.

¿Qué voy a encontrar en este libro para lograrlo?

El objetivo de este libro es que entiendas qué son en realidad las inversiones (*spoiler:* son muy distintas a las apuestas), conozcas tu perfil de inversionista, construyas tu estrategia de inversión, entiendas qué hay detrás de cada opción (fondos, bienes raíces, oro, etcétera) para que elijas las que embonen más con tus metas y aprendas lo más posible cuándo hacer cambios y cuándo no alocarte.

Debo advertirte que los primeros capítulos son más técnicos y te encontrarás conceptos mafufones de finanzas y economía, ¡pero tienen dibujitos y les vas a agarrar rápido la onda! Si te empiezas a atorar, sigue leyendo porque muchas veces la idea se explica o se complementa más adelante y, claro, ¡siempre puedes regresarte tantito!

Recuerda que esto de las inversiones es un poco como aprender un nuevo idioma: puede que al principio sólo balbuceemos o podamos hilar frases cortas y simples, pero conforme entendemos más de las palabras, cómo interactúan unas con otras y cuáles sirven para qué, el lenguaje cobra vida, se vuelve más útil y podemos usarlo para crear lo que queramos. Pero nadie aprende a hablar en un día o una semana. Es cuestión de paciencia. Creo que la última vez que aprendí un idioma pasé un par de meses sin entender ni "j", pero de pronto todo se conectó y, aparte de que tenía sentido, me empezó a ser útil en la vida diaria sin tener que pensarlo demasiado. Seguro te pasará igual.

Pasando los primeros tres capítulos, empiezan los que tratan sobre cada opción de inversión: acciones, deuda, las divisas como euros y dólares, cómo funcionan los pagarés y demás instrumentos bancarios, las que son por medio de fondos, con tu afore o un seguro, los *commodities* y, en particular, el oro —parece que la fiebre por el metal no ha desaparecido, siempre es de las consultas top—, los bienes raíces y, finalmente, las inversiones en negocios. En ellos vas a saber qué son, cómo funcionan, qué riesgos tienen, de dónde vienen sus rendimientos, para qué plazos son adecuados y qué les afecta.

La idea es que conozcas bien tus opciones y tengas el sustento de decidir qué combinaciones te funcionan mejor para construir tu portafolio...

¿Porta-qué?

Si te perdí en esa palabreja, no te preocupes, me regreso. Así será en la mayor parte del libro, por eso también hay un glosario en la parte de atrás para cuando parezca que algún párrafo es para comunicarse con una civilización extraterrestre.

Regresando a nuestro asunto: portafolio es la totalidad de las cosas en las que inviertes tu dinero (porque un buen inversionista no invierte todo en una sola cosa). Qué eliges para tu portafolio depende de tus metas, quién eres tú como inversionista, qué nivel de riesgo quieres tomar y cuánto quieres ganar.

A invertir, ¡pero desde ya!

La idea es que sí aprendas a fondo sobre las inversiones, pero no tienes que hacer un posdoctorado con mención honorífica en finanzas para bajar los ahorros de la hamaca (o colchón, tarrito de café, alcancía, tarjeta de débito o cuenta de nómina) y ponerlos a chambear duro.

¿Se acuerdan de que en el *Pequeño Cerdo Capitalista* —si lo leyeron, si no, se los recomiendo, jajaja— discutimos aquello de "no dejes para mañana lo que puedas invertir hoy"? Bueno, ahí les va el ejemplo perfecto de cómo el "tiempo sí es dinero".

Esa frasecita es probablemente el cliché más sonado del mundo financiero y, pese a eso, parece que Mr. B, el difunto marido —traducción, ex novio— de una amiga nunca lo había escuchado: por desidioso y tardado al buscar la mejor alternativa de inversión cómico, mágica y musical del mundo mundial, perdió 24,000 pesotes.

¿Cómo? Resulta que antes de que yo me fuera a la maestría (en agosto del 2009) el ex galán de mi amiga me preguntó en qué invertía la lana de su liquidación. No tenía que usarla para sobrevivir —tenía otros ahorros y propuestas para freelancear—, más bien quería darla como enganche de un departamento dentro de tres años. La fabulosa suma ascendía a 300 000 pesos y yo le di opciones como pagarés bancarios y fondos de inversión. Él me dijo que iba a investigar cuanto antes.

¡Sí, cómo no! Me fui del país, acabé mis estudios, hice prácticas, me aventé un mochilazo de despedida, y para cuando regresé a México en 2011, el interfecto había hecho numerosas llamadas, pero todavía no había contratado nada. Se me hace que la maestría la estaba haciendo él, pero en *call centers* financieros.

20

Siempre me decía "esta semana sí decido", "ya encontré algo bueno, pero ando checando". Luego pasamos al "bueno, chance lo meto en un negocio y por eso no lo puedo invertir", y regresamos a "mejor sí voy a meterlo a un pagaré". Total, todo el tiempo lo dejó en su cuenta de débito y al final perdió por lo menos 24 000 pesos, que es lo que podría haber ganado en esos dos años, si desde el principio se hubiera buscado un pagaré sencillito que le diera 4% anual (muy factible, pues es en lo que estaban los cetes). ¡Qué coraje! ¿No?

Es un caso típico de "parálisis por análisis": estaba tan preocupado por buscar LA MEJOR alternativa, que perdió meses enteros de rendimientos por no poner a trabajar su lana, aunque fuera en algo provisional, mientras encontraba su inversión soñada.

Claramente no se trata de invertir en lo que caiga, dé lo que dé, o sin entender los riesgos a los que le estás entrando; pero si vas empezando y no estás muy seguro, en lugar de tenerlo sentadote en tu cuenta de nómina o bajo el colchón, puedes empezar con algo sencillo y seguir buscando opciones que te den más... ¡tampoco te vayas a quedar por siempre en un pagaré de 28 días si tienes 25 y estás ahorrando para comprarte una casa en diez años o si tienes apenas 30 y quieres meter lana para tu retiro!

Perderte rendimientos o dejar de ganarlos no es la única bronca: el valor de tu dinero también se reduce cuando no inviertes.

Pensemos que somos los más ahorradores, disciplinados y todo lo que gusten y manden, que logramos hacer un buen guardadito, pero si no lo sabemos mover como Mr. B, cada vez podremos comprar menos con ese dinero: como la tendencia natural es que las cosas vayan subiendo de precio, la inflación se va comiendo su valor.

Chance con 200 pesos te alcanzaba para comprar fruta, una ensalada, carne y hasta postre, pero si guardas esos mismos 200

Valor del presente de $200 si los recibieras...

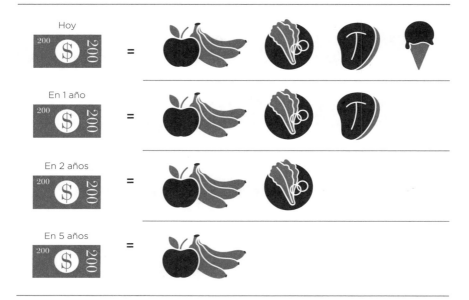

pesos, en un año ya para el postre no te va a alcanzar; en dos, chance te tengas que hacer vegetariano "a fuerzioris"; y en cinco años, con esa misma lana sólo podrás comprar fruta.

De alguna manera no invertir tus ahorros es subir el grado de dificultad para alcanzar tus metas, porque en lugar de ganarle la carrera sólo a tu "yo gastalón", ahora tienes dos contendientes: tu "gastitis aguditis" y la inflación. Si no le ganamos a la segunda, estamos fritos porque nuestro patrimonio se va encogiendo en lugar de crecer y multiplicarse. Francamente, ¡qué ganas de hacerse la vida difícil! Así que ¡a dejar de estar perdiendo el tiempo y el dinero!

Este libro no está hecho para que seas más sabiondo y aprendas términos y teorías, sino para que actúes y aproveches mejor tu dinero, así que vamos a tu primera tarea:

¡Urgente!

Mientras acabas de leer este libro y descubres tu portafolio ideal, pide informes y mete la lana que tengas para invertir en una de las siguientes opciones de corto plazo, para que no se quede de flojonazo bajo el colchón, en la alcancía, la botella de Coca-Cola de 3 litros (si estás juntando monedas de 10 pesos) o la cuenta de nómina:

- Pagaré bancario con vencimiento cada 28 días (también puedes escoger a 14 o a 7 días, pero pagan aún menos). Compara sus tasas en el simulador de la página de Condusef: www.condusef.gob.mx o el indicador del GAT (Ganancia Anual Total) en cada una de sus páginas de internet.

- Abrir una cuenta en cetesdirecto.com y comprar certificados de la tesorería (cetes) de 28 días, que son deuda del gobierno y por eso están catalogados como de los instrumentos más seguros (porque los respaldan nuestros impuestos y es complicado que un país entero quiebre). Cada cete vale 100 pesos, y ése sería el mínimo de entrada. Puedes comprar los que quieras, pero tienes que hacer la transferencia el lunes antes de la 1:00 p.m. porque sólo se subastan una vez a la semana, los martes. En su página tienen varios tutoriales.

- Si ya tienes 20 000 pesos ve a una sociedad de inversión y mete la lana a un fondo de deuda de corto plazo, ya sea mensual o con liquidez semanal (hay hasta diaria, pero entre más disponible tengas el dinero, menos paga). Las sociedades de inversión son instituciones distintas a los bancos. Puedes buscar cuáles hay en la página de Condusef, o bien, la página de la Comisión Nacional Bancaria y de Valores tiene un comparador de fondos www.cnbv.gob.mx, donde puedes ver el rendimiento y las comisiones.

Otras ventajas de poner tu dinero a trabajar es que evita que se te vaya como agua, porque clásico que te pagan el bono y ahora sí lo quieres invertir, pero como te tardas en decidir entre la parrandita, el viajecín, las comidas o cualquier imprevisto, se esfuma... por ahí dicen que de buenas intenciones están llenos los panteones, así que mejor en caliente.

Las tres recomendaciones de arriba son instrumentos de corto plazo, porque así, si lees el libro en un mes, puedes sacar el dinero para pasarlo a la opción que elegiste rápidamente.

Muy importante: recuerda que estas opciones son provisionales y sólo hasta que te vuelvas más ducho en el tema: nada de que como ya está invertido en "algo", me rasco la panza y ahí lo dejo. Sus rendimientos son mayores que tu cuenta de banco, pero ¡tampoco son como para hacer una fiesta o escribir a casa! Es para que no sigas perdiendo ganancias y que tu dinero no valga menos cada vez, pero ese por "mientras" no debe durar más de tres meses o ya estirándolo mucho, seis meses. $

En fin, no los entretengo más, porque si queremos ver resultados pronto hay que empezar, así que ¡arrancan! Y ¡feliz inversiÓINK!

CAPÍTULO

No.

1

INVERSIONES PARA HIPPIES, YUPPIES Y BOHEMIOS

¿VAS A INVERTIR O A APOSTAR? PRINCIPIOS GENERALES DE LAS INVERSIONES

Pa' recetas, ¡¡¡mejor clases de cocina!!!

Me imagino que muchos quieren una respuesta exprés con pelos y señales de dónde ir a depositar su lana y conseguir los mejores rendimientos jamás vistos en dos páginas.

Eso sería lo máximo, pero: *uno*, ¡es su lana! Si se tardaron tantos meses (o más bien años) en juntarla, lo menos que deben hacer es tomarse tiempo para entender las inversiones y ver dónde su dinero puede trabajar más duro, sin que mueran de pánico; y *dos*, si existiera una respuesta única, mágica y musical, y si alguien la supiera, sería más rico que el legendario George Soros o Warren Buffet —o más que Carlos Slim, porque en México también hay ricos en el top 5 de Forbes— y, de seguro, no la compartiría ni con su mamá.

Eso nos lleva a una sola posibilidad: si quieren encontrar la inversión de sus sueños, tendrán que echarle un poco más de ganitas y tomar una ruta por la que no vale la pena tomar atajos, claro, salvo que su objetivo sea perder lana, y en ese caso mejor dónenla a la Orden de los pequeños cerditos capitalistas desamparados. Este camino es saber qué es lo que ustedes quieren y conocerse como inversionistas.

Más allá de lo que les quiera vender el asesor o no, lo importante es que ustedes les hablen de sus metas, de qué quieren hacer con su dinero y cuándo, para que la recomendación tenga sustento, que de verdad se tomen el tiempo para encontrar la trillada pero jamás mejor explicada analogía: "Un traje a la medida."

Antes de saltar a ustedes, empecemos por entender exactamente de qué hablamos cuando decimos "inversión"... ¡porque luego hay unos malentendidos sabrosos! Y por ellos nos va mal.

QUÉ ES, PERO SOBRE TODO, QUÉ NO ES, UNA INVERSIÓN

Así como en el tema de las baratas hay una fuerte confusión respecto al "ahorrar" con el "gasto con descuento" —encontrar en oferta algo que de todos modos tenías presupuestado y aprovechar *versus* alocarte a dar un

tarjetazo por algo que ni se te había ocurrido sólo por su linda etiqueta roja de "15% de descuento"—, así, igualito, hay gente que se va haciendo de una bola de cosas justificándose con que "es una inversión".

Esto es en extremo común con todo lo coleccionable como coches, relojes, figuritas de acción o los chunches que se ponen en repisas en general, que si bien en la cabezota dura de quien los compra siempre existe la fantasía de que en unos años se revaluarán y son una inversión, sólo aplica cuando cumplen ciertos principios.

El ex novio de una de mis mejores amigas de la prepa estaba convencido de que su "enchulado" y restaurado Chevy Nova 79' era una gran inversión... y creo que esta confusión de asegurar que algo que a ti te gusta mucho ya "vale por" inversión, es muy común. Por común, no deja de ser una creencia casi siempre completa y absolutamente infundada porque no cumple con algo básico: un valor de reventa... o peor, ¡siquiera la intención de reventa! Y esto pensando que fuera un bien escaso, que es otro requisito para que un artículo coleccionable cuente como inversión.

En términos para los mortales, damos el paso del ahorro a la inversión cuando nuestro dinero trabaja para nosotros y no sólo nosotros por el dinero. Esto evidentemente implica un crecimiento de valor.

Dicho esto, una inversión es algo que podemos adquirir hoy a cierto precio con la expectativa —e intención— de venderlo en el futuro a un precio mayor o que nos genere una entrada de dinero para hacerlo más amplio... bueno, a menos que seamos pésimos inversionistas —y bastante tarugos— y nuestra idea sea perder lana siempre.

Esto tiene dos partes: la primera, que el instrumento financiero, inmueble o chunche en cuestión debe tender a revaluarse con el tiempo y no al revés (como el caso de muchos de los coches nuevos, que sólo los sacas de la agencia y ya perdieron 30% de su valor, bajita la mano); y la segunda es que no valen los sentimentalismos y los apegos en este caso, porque ¡negocios son negocios chulis!... si no, tu inversión se convierte en gasto y dejémonos de eufemismos.

El caso del poderosísimo Chevy Nova 79' es muy ilustrativo porque el ex susodicho se la pasaba diciéndole a la galana que había sido como pegarle al gordo de la lotería: compró el coche medianamente barato, no le tuvo que meter demasiada lana para restaurarlo y ya con eso había subido de valor de manera exponencial.

Esa discusión la tenían muy seguido hasta que me invitaron a cenar y yo inocentemente lo único que pregunté fue "¡Súper!

¿Cuándo y en cuánto lo piensas vender?"... juro que yo no estaba jugando al abogado del diablo ni intentaba que le cayera mal el guacamole, pero se medio atragantó y básicamente me respondió: "No, pues no lo pensaba vender". Con el mismo tono que él, contesté: "No, pues no es inversión".

El respeto a los gastos y gustos ajenos es la paz, pero hay que dejar de autolavarnos el coco y de confundir términos. No hay ningún problema con destinar una lana a un *hobby* —como ese de arreglar coches antiguos— siempre que esté bien presupuestado, que entonces decidamos reducir el dinero que gastamos en otras cosas que no nos importan tanto o simplemente aceptar que eso es un gasto que hicimos con mucho cariño, pero gasto al fin.

La bronca con usar este término tan a la ligera es que podemos pasarnos de la raya o darnos permiso de gastar en eso "con todo y sin control", bajo la justificación de que es una inversión, aun si ni por asomo cumple con ninguno de los dos principios básicos del tema.

Las metas por delante: antes de hablar de la bolsa o cetes, dime para qué quieres invertir

La mayoría le saca la vuelta al tema de las inversiones porque jura y perjura que para invertir su primer peso tiene que casi casi pasar por toda la carrera y maestría de administración financiera, economía o contaduría, recitar sin error el glosario de la Bolsa Mexicana de Valores y saber perfecto cómo valuar una acción, cuando la realidad es muy diferente: la verdad, lo más importante que debes saber para invertir no es el nombre de las empresas más chipocludas o qué diablos es un derivado —ándenle, ya nos queremos poner elegantes—, sino para qué carambas quieres el dinero que inviertes y cuándo lo vas a usar.

Puede sonar simplista, pero de verdad el error más común es querer empezar por ¿cuál es la mejor inversión? ¿Cuál es el mejor instrumento? Sin saber ¿para qué? Si alguien te responde cualquiera de las dos anteriores sin la tercera, es un embustero o no hace la chamba como asesor. Es más, entrar sin hacerte esta pregunta es casi una garantía de pérdida o por lo menos de llevarte unos buenos sustos.

Además del rollo técnico, mucha gente se va con la finta de que es un tema de cantidad. En twitter, todas, pero todas las semanas, hay alguien que cree que la respuesta es como de trivia de Chabelo y pregunta: ¿Cuál es la mejor opción de inversión si tengo ahorrados 10,000 pesos? ¿Y si son 50,000 pesos? ¿Y si tengo 100,000 pesos? Y así hasta llegar incluso a 500,000 o un millón de pesos. Pero, ¿qué creen? Que no hay una respuesta única que tampoco tiene nadita que ver con el monto.

Sin ánimo de necear: más que cuánto —que puede ser relevante sólo arriba de un millón de pesos y si le quieres entrar a la casa de Bolsa—, la pregunta es ¿para qué lo quieres y cuánto lo puedes dejar trabajando realmente sin tocarlo?

Digamos que esta base de las inversiones es donde la lana se pone filosófica e introspectiva: ¿cuáles son tus metas durante este año? ¿Qué proyectos importantes tienes para dentro de tres años? ¿Cuánto cuesta y en cuánto tiempo quisieras cumplir el viaje que has anhelado toda la vida, comprar la casa que siempre quisiste, independi-

31

zarte o la etiqueta que tenga tu sueño dorado? ¿Cómo te gustaría que fuera tu retiro?

Todo eso se puede y se debe poner en papel y tenerse claro antes de tu primera cita con cualquier asesor o incluso de descolgar el teléfono para pedir informes en cualquier institución financiera. Si tú no sabes lo que quieres y cuándo lo quieres, las probabilidades de que te enjareten la promoción del mes, en lugar de la solución de inversión que necesitas son realmente altas, y no queremos eso, ¿o sí?

Hagamos el primer intento:

Escribe en la siguiente tabla tus metas y cuánto destinarías a cada una:

Meta	Monto	¿Cuándo requiero el dinero?

No es nada fácil establecer los plazos de nuestras inversiones, sobre todo si es la primera vez que nos animamos a dejar el colchón para poner el dinero a trabajar, pero es una de las cuestiones más importantes para decidir en qué podemos meter nuestra lana, así que hay que echarle ganitas.

¿Por qué? Sencillito: la regla es que entre MENOS tiempo tengas para invertir MENOS riesgo puedes asumir.

Y hay que recordar la máxima de, "a mayor **riesgo** mayor **rendimiento**", y al revés: entre más seguridad requieras, menor será el rendimiento que puedas obtener.

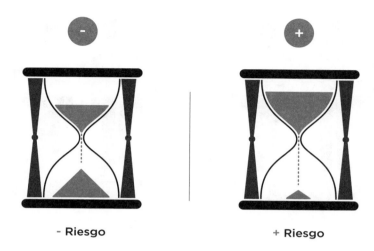

- Riesgo   + Riesgo

Finalmente, el **rendimiento** es el premio que nos dan por invertir nuestra lana. ¿Por qué correríamos más riesgo con nuestro dinero si esa inversión no nos pagará más?

Pero regresemos a la relación del riesgo y el tiempo. El **riesgo** en las inversiones es la posibilidad de que pierdas. Sí, aunque suene gacho, eso es. Puede ser que pierdas sólo los intereses que habías ganado o incluso lo que invertiste al principio (capital o principal). Riesgo también puede ser que los resultados sean distintos a los que esperabas.

El **tiempo** es relevante para el nivel de riesgo y el rendimiento, por la simple razón del plazo que tienes para recuperarte de un potencial vaivén. Si necesitaras esa lana en tres meses y te crees bien temerario y tu inversión se da un trancazo, ¡mala tarde!, puede que el plazo que te queda no sea suficiente para que se recupere para la fecha en que lo ibas a usar. En cambio, como dice el tango "Volver": una caída de días o meses en una inversión a veinte años "no es nada". Igual rebota y no es nada grave porque tienes esas décadas para que se recupere y suba.

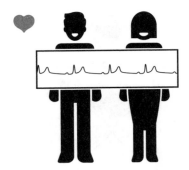

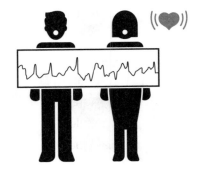

Diagnóstico:
Pareja de treintañeros que
metieron el dinero de su
retiro a la Bolsa.

Diagnóstico:
Ellos metieron el dinero de las
colegiaturas de sus hijos, que se
pagan en 2 meses, a la Bolsa.

Con el tiempo hay que ser más estrictos y darle una buena pensada. Un chico pidió alternativas para un monto que era "para no tocar en un año", y yo me pregunté, ¿por nada del mundo? ¿Ni por emergencias? ¿Seguro? ¿Segurísimo? ¿Ya tienes el ahorro separado para eso?

"Sin tocarlo por nada del mundo" debería ser la frase cuando establecemos nuestro **horizonte de inversión**, que por cierto es una chula palabra, ¿a poco no se imaginan una puesta de sol y viendo "hasta siempre"?

El horizonte de inversión es el periodo ideal que tu dinero debe estar invertido para que genere rendimientos óptimos de acuerdo con el nivel de riesgo que estamos asumiendo.

Y la parte de decir que ni para emergencias es una advertencia de que las inversiones son lana o extra o dinero que no te hace falta en el momento y que para imprevistos debes tener un guardadito fácilmente convertible a efectivo, sin que te cobren penalizaciones o tengas que malbaratarlo, que para los financieros es la famosa **liquidez**. Su definición *popoff* de hecho es: "El grado en que un activo se puede vender o comprar en el mercado —también se puede decir *convertir en efectivo*— sin que se afecte su precio."

Un fondo de inversión de deuda gubernamental diario es más líquido que una casa, porque mientras que en uno tienes disponibilidad cada 24 horas, el proceso para que vendas el inmueble, te paguen y el efectivo llegue a tu cuen... puede tardar semanas o meses.

Pensemos que decides que todo tu aguinaldo lo vas a meter a la Bolsa y tú piensas vivir sólo con tu salario. Recuerda que en teoría si le entras al Mercado de Valores es con miras de quedarte tres años, claro, si hay utilidades buenísimas las tomas, pero si pierdes en el lapso, hay que evaluar antes de salir corriendo. Todo bien hasta que, ¡pácatelas!, chocas y no tienes para el deducible. Para pagarlo debes sacar dinero de tu fondo de Bolsa justo el día que "Corporación El Picudo" anunció un recorte de personal porque se les cayó una negociación, se cae el precio y al vender sales perdiendo.

En este caso no es que no tuvieras la intención de invertir a tres años, sólo que no tuviste la precaución de tener una parte de tu lana en un instrumento más *ad hoc* para las emergencias, con poca variabilidad, que si lo sacas en mal momento no represente una pérdida. Si hubieras podido esperar, posiblemente la acción de "Corporación El Picudo" habría regresado al precio que la compraste y hasta ganar, pero claro, después de una caída eso tarda.

Iván González, un controlador de riesgo, dice que por lo que pueda pasar, incluso el inversionista más agresivo, siempre debería tener al menos 10% de sus inversiones en algo líquido que pueda sacar con facilidad, sin perder, para las emergencias.

Poner toda nuestra lana en una inversión y no tocar puede sonar muy radical —sobre todo si nunca la has dejado quietecita y fuera de tu alcance ni en un pagaré— pero no tienen que ser todos los pesos a los mismos plazos.

Hay que darle a cada peso el nombre de cada uno de nuestros objetivos, para que solito, solito, se vaya al instrumento que le corresponda y tener en mente los cuatro conceptos que mencionamos: horizonte, riesgo, rendimiento y liquidez.

Ahora sí, hay que hacer de nuevo la linda tablita de la meta y su plazo, pero con los pesos que quisieras destinar a cada una y sin olvidar que una parte debe guardarse para emergencias, y ya más adelante tú elegirás los posibles destinos de inversión.

Recuerda que corto plazo es cualquier meta que quieras cumplir antes de un año; mediano, de uno a tres años, y largo, arriba de tres años (aunque lo más recomendables es que sea más de 5 años).

Meta	Monto	¿Cuándo requiero el dinero?	Plazo del instrumento (corto, mediano o largo)

Antes de pasar a la siguiente parte, define con tus propias palabras los conceptos básicos para invertir y pon un ejemplo de cómo los usarías:

Riesgo: _____

_____

_____

Rendimiento: _____

_____

_____

Horizonte: _____

_____

_____

Liquidez: _____

_____

_____

A manera de recordatorio, la secuencia lógica para definir una inversión es:

Meta > Plazo > Riesgo > Rendimiento >

Mucha gente que apenas le entra al tema lo primero que pregunta es dónde puede ganar más (rendimiento) y todo lo demás le vale queso. Ésa es una receta para el fracaso: si sólo nos fijamos en el rendimiento, puede que corramos un riesgo demasiado alto o que elijamos algo que no venga al caso con nuestra meta, así que iorden en la sala!

Conócete a ti mismo:
tu perfil de inversión

Aunque en general el dinero sea considerado un tema frío y despersonalizado, creo que tiene una parte muy humana y es justamente que para ser un buen inversionista necesitas conocerte muy bien. Ya quedamos en que debes tener claro para qué estás invirtiendo, cuáles son tus sueños y

37

metas, pero lo que complementa y cierra perfectamente eso es que sean adecuados para ti.

No tiene ningún caso que los súper rendimientos del fondo más agresivo se te vayan en antiácido o píldoras para dormir. Debes elegir una inversión que sirva a tus metas, pero que no atente continuamente contra tu paz mental.

Más allá de lo importante que es saberlo, para que veas lo sustancial del asunto, por ley algunas instituciones financieras como las sociedades de inversión están obligadas a hacerte un perfil de inversión. Y esto no es ningún misterio: ¿Cómo pueden hacerte recomendaciones sin que sepan qué carambas buscas y qué tan nerviosillo te puedes poner? Algunas desafortunadamente se lo saltan, pero si las cachan de que les puede caer la Comisión Nacional Bancaria y de Valores, les puede caer.

¿Qué define el perfil de un inversionista?

Edad y estado civil. No es lo mismo un jovenazo de 25 años sin chamacos que está invirtiendo un bono con el que no contaba, que un señor de 80 con una agitada y turbulenta vida amorosa, es decir, tres ex esposas que mantener aún. Muy probablemente el primero puede elegir algo más arriesgado, y si pierde: uno, tiene más tiempo para recuperarse y dos, no sería tan grave porque probablemente no sea su único ingreso y nadie más depende de él. En teoría —pero esto hay que después casarlo con la meta en particular para la que la lana está invertida— entre más joven seas, más puedes arriesgar (aunque acá también entra en juego si tienes dependientes económicos, así que ojo con eso).

Aversión al riesgo. Puede que seas joven y bello... Pero que igual te ponga nerviosito que te digan que tu portafolio tuvo una "ligerísima" minusvalía de 50% y que si tenías 200, de momento valen 100. A nadie le gusta perder, claramente, pero hay personas que pueden llegar a ver por meses consecutivos signos de menos en su estado de cuenta y tener la paciencia para esperar, obviamente a cambio de la posibilidad de mayores rendimientos; y hay quienes en definitiva preferirían ver todo casi plano, antes que un número rojo, por pequeño que sea.

Hay muchos grises entre estos blancos y negros, pero es importante no querer sentirse más intrépido de lo que uno es, porque eso generalmente se paga con decisiones arrebatadas en el peor momento.

Hugo Petricioli, director de una de las empresas más grandes de fondos en México, me decía en una entrevista que el sentimiento de pérdida es más intenso que el de ganancia. En este apartado es justo de lo que te estamos advirtiendo. Nada de que yo soy el aventurero, puritito corazón, y nomás se cae un poco la Bolsa y... ¡dice mi mamá que mejor ya no juego!

Experiencia y conocimientos. La edad puede no estar relacionada con la tolerancia al riesgo: viejos lobos de mar probablemente prefieran tener menos seguridad con tal de tener más rendimiento que los novatos, porque ya han visto escenarios similares y ya tienen un colmillo más que retorcido.

Ahí es justo donde la experiencia y los conocimientos pueden empezar a pintar en el perfil. Puede ser que sí tengas un horizonte de inversión de 40 años y creas que puedes aguantar algo de pérdidas, pero si nunca lo has vivido, es la primera vez que inviertes y todavía no le agarras mucho a los mercados, es mejor que vayas aprendiendo poco a poco y conforme "madures" como inversionista y tengas mayores conocimientos te avientes al ruedo con todo.

Si es tu primera inversión en la vida puede que meterte a la Bolsa no sea la mejor decisión. Instrumentos de más corto plazo y con menos variaciones, como los pagarés bancarios, pueden ser un mejor comienzo, por ejemplo. En los próximos capítulos podrás ver el riesgo de las distintas opciones de inversión.

Una parte relacionada es también qué tanto sigues y entiendes las noticias económicas y financieras. No necesitas ser un *trader* y tener siete pantallas con el minuto a minuto de todas las Bolsas del mundo, pero claramente si quieres meterte a algo más que un pagaré, habrá que ponerle un poco de atención a esta sección del noticiario (nomás no demasiada porque si no cada cosita que digan vas a querer poner de cabeza tu portafolio).

Tus finanzas actuales y protección. Tener un fondo de emergencias, seguros y si tienes o no deudas, pueden marcar realmente cuánto riesgo puedes tomar, sin que un imprevisto te deje en la chilla. Lo más recomendable es que primero arregles tu relajito financiero o que al menos mientras lo haces, tus inversiones sean más conservadoras. ¿Con qué afrontarías un desempleo temporal o una reparación mayor a tu casa si todo el dinero lo tuvieras a un año y no lo pudieras o debieras sacar sin perder? Si la respuesta es "¡sabrá Dios!" o "me quedaría bailando en la loma", al menos una parte de esa lana la tienes que poner en algo más "seguro" y que no le pierdas si lo tienes que sacar y convertirlo en efectivo (la famosa liquidez).

Agresivo, pero no porque tire trancazos... Tu perfil de inversión

A nadie le gusta aceptar que es "conservador" —sienten como si les dijeran "abuelita en camisón"—, y a quien le preguntes te va a decir que le gusta el riesgo... pero la verdad es que les gusta... pero en el portafolio del vecino o mientras sea puramente hipotético.

Créanme, aun los que se suben ocho veces a la montaña rusa y son capaces de tirarse del paracaídas pueden ser muy diferentes cuando se trata de lana. Y de verdad es mejor ser sincero que después morirse de miedo todo el tiempo o quedar curado de espanto por no haber hecho bien el perfil.

Los perfiles en general se clasifican en:

Conservador. Prefiere los rendimientos estables y los plazos cortos. Es adverso al riesgo (o sea, le da pánico perder y prefiere ganar menos, pero no andar viendo números rojos).

Moderado. Tolera los riesgos moderados y le gusta mantener una pequeña parte de sus inversiones líquidas (disponibles a corto plazo) y otra parte mayor a mediano plazo.

Agresivo. Le gusta el riesgo y la posibilidad de obtener altos rendimientos en el largo plazo, aunque exista la posibilidad de minusvalía o pérdida.

Algunas instituciones tienen subperfiles, pero en general son variaciones de estos básicos.

Pero mucho bla bla, mejor respondan algunas preguntas para que saquen su perfil, espero que no les salga griego, por aquello de la crisis de deuda, ¡a contestar!

Test

1 ¿Cuántos años tienes?

- **a** Menos de 20
- **b** Entre 21 y 30
- **c** Entre 31 y 40
- **d** Entre 41 y 50
- **e** Entre 51 y 60
- **f** Más de 61

2 ¿Tienes dependientes económicos? (Cuentan tanto hijos como papás y maridos o mareadas u otros familiares anexos si sufragas parte de sus gastos.)

- **a** No, ninguno. Somos sólo yo y mi alma.
- **b** Sí.

3 Tu fuente de ingresos es:

- **a** Constante.
- **b** Variable.

4 Crees que en los próximos años tus ingresos se mantendrán:

- **a** Constantes.
- **b** Se reducirán.
- **c** Crecerán.

5 ¿Cuál es la meta principal que tienes al invertir?

- **a** Viajes.
- **b** Coche.
- **c** Casa.
- **d** Educación de tus hijos.
- **e** Patrimonio o retiro.
- **f** No tengo ni idea.

6 ¿Cada cuándo quisieras tener la posibilidad de hacer retiros?

- **a** Diario.
- **b** Semanal.
- **c** Mensual.
- **d** Trimestral.
- **e** Semestral.
- **f** Anual.

7 ¿Cuánto podrías dejar tu dinero sin tocarlo ni por emergencias?

- **a** 0 días a un mes.
- **b** 1 y tres meses.
- **c** Tres y 12 meses.
- **d** De 12 meses a 3 años.
- **e** 3 años en adelante.

8 ¿Qué preferirías?

- **a** Tener poco riesgo y ganancias constantes, aunque sean bajas, pero que no vea que baje el monto inicial de inversión. De preferencia, saber exactamente cuánto voy a ganar.
- **b** Arriesgar un poco para ganar un poco más y podría aguantar pérdidas muy pequeñas, siempre y cuando sean sólo temporales.
- **c** Arriesgar más para maximizar mis ganancias, aunque sé que podría perder, estoy dispuesto a correr el riesgo por la posibilidad de ganar más.

9 Qué te importa más:

   a No perder.   **b** Ganar más.

10 Los instrumentos que tienen rendimientos más altos por lo general están asociados a:

   a Mayor riesgo.   **b** Menor riesgo.

Una inversión debe dar rendimientos

   a Equivalentes a la inflación.

   b Menores a la inflación .

   c Superiores a la inflación.

   d ¡Alguien traiga a un traductor por favor!

12 ¿Qué pasa con el precio de los instrumentos de deuda cuando las tasas de interés suben?

   a Suben también.   **b** Bajan.   **c** ¿De qué estás hablando?

13 ¿Inviertes o has invertido en alguno de los siguientes instrumentos? (Suma todos los que apliquen.)

   a Nunca he invertido en nada.

   b Depósitos a plazo fijo o pagarés.

   c Cetes.   **d** Fondos.   **e** Dólares.

   f Metales.   **g** Acciones.

14 ¿Con qué tipo de seguros cuentas? (Suma todos los que apliquen.)

   a Vida.   **b** Autos.   **c** Gastos médicos mayores.

   d Seguro con inversión.   **e** Otros.   **f** Ninguno.

15 Tus finanzas son

   a Holgadas: puedo cubrir todos mis gastos y ahorrar una cantidad considerable.

   b Justas: cubro mis gastos, pero tengo muy poco disponible para ahorrar.

   c Muy apretadas: apenas cubro mis gastos o tengo algunas deudas que me complican ahorrar.

   d En crisis: no alcanzo a cubrir mis gastos.

Pregunta	Respuesta y puntaje						Tus puntos
1	a = 12	b = 10	c = 8	d = 6	e = 4	f = 2	
2	a = 4	b = 2					
3	a = 4	b = 2					
4	a = 2	b = 0	c = 4				
5	a = 2	b = 2	c = 4	d = 6	e = 8	f = 0	
6	a = 0	b = 2	c = 4	d = 6	e = 8	f = 10	
7	a = 0	b = 2	c = 4	d = 6	e = 8		
8	a = 2	b = 4	c = 6				
9	a = 0	b = 2					
10	a = 2	b = 0					
11	a = 2	b = 0	c = 4	d = 0			
12	a = 0	b = 2	c = 0				
13	a = 0	b = 2	c = 2	d = 4	e = 2		
	f = 2	g = 6					
	(En este reactivo se suman todos los que tengas)						
14	a = 2	b = 2	c = 2	d = 2	e = 2	f = 0	
	(En este reactivo se suman todos los que tengas)						
15	a = 6	b = 4	c = 2	d = 0			
Total							

Resultados: **8 a 29** Conservador **30 a 70** Moderado **71 a 100** Agresivo

Aunque no es el test más científico, con estas preguntas se pueden dar una buena idea de su perfil y ahora sí, con esto y sus metas, hacer una elección de inversión lógica y coherente.

¡Ojo! El perfil de inversión puede ir cambiando, por lo que conviene que lo revises una vez al año o cuando haya cambios importantes en tu vida.

Puede ser que empieces con un perfil conservador, pero después te des cuenta de que "no hay por qué dar tanto brinco estando el suelo tan parejo" y puedes aguantar una crisis o dos con la mano en la cintura. Si ése es el caso, te pones las pilas y aprendes mucho con estas experiencias, te puedes mover hacia inversiones agresivas.

También puede resultar justo al revés: chance ahora te dediques a poblar el mundo y con tanto chamaco uno no anda para bajaditas de los mercados. Entonces, puede que te moderes o te muevas a lo conservador. No serás el mismo toda la vida. Por eso es importante que el perfil y las metas no sean algo escrito en piedra, también que revises y rebalancees tu portafolio de vez en cuando de acuerdo con esto.

Una amiga me preguntaba qué pasaba si era un desastre y si es posible que alguien no tenga el "nivel" para ser inversionista. Técnicamente cualquiera podría serlo, porque, por ejemplo, puedes entrarle a cetes desde 100 pesos (ya lo explicaré en otro capítulo) y si tienes 100 pesos en el bolsillo, puedes ponerlos a trabajar. Si aún no tienes ni eso, ahí sí sería bueno que le eches un ojito al *Pequeño Cerdo Capitalista: Finanzas Personales para hippies, yuppies y bohemios*, para que tus finanzas dejen de salirse del huacal.

Todo el chiste es que te quieras convertir en inversionista, porque realmente los "prerrequisitos" para hacerlo pueden ser muy relativos: puedes invertir —poco, pero puedes— aun si hoy tienes deudas. De hecho, no es mala idea separar aunque sea un poquito y empezar a hacer tu cochinito, porque muchas deudas se generan por no tener ni un peso ahorrado y menos invertido. También si tienes una cantidad pequeña o si no tienes nada de experiencia, el caso es irse poco a poco, ¡pero poner ya el dinero a trabajar!

Las inversiones son celosas, ¿cuánto tiempo les puedes dedicar?

Por mucho que una inversión te parezca adecuada para tus metas, interesante por cómo funciona, acorde con tu estómago y experiencia, etcétera... una parte del riesgo y de si eliges ésa o mejor te vas por otra cosa, tiene que ver con tu agenda. Sí, tu agenda: ¿realmente tienes tiempo para dedicarle? Las inversiones son unas galanas muy celosas, si no les dedicas tiempo ¡se te puede armar una bronca que para qué te cuento!

Mucha gente me pregunta si no es más rentable tener un negocio que inversiones en fondos o en pagarés. Si es un buen negocio y todo te salió bien, pero poooor supuesto —si no, hasta pierdes o puedes quedar endeudado—, pero ¿tienes tiempo de atenderlo? (Para los que ya están comiendo ansias y quieren saber qué les conviene más, tranquilos, de eso se trata el libro entero y veremos cada opción a profundidad.)

Incluso si sólo vas a ser socio capitalista, ¿te quedan horas del día para evaluarlo financieramente y darle seguimiento? Si tienes un trabajo de 9 a 6 —que en realidad en México muchas veces es de 9 a las milochomil—, difícilmente te dará la vida y "al ojo del amo es buena la mula".

A veces, ¡ni estando en el mismo sector te da la vida para seguir esa inversión! Es el caso de mi amiga Adriana. Aunque ella es *trader* y toooodo el día compra y vende acciones de empresas, para sus inversiones prefiere los portafolios ya "prefabricados". Estos portafolios los eliges por el tipo de perfil y plazo, pero tiene un administrador o "manejador" quien decide qué lleva, cuándo compran o venden. Ella eligió uno agresivo, o sea 80% en renta variable y 20% en deuda, porque es aventada la muchacha, y lo que la tiene tranquila es que un profesional toma las decisiones de acuerdo con un prospecto de inversión, los sigue todo el tiempo y hace ajustes cuando se requieren. Por el tipo de portafolio que escogió, obviamente hay periodos en los que ha visto minusvalías (como en la crisis global), pero del inicio a la fecha el marcador final son ganancias.

Aunque Adriana es muy ducha para comprar y vender acciones en su chamba —trabaja con cinco monitores con grafiquitas enfrente y no enloquece, ¡mis respetos!—, prefiere no hacerlo para su cochinito y ni siquiera escoger de manita uno por uno los fondos que componen su portafolio porque dice que entre las parrandas, las horas en el trabajo, el novio y el tráfico, ¡simplemente no le da la vida!

Esto no implica que sea imposible o que alguien que no se dedique de tiempo completo sólo a vigilar sus inversiones no se pueda meter a ondas sofisticadas, pero sí hay que calcular que el "grado de dificultad" o "apapacho" que requiere ese preciso instrumento case con tus intereses y las horas que le puedas destinar.

En algunos casos podrás apoyarte con un asesor, pero claramente tienes que seguir tus inversiones y tener "disponibilidad telefónica" para chutarte media hora de explicación si vas a vender las acciones que acababas de comprar. Piensa qué tan "activo" quieres ser como inversionista antes de meterte en camisa de once varas.

Más vale paso que dure porque no necesitas empezar con lo más sofisticado

Muchos de los que leyeron *Pequeño Cerdo Capitalista* se emocionaron con el tema de inversiones —afortunadamente— y cerrando el libro mandaban un *mail* que decía: "¿Cómo puedo entrar en la Bolsa y qué empresas me recomiendas?"

Y aunque me daba mucho gusto el espíritu de que por fin quisieran que su lana dejara de echar la flojera, en definitiva ésa no era probablemente una alternativa como de parvulitos.

Empezar a invertir en acciones en directo cuando jamás has contratado ni un pagaré es casi garantía de que si te va mal, segurito que después de esto le agarrarás tirria a las inversiones y tu lana se quedará bajo el colchón o en una chequera por siempre jamás.

Bien dicen las abuelas que "el que con leche se quema, hasta al jocoque le sopla", así que si no quieres quedar ciscado en tu primera experiencia de inversión, es mejor que te la lleves pasito a pasito: empieza con cosas de riesgo bajo como pagarés bancarios, cetes o un portafolio casi todo de deuda y conforme vayas entendiendo, te toque una que otra crisis y le vayas agarrando, te pasas a cosas más avanzadas (si te quedaste con cara de *what* con lo de deuda, viene en el capítulo 4).

Todos, eventualmente, pagamos una novatada cuando entramos en las inversiones:

- Comprar cuando está en máximos y que luego caiga.
- Meternos a algo que parecía que pagaba bien, pero que a la hora de la hora con las comisiones que hay que pagar —todas

las inversiones, salvo las gubernamentales, tienen alguna—, los rendimientos sean de risa.

- Que nos enjareten algún fondo "de moda" que luego sale más malo que la rabia (a mí me tocó cuando lo "hot" eran los fondos de mercados emergentes antes de la crisis)...

Los ejemplos podrían ser innumerables, pero evidentemente la "novatada" se puede magnificar si nos aventamos como "El Borras".

La primera regla para entrarle a una inversión debe ser que entiendas en qué te estás metiendo: cómo funciona, cuáles son los riesgos, cuánto tiempo tengo que estar, cuánto me cobran (¿administración gratis? ¡Ni que fueran la Orden de los Financieros del Sagrado Corazón!), qué pasa si la quiero vender antes de tiempo, si es una institución financiera regulada en México... todas las preguntas que se te ocurran, y entre más fatalistas, mejor.

Si por el momento una de las inversiones no te queda tan clara, mejor aguanta, puede ser que "pagues" en rendimientos no haberle entrado, pero probablemente la cuota sería más carita si pierdes por meterte con los ojos vendados.

Ahora, si quieres acelerar el paso depende de ti: aplícate a leer sobre el tema, a revisar las inversiones y a interrogar como si fueras la policía secreta a tu asesor-ejecutivo de cuenta-vendedor de inversiones.

Otro síndrome muy común es el de "el más mejor". Mi adorado amigo Christian, que es un brillante imitador, fue con quien noté este fenómeno. El muchacho tenía una lana en su cuenta de nómina —ioh, pecado capital!— que no invertía en nada porque llevaba meses, por no decir años, buscando la inversión que le diera más. ¿Compraba un departamento para venderlo o mejor se metía a un fondo de inversión? ¿Le metía lana al negocio de unos cuates o compraba billetes del Melate? Total que tanta desidia bien podía traducirse en cientos o miles de pesos perdidos en rendimientos. Si hubiera elegido alguna de las opciones que se explican en la introducción (un pagaré bancario, entrarle a cetesdirecto.com o a un fondo de deuda en una sociedad de inversión), no se hubiera hecho millonario, pero algo habría ganado en lo que decidía dónde ponerlo.

| Escribe la inversión de corto plazo en la que podrías poner tu dinero a trabajar en lo que defines tu opción ideal: | _____ |

A todo esto, ¿cómo saber si tengo un buen asesor?

Está claro que para invertir te tienes que aplicar y aprender, porque finalmente, ¿de quién es el dinero?, ¿quién va a cuidarlo con más interés? Pero aunque nunca podrás delegar el análisis o las decisiones al 100%, siempre es bueno tener una ayudadita, en especial si vas empezando.

Hay asesores independientes, por ejemplo los que pertenecen a la Asociación Mexicana de Asesores Independientes de Inversiones (amaii), y asesores que las instituciones financieras tienen para sus clientes y si contratas un producto con ellos, te lo asignan.

En ambos casos te puedes encontrar tanto con un"enjareta producto del mes" que se dice asesor, pero también hay otros buenos, con vocación y conocimiento, que pueden hacer una diferencia en tus inversiones. ¿Cómo identificarlo? Un buen asesor...

- Te pregunta de ti, de tus metas y de tu experiencia como inversionista (que no te apene decir "soy novatazo", mejor a que luego andes sufriendo con opciones de "cinta negra").
- No le saca la vuelta a las preguntas sobre sus certificaciones (debería estar certificado al menos por la Asociación Mexicana de Intermediarios Bursátiles, la AMIB, pues eso implica pasar un examen y mantener limpio su historial crediticio, pero mejor si tiene más cursos, por ejemplo los de la CFA).
- Es claro (o lo intenta) y te explica. Si usa terminajos extraños y aplica la de "si no los convences, confúndelos", ¡tache!
- Menciona no sólo las potenciales ganancias, sino los riesgos que tiene la inversión que te está recomendando. Todas, aun los cetes donde es bajo el riesgo, tienen alguno.
- Explica de dónde vienen las ganancias.
- Te cae bien. Recuerda que va a manejar tu dinero y necesitas tenerle confianza, si de plano te da mala espina, pueden mandarte a otro.
- Te llama cada cierto tiempo para ver cómo van tus inversiones y si has tenido algún cambio en tu vida.
- Te da opciones en lugar de hablarte del nuevo fondo que acaban de sacar o cualquier producto y analiza tus necesidades.
- No le saca a hablar de su trayectoria profesional. Si está ahí "en lo que encuentra otra chamba" o si no hace antigüedad en las instituciones financieras por andar brincando de una a otra, pide otro, no sea que te deje volando.

- En el caso de los independientes, es importante también que te informe con claridad: el tiempo que lleva en el negocio y los activos que administra (cuánto lleva), metodología de inversión, sus estrategias de control de riesgo, el monitoreo que lleva, qué comisiones cobra y si está comisionado con una marca en particular. En este caso, si alguien te da referencias, mejor.
- Si él o ella invierte; si no, es como un doctor fumador que te dice que el cigarro es pésimo para ti.

Si falla en más de dos... el que sigueeeee.

Hay de ganancias a ganancia...

Sería maravilloso tener una inversión supercalifragilística y espiralidosa que pongo efectivo en nuestros bolsillos, aumente de precio y además tenga asegurado tanto el capital —lo que metimos a esa inversión— como sus intereses, pero eso y el "vivieron felices para siempre" sólo pasan en los cuentos. No hay una inversión que dé el 100% de todas esas peticiones, por eso hay que saber qué priorizamos en nuestros objetivos de inversión para obtener la mezcla que mejor funcione.

Ahí les van los tipos de prioridades por sus *nombrus financierus*:

Ganancias de capital. Se obtienen cuando lo que adquirimos aumenta su precio en el mercado, evidentemente concentrando la ganancia en que vamos a meter un buen billete, CUANDO vendamos ese activo, por ejemplo: los que se dedican a vender y comprar inmuebles, autos usados o las que haces cuando vendes tus acciones de la Bolsa a un precio mayor al que las compraste.

52

Ganancias en forma de flujos de efectivo.

dinero físico a nuestra cuenta mientras tengamos ese activo. Un ejemplo es cuando tenemos un inmueble que rentamos o si nos pagan dividendos anuales por una acción.

Seguridad. Aquí el principal objetivo del inversionista es que el capital y los intereses estén protegidos, es decir, que no perdamos ni lo que invertimos ni sus ganancias, y que los rendimientos sean superiores a la inflación. En México, uno de los ejemplos actuales podría ser el de los Udibonos, que son bonos del gobierno que van pagando por lo menos la inflación (no son superganancias, pero protegen el poder adquisitivo).

Habrá inversiones que puedan satisfacer dos o incluso las tres prioridades: una casa para rentar que gana plusvalía y vendemos más cara; acciones de empresas que aumenten de valor y además paguen dividendos, o los bonos que sean muy seguros y vayan pagando intereses periódicos, que en finanzas se llaman "cupones". Pero, en general, la balanza siempre se carga más a uno de los tres tipos de objetivos.

Ni apuestas, ni bolas mágicas, ni chiripas. Para invertir necesitas una estrategia

La mayor parte de la gente que acaba perdiendo mucho dinero en las inversiones tiene la peregrina idea de que invertir e ir a los casinos en Las Vegas son el mismo tipo de actividad. "Apuestan" y consideran que una buena parte del resultado tiene que ver con la suerte o con "atinarle" a una sola cosa... Se olvidan de que el dicho más popular al respecto es "la casa siempre gana" y aquí quien queremos que gane eres tú, ¿cierto?

No puedes tener "suerte" consistentemente y llevarte "el acumulado" de vez en diario, y tampoco tendrás una bola mágica que

Las Vegas

Rendimientos

Inversiones

prediga el futuro y pueda mostrarte si las acciones de "Bananas el Chimpancé Chulo" van a subir el próximo trimestre (créeme, si las hubiera, los analistas, que siempre acaban fintados, tendrían varios artefactos de esos en sus escritorios, en lugar de pasársela estudiando cifras de las empresas, reportes económicos, de industrias, etcétera). ¿Entonces cuál es la única manera de tener buenos resultados consistentemente? Tener una ESTRATEGIA.

La diferencia entre apostar y tener una estrategia es que en el segundo caso tienes una ruta para llegar a un objetivo y un plan de qué hacer en caso de que haya sorpresas o sustos, que en este mundo, más que la excepción, son la constante.

Para construir tu estrategia de inversión, lo que harás es combinar la parte personal con lo técnico: para qué quieres invertir, por cuánto tiempo, cuál es tu perfil de inversión, cuáles son tus objetivos en cuanto a rendimiento, los instrumentos adecuados y pensar en los escenarios.

Pequeña aclaración: los objetivos de rendimiento tienen que ser realistas. Cualquiera quisiera ganar 10% en algo superseguro en un plazo de tres meses (ésta podría ser una de las preguntas más frecuentes al twitter del @PeqCerdoCap), pero tampoco es la carta a Santa Claus: el nivel de riesgo, los rendimientos, el plazo y cuánto te vas a meter para que genere tu dinero tienen que ir alineados. Recuerden que a mayor riesgo, mayor rendimiento, y viceversa.

Si tuviéramos que dar una definición medio formalona, diríamos : "Una estrategia es un plan, con reglas y acciones para llegar a un objetivo de inversión, que toma en cuenta las metas y la tolerancia al riesgo del inversionista, para lograr los mejores rendimientos según esos factores. Incluye definir los instrumentos en que se va a invertir y los lineamientos de compra, venta y riesgos a asumir."

¿Cuál es el riesgo de no tener estrategia? A mí el "de tin, marín, de do pingüé" no me ayudó mucho en los exámenes de opción múltiple, chance los maestros intencionalmente lo usaban para que las respuestas en que cayeran estuvieran mal. Es lo mismo con esto: si apuestas a lo que caiga y no te sale, el instinto natural te llevará a "retirar la apuesta", que en muchos casos implica asumir pérdidas que, en el caso de las inversiones, salvo algunos casos, no serían permanentes.

Ahí está la diferencia entre la ruleta y las inversiones: en la ruleta, si perdiste en una ronda, lástima, se lo lleva todo el *croupier* y te quedas sin nada de lo que pusiste. En las inversiones, en general, lo que puede suceder es que si tus "fichas" (o títulos) valían 10, al acabar la ronda valgan 6, pero puede que en la próxima valgan 11.

Poniéndonos más específicos, la estrategia incluye definir los instrumentos en que se va a invertir y los lineamientos de compra, venta y riesgos: nuestra estrategia nos dirá cuándo quedarnos, hasta cuándo salir, incluso cuándo poner más en un determinado activo. La estrategia va afinándose con el tiempo, la experiencia, incluso con los cambios en nuestra vida.

Una estrategia de inversión es un mapa y al mismo tiempo es la brújula para que cuando se te mueva el terreno, sepas cómo orientarte de acuerdo con el lugar a donde te diriges.

¿Para qué te sirve una estrategia de inversión?

Primero, te obliga a tener claridad de qué quieres, cuánto riesgo aguantas, qué ganancias puedes esperar, te lleva a analizar las alternativas disponibles para encontrar la más adecuada y te pone a pensar en "escenarios" para que sepas qué hacer y no te dé el patatús si algo sale distinto al plan.

Segundo, una estrategia te evita pérdidas innecesarias por ventas de pánico. Puedes revisarla y saber si hay sucesos en verdad determinantes por los que haya que hacer cambios o si es mejor quedarse quieto porque la movida de tapete es temporal.

Tercero, la estrategia de inversión también funciona como medicamento antigastritis o para el insomnio. Roberto Cano, director de fondos en Principal, me dijo en una entrevista que cuando los inversionistas con horizonte de largo plazo le hablaban todos nerviosos de que la Bolsa se había caído, él en vez de centrarse en la noticia actual, les preguntaba ¿cuál es tu objetivo a largo plazo? ¿El objetivo cambió? Este suceso no va a pintar mucho en veinte años ¿de verdad te afecta? ¿No? Entonces, para qué cambiar de estrategia.

Ojo: una estrategia se puede replantear, lo cual no implica cambiarla por completo, sino ajustar si existe algún cambio drástico en nuestras metas o uno fundamental en el entorno que pueda seguir deteriorando o mejorando nuestras expectativas para los plazos en que pensamos invertir. Lo que es sólo de corto plazo no nos debe hacer mover cielo, mar y tierra.

Cuarto, para que tengas mejores resultados. Si andamos de lingo-li-lingo con nuestras inversiones y hoy somos muy agresivos, y mañana superconservadores, va a ser difícil que realmente dé frutos. Una estrategia te pone un "estate quieto" para que tengas visión en lugar de andar cazando espejismos.

Como nos gustan los ejemplos —bueno, a mí por lo menos—, ahí les va uno:

Ruperta tiene 25 años, invierte desde los 20, entonces ya no está tan pollita en esto y su objetivo es generar el mayor rendimiento posible en 10 años para comprarse un departamento, tener un colchón para aprovechar oportunidades y no quedarse 100% en la ruina si llega a perder la chamba o algo le pasa (tener algo de liquidez).

Probablemente su portafolio tenga 50% en instrumentos de renta variable, 40 en deuda (pensando que de ahí 10 puntos son para aprovechar oportunidades de inversión) y 10% en cobertura (monedas de otros países). Su estrategia en la parte de renta variable es tomar mitad empresas grandes que constantemente aporten valor y mitad empresas medianas que tengan un alto potencial de crecimiento, aunque también más riesgo.

Si viene una buena bajada de la Bolsa, en lugar de correr a sacarlo todo, Ruperta debe tener claro que está invirtiendo a 10 años y analizar si esta jornada o racha en realidad afecta, o si en 10 años esta bajada probablemente será sólo una rayita hacia abajo. Incluso, debe valorar si está suficientemente abajo como para aprovechar y meterle más (todo esto con ayuda de su asesor, evidentemente).

Pero todo esto no se lo responderá la borregada que hace ventas de pánico ni las noticias de la televisión. La única respuesta sustentada, porque la chismología ¡cómo se desarrolla en las crisis!, estará en lo que le diga su estrategia.

"Papelito habla", bueno, más bien guía

Todos los inversionistas deberían tener al menos un parrafito de su estrategia escrita, y de preferencia ponerlo en el fólder donde tienen los teléfonos de su asesor o la institución que maneja su dinero, para leerla antes de dar instrucciones a lo loco.

Si tuviéramos que desmenuzarla en pasos sería:

1   **Meta y horizonte.** Definir para qué usaría ese dinero y en cuánto tiempo lo voy a usar.

2   **Objetivo de inversión.** En general, podríamos dividirlos en tres: conservar el valor de nuestro dinero y tener seguridad, recibir ingresos o maximizar las ganancias. Puede que queramos todo, pero no se puede al mismo tiempo o en la misma proporción; hay que priorizar, porque de esto dependerá el riesgo que asumimos y el tipo de activos de inversión que elegimos. Sólo con ánimos de ejemplificar: los cetes podrían ser uno de los instrumentos de inversión para el objetivo de seguridad y conservación; las acciones que ofrecen dividendos podrán cumplir el de generarnos ingresos, también tener un departamento para rentar, y maximizar las ganancias podría ser entrarle con capital a un negocio que empieza (los famosos *start ups*), tomando en cuenta que sí podemos tener mayores ganancias pero con un alto riesgo. Obviamente son ejemplos de un sólo activo, lo ideal es combinar.

3   **Qué tan activo voy a ser en administrar mi cartera.** ¿Voy a estar pegado todos los días a ver el precio de las acciones para comprar o vender, o en realidad quiero dejar "hibernar" mi dinero como oso y sólo checarlo cada seis meses?

4   **Describir el riesgo que puedo o quiero asumir.** No se puede tener los máximos rendimientos sin riesgo, pero es mejor ser realista que gastarte los frutos de tu inversión en antiácido, ¿prefieres tener tu dinero muy seguro, nunca perder, con ganancias pequeñas? ¿Correr un riesgo moderado y obtener rendimientos medios? ¿De plano estás dispuesto a ver pérdidas de medias a fuertes por algunos periodos con tal de ganar lo más posible?

5 **Con qué compararás los rendimientos (benchmark).** ¿Cuál va a ser la vara con la que mediré mi inversión? ¿Si gana más que la inflación? ¿Si gana más respecto a qué instrumento?.

6 **¿Qué instrumentos estoy eligiendo y por qué?** ¿En qué vas a invertir? ¿Por qué características seleccionaste esos activos? ¿Rendimiento? ¿Protegen de la inflación? ¿Son contreras con el ciclo económico (técnicamente, se llaman "defensivos" porque cuando hay crisis les va bien, aunque sus rendimientos puedan ser bajitos en épocas de bonanza)? ¿Unos son de corto plazo y otros de largo? ¿Te ayudan a no estar concentrado sólo en tu país? Entender cómo embonan en tu estrategia, qué les afecta y qué esperas de tus activos te servirá para que en épocas de incertidumbre y bamboleos no te pongas en actitud de "sálvese quien pueda".

7 **Las reglas para vender, comprar y asumir riesgos.** Hay que tener parámetros de qué vas a hacer si se te aparece el chahuistle o una superoportunidad, porque "estático" no es un calificativo para el mundo de las inversiones, chulis. Si tuvieras una parte en la Bolsa y se viene la crisis rudísima, ¿te quedarás hasta que rebote o vas a "parar la pérdida" si tus acciones caen más de 20%? ¿Vas a comprar acciones cuando coticen a 15% debajo de su valor histórico de tres años o vas a "promediar" y cada mes, pase lo que pase, le meterás una cantidad? Si pones tus reglas con la cabeza fría, cuando los ánimos estén caldeados por una muy mala o muy buena racha, sabrás mejor qué hacer y por qué.

Como verás, es un ejercicio de coherencia, más que otra cosa. Todo tiene que seguir la misma lógica, porque si no, no funcionará como esperamos. Escribir también te permitirá detectar fallas o saber dónde hay que modificar tus decisiones.

Les dejo un ejemplo y luego abajito escriben el suyo. No se vale copiar, ¡eh!

Estoy invirtiendo la mitad de mi dinero para comprar una casa en tres años y la otra mitad para generar el mayor patrimonio posible en diez años.

Mi objetivo para el dinero de la casa es tener una inversión que mantenga el valor de mi dinero y para el de patrimonio generar altos rendimientos. Por mi ritmo de vida sólo podría revisar mis inversiones una vez al mes.

El dinero para la casa prefiero tenerlo muy seguro, nunca perder, aunque tenga ganancias pequeñas. En cambio, para mi meta de diez años mi prioridad es maximizar, por lo que sí estoy dispuesta a ver pérdidas de medias a fuertes por algunos periodos con tal de ganar lo más posible.

Mi objetivo de rendimientos es al menos tener lo mismo que cetes (siempre que supere a la inflación) y para el patrimonial, ganarle al Índice de Precios y Cotizaciones de la Bolsa.

Hasta ahí se podría quedar el discurso que debemos echarle al asesor de inversiones y su chamba es ayudar a encontrar instrumentos adecuados; pero si ya estamos más avanzados, también podemos contestar los puntos 6 y 7 (en el próximo capítulo encontrarán contra qué comparar).

Mi estrategia de inversión

Recuerda revisar este párrafo que escribiste de vez en cuando para ver si aún se ajusta a tus necesidades, para calmar sustos momentáneos y también para medir si en verdad estás obteniendo los resultados que buscabas con tu estrategia.

Un pilón de la categoría "consejo para la vida": independientemente de la estrategia, los inversionista deberían poner parte de su dinero en algo que les permita disponibilidad y que no pierda mucho valor al venderlo en una emergencia (la famosa liquidez de la que Iván González nos platicaba en el capítulo "No seas la bella durmiente del banco" del primer *Pequeño Cerdo Capitalista*). Eso sirve para imprevistos, para tener un colchoncito, tomar oportunidades y también para no desbaratar nuestra estrategia.

DIVERSIFICACIÓN: ¿POR QUÉ METER TODOS LOS HUEVOS EN UNA SOLA CANASTA PUEDE TERMINAR EN OMELETTE FINANCIERO?

Un día que mi mecánico de desconfianza me dio un aventón a mi casa, salió a cuento el tema del ahorro y las finanzas. Él me "tanteó" con opciones de inversión y al final me dijo que sonaba bien, pero que él prefería usar todo su dinero para comprar centenarios, porque se le hacían la mejor inversión y que el oro "siempre sube".

La chula grafiquita a continuación prueba que lo segundo no es tan cierto...

Pero más allá de las bondades o maldades del metal amarillo, que las discutiremos en el capítulo 6, poner toda tu lana en un solo activo tiene el efecto contrario que buscamos al ahorrar e invertir: arriesgar nuestro dinero.

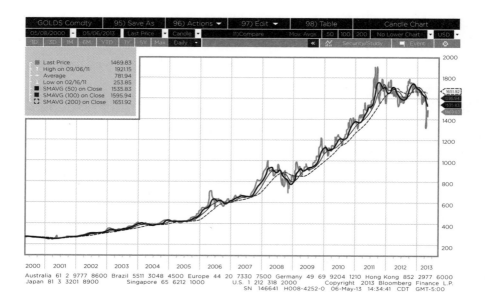

¿Por qué? Pensemos que, igual que el mecánico, tú crees que el oro es la panacea y si según tú eso es lo que da más, ¿pa qué le metes a otras cosas? Mejor todo ahí, así ganas más. Ajá, hasta que de pronto viene un periodo de bonanza económica mundial y como la gente ya no está asustada ya no compra oro, entonces de los 26,000 pesos con los que te relamías los bigotes, imagínate que ahí bajita la mano se caiga a 20,000 pesos. Eso sería una caída de 23% del valor de tu dorada fortuna.

Es por esto que aunque parezca una inversión de 24 kilates, ni todo el amor ni todo el dinero a un solo instrumento. Si eliges varios activos que reaccionen diferente, si uno se cae, el otro compensa.

Y hablando de diversificación, ¡aguas! No sólo hay que tener activos de chile, dulce y manteca porque sean diferentes entre sí, hay que elegir cosas que no estén correlacionadas. Esta palabreja elegantona lo único que quiere decir es que busques que a tus instrumentos no les afecten las mismas cosas y no se muevan de la misma manera en determinadas circunstancias.

Muy fácil para los futboleros: tienen a sus once jugadores y aunque el equipo contrario normalmente ataca por la banda derecha, hay posibilidades de que también lo haga por la izquierda. Si les dicen a todos sus jugadores que siempre se muevan a la derecha, porque si se van por el otro lado ya valieron, ¿qué necesitan? Que si el entorno cambia y unos se mueven para un lado, los otros se muevan para el otro, equilibren y no se los lleven al baile.

Así, igualito, pero ahora va el ejemplo de la "correlación" con instrumentos reales: ¿cuándo le va normalmente mal a las acciones? Como dependen del desempeño de las empresas, se las ven negras cuando la gente compra menos y la economía anda de capa caída. ¿Para qué te comprarías, en la misma proporción, otro activo que se comporte exactamente igual en las crisis? ¡Pierdes por todos lados!

En ese caso te convendría más tener una parte en divisas porque históricamente en México cuando la Bolsa baja, el peso pierde frente al dólar. Hay una "correlación negativa" entre el tipo de cambio y la Bolsa Mexicana de Valores. ¿Y si además le metieras algo que fuera resistente contra la inflación? En México, por ejemplo, están los instrumentos indizados a udis (las unidades de inversión) que siempre pagan más que ésta. Tener parte en acciones y parte en divisas, parte en deuda y parte en instrumentos de tasas reales (que paguen arriba de la inflación), es mejor idea que tener una sola cosa. Si ya le agarraron al concepto de correlación y con eso se dan de santos, hasta aquí pueden quedarse y saltarse al próximo subtítulo, pero si se quieren clavar más en el tema ahí les va la explicación técnica:

Correlación para avanzados

En la correlación de "activos" hay dos variables: el riesgo y el rendimiento esperado. Se toman las series históricas de estos datos, se combinan, se hace una regresión —lineal, no de vidas pasadas— y sale un numerito, el "coeficiente de correlación". Con este numerito puede salir alguna de las siguientes posibilidades: que entre dos activos exista una correlación positiva (cuando los dos activos que compraste siempre se mueven en la misma dirección), una negativa (cuando se mueven en direcciones opuestas: cuando algo baja, lo otro sube), o no correlacionadas (que es cuando los rendimientos de uno no tienen nada que ver con cómo se mueve el otro y viceversa, o sea, se dan mutuamente lo mismo).

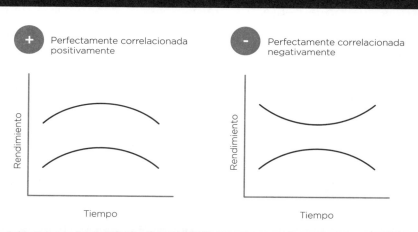

+ Perfectamente correlacionada positivamente

- Perfectamente correlacionada negativamente

Rendimiento — Tiempo

Rendimiento — Tiempo

Lo que buscamos es tener en nuestro portafolio instrumentos con correlación negativa entre sí o ya "de perdis", si es positiva que sea baja, porque así puedes tener los mismos rendimientos, pero con menor riesgo porque no aplica la de "todos para arriba, todos para abajo".

Acá les voy a poner una tablita de qué pasa cuando combinas dos activos correlacionados negativamente:

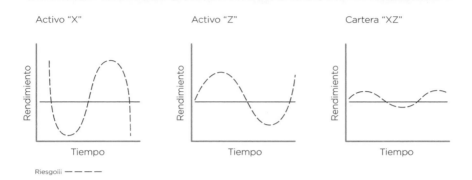

Activo "X"

Activo "Z"

Cartera "XZ"

Riesgoiii — — — —

La rayita punteada es el riesgo, si va para abajo pues es que puedes perder, si va para arriba es que puedes ganar. Pensemos que la primera parte de la gráfica es un boom económico y la segunda parte es crisis, x es oro y z son acciones. En la primera parte si sólo tuviéramos oro, habríamos perdido en el boom y se hubiera recuperado en la crisis. Si sólo tuviéramos acciones, habríamos ganado en el boom, pero en la crisis nos hubiera ido como en feria. ¿Pero qué pasa si compramos parte y parte? No perdemos tanto en ninguna de las dos y se mantiene el rendimiento esperado más o menos. ¿A poco no conviene? Esta onda hay que balancearla con los múltiples activos que idealmente deberíamos tener, en proporciones distintas de acuerdo con nuestras metas, plazos, perfil de riesgo, etcétera.

Invertir por cajoncitos

El tema de la diversificación se puede hacer eligiendo por instrumentos específicos o también una de las estrategias que más emplean los financieros para inversiones de largo plazo es el *asset allocation* o asignación de activos, que es como si decidieras primero los cajones y luego qué les vas a meter específicamente:

- Primero eliges de acuerdo con tu estrategia los tipos generales de activos en los que quieres invertir y qué porcentaje en cada uno. Supongamos que alguien decide poner: 30% en deuda, 30% en bienes raíces, 20% en renta variable, 10% en cobertura (monedas de otros países) y 10% en algo que te permita tener liquidez.

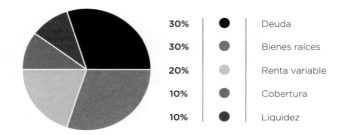

30%	●	Deuda
30%	●	Bienes raíces
20%	●	Renta variable
10%	●	Cobertura
10%	●	Liquidez

La idea es mantener esos porcentajes a lo largo del tiempo, así que si de pronto suben mucho las acciones y aumenta su porcentaje en el total, se vendería una parte para comprar los activos que se hayan desbalanceado. Esto se hace periódicamente, no cada que se mueve el mercado, ¡si no, nos la pasaríamos cómprale, véndele diario porque se movió, en lugar de 10% tenemos 9.5% en algún lado! Aunque no hay un periodo estándar, vale la pena que eches ojo cada tres o seis meses y decidas si ajustas o no.

- Después, dentro de cada categoría ya eliges activo por activo. En el caso de la Bolsa, serían las diferentes empresas de las que quieres tener acciones, que de preferencia deberían ser de distintos sectores (si no, ¿cuál diversificación?).

No todo el mundo sigue esta estrategia, pero hay estudios que respaldan su eficacia y para muchos puede ser una buena opción, ya que nos da una forma más ordenada de elegir nuestras inversiones y mantener nuestra estrategia.

Para abril o para mayo, la diversificación y los plazos

Por último, así como hay que diversificar en "clases" de activos, también hay que hacerlo en plazos, tanto para tener un colchoncito disponible para emergencias, disponibilidades cada cierto tiempo para lo que no requiere a la mano, como para hacer más lana cuando en el largo plazo pagan más o tener dineros para aprovechar oportunidades.

Como nadie tiene la bolita mágica y un desbarajuste puede mover todas las piezas, tener cubiertas la mayor cantidad de posibilidades, con los posibles escenarios que puedan salir, es lo que hará que a la larga tu portafolio consistentemente tenga buenos rendimientos, en lugar de andar brincando como chapulín por tratar de "atinarle" a la nueva oportunidad dorada.

¿Cuánto es un buen rendimiento?

Hay una pregunta existencial para saber si realmente la odisea de invertir está valiendo la pena: ¿cómo saber si estamos obteniendo buenos rendimientos? Para esto hay que definir un *benchmark*, que es simplemente un anglicismo financiero para decir "el indicador al que le queremos ganar o por lo menos empatar".

Un *benchmark* puede ser un índice, una tasa o un producto de inversión similar que usemos como referencia. Si estamos hablando de negocios, un changarro de la misma industria, por ejemplo.

Evidentemente, hay que comparar peras con peras y manzanas con manzanas, es decir, por nivel de riesgo. Es claro que sería un disparate querer que un pagaré, que es un instrumento de rendimiento garantizado, dé lo mismo que la Bolsa, que conlleva más riesgo y debiera pagar más.

Hay un concepto llamado "tasa libre de riesgo", que aunque no sea tan libre, tan libre, porque todo en este mundo tiene aunque sea una posibilidad pequeña de perder nuestro dinero, nos sirve para hacer un primer filtro de si le entramos a una inversión: si lo que nos proponen no da más que la tasa libre de riesgo, ¿para qué me meto y arriesgo mi lana si con "menor peligro" puede generar más o por lo menos lo mismo?

La tasa libre de riesgo mundialmente reconocida son los Bonos del Tesoro Estadounidense —la crisis probó que el apodo era medio relativo— y también se considera en este grupo a la de los bonos alemanes.

En México, uno de los instrumentos con menor riesgo por estar respaldado por el gobierno federal son los cetes a 28 días porque los respaldan nuestros impuestos, las reservas y los ingresos del petróleo. Los cetes son deuda del gobierno y pues debe ser menos factible, como ya se dijo, que un gobierno se declare en quiebra y no pueda pagarle a los inversionistas que le prestan lana, que una empresa. La tasa de los cetes la pueden consultar en la página de Banco de México, www.banxico.org.mx.

Si tu amigo "El Tuercas" tiene la maravillosísima idea de poner un taller mecánico ultramoderno que realmente no sabemos si va a funcionar y su idea es pagarte 4% anual —y nada garantiza que suceda—, creo que no se necesita ser un genio financiero para saber que te convendría más meter esa lana a cetes, que dan un poco más que eso y te dejarán dormir tranquilo.

Y ése fue el ejemplo extremo, pero ¿por qué invertirías en un maravillosísimo pagaré de tu banco que dé 2.6% anual, si los cetes con un nivel de seguridad mayor te dan 3%? Creo que de maravilloso pasó a patito, ¿no?

Los *benckmarks* que establezcas también son parte de tu estrategia de inversión porque son los que te van a permitir ir midiendo qué tal vas.

Ahí les va una chula tablita para algunas ideas de cómo pueden comparar:

Instrumento	Benchmark
Pagarés, inversiones a plazos en bancos y fondos de inversión en deuda de corto plazo.	Tasa anual de los cetes a 28 días (dependiendo del plazo), que publica a diario el Banco de México. Otros pagarés. Depósitos a plazos en bancos con iguales periodos, como Certificados de Depósito. Fondos de deuda de corto plazo.
Inversiones en La Bolsa.	El IPC de la Bolsa Mexicana de Valores. Fondos de renta variables similares al nuestro. Acciones del mismo sector económico.
Inversiones en Bolsa de Estados Unidos.	El Índice Standard & Poor's 500. El Índice Industrial Dow Jones.

Instrumento	Benchmark
Inversiones en Bolsa a nivel internacional.	Los Morgan Stanley Capital Index, para cada país y por regiones. El Schwab International Index Fund, que invierte en las 350 empresas más grandes del mundo fuera de Estados Unidos.
Negocios.	Tasa anual de los cetes a 28 días, más el extra que decidas ponerle. El IPC de la Bolsa Mexicana de Valores. Rendimiento general de la industria. Rendimientos con negocios similares.
Bienes raíces.	Precio por metro cuadrado de venta o renta de la zona.

Para que se vayan dando una idea...

A partir del capítulo 4 vamos a hablar de cada una de las opciones que tienen para invertir largo y tendido, pero como una empapada inicial y para que no se les haga tan abstracto, aquí les dejo un acomode de algunas alternativas por nivel de riesgo y de rendimiento:

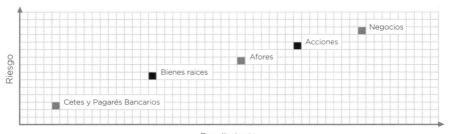

Por supuesto esto es una tabla general y hay alternativas que no se incluyeron. Una fueron los fondos de inversión, que no están en la ilustración porque pueden ser de muchas cosas, y el riesgo y rendimiento depende de qué traigan. El oro tampoco aparece porque del 2000 para acá, ha tenido comportamientos medio erráticos. Ya hablaremos de cada instrumento en sus correspondientes capítulos, pero al menos con esta imagen nos vamos ubicando.

LOS TRES COCHINITOS... CAPITALISTAS

Construir un portafolio es el punto al que quería llegar con todos los datos anteriores, que aunque usted no lo crea se puede parecer mucho a una casa. Como ya me conocen en mi faceta de cuentacuentos, ahí les va un clásico modernizado a lenguaje financiero:

Había una vez tres cochinitos (capitalistas) que estaban construyendo un portafolio de inversiones, ah, no, esperen, era una casa.

El primero, que se llamaba Catrín, decidió hacerla toda de palma de Fidji, pues estaba seguro de que sería lo de moda la próxima temporada, pues el primo de un amigo de su tío le contó que venía el *boom* y su casita subiría de precio.

El segundo, que era medio *bling bling*, la hizo toda de oro (para que le combinara con su diente del mismo metal), pues le habían dicho que el oro era lo más fuerte, seguro y que todos pensarían en él como en el cerdito Midas.

El último cerdito, que se llamaba D, se tomó mucho tiempo investigando y llegó a la conclusión de que la mejor casa requeriría varios materiales.

Los otros cerditos se asoleaban en las hamacas de palma y oro respectivas y se burlaban del cerdito D, porque en unos días ellos habían decidido cómo construir su casa y ya estaban tan campantes mientras el otro seguía viendo planos, proveedores, cargando bultos, plantando vegetales. Pero al cerdito D le valió y siguió construyendo su casa ideal.

Primero compró unas fuertes varillas de metales, les puso buen cemento y empezó a construir las paredes con ladrillos artesanales. Para que nadie dudara de su buen gusto y que estaba a la moda, también le puso un tejado de palma de Fidji y buenos acabados. Además, como era buen jardinero decidió plantar en la entrada un huerto de soya, tomates y arúgula con certificado bio, para sacar una lana extra en el mercado orgánico del pueblo.

Pasado el tiempo llegaron compradores al vecindario y al cerdito Catrín le ofrecieron 2 millones por su casa, porque, efectivamente, la palma estaba de moda, al cerdito Midas 1.5 millones y a cerdito D 1.8 millones. Cerdito Midas estaba muy sorprendido de que su magnífica casa de oro valiera menos que la de cerdito D, pero al parecer el potencial comprador no era rapero.

Cerdito Catrín juró que su casa seguiría subiendo, así que no aceptó la oferta y fue a regodearse en su mansión tropical. Los otros dos tampoco vendieron.

Una fatídica tarde llegó el lobo feroz y al observar las casas le pareció que fácilmente podía llevárselas al baile. Empezó con la más sencilla y estilosa: la casa de palma. Sopló y sopló, hasta que dejó sólo los cimientos y todas las palmas regadas en el suelo. Cerdito Catrín, desconsolado y pensando que había perdido casi todo, corrió a refugiarse en la casa del cerdito Midas. Jamás habría pensado que hacer toda, todita su casa de palma podría dejarlo con casi nada.

El lobo pensó que eso había sido fácil, una casa de un solo material y encima palma, muy bonita, elegante y que había subido de precio en los últimos años, pero tan volátil como su aliento lo quisiera. Entonces miró la resplandeciente casa del cerdito Midas, sacó su pistola láser —¿a poco creían que se iba a desgañitar soplando?— y la derritió.

El cerdito Midas, que en ese momento estaba en su sauna de oro, se dio cuenta de que el calor era más intenso que de costumbre y al ver todo fundido corrió despavorido con cerdito Catrín a la casa del cerdito D.

Como el lobo vio muchos materiales, no supo por cuál empezar, sopló y tiró algunas de las palmas, pero no todas porque estaban afianzadas en un techo con arneses. Después usó el rayo láser y sólo pudo derretir algunas chapas y cuando estaba por traer una demoledora, se dio cuenta de que la pared tenía recubrimiento de boligoma.

La casa sufrió algunos desperfectos, pero nada que no se arreglara con un poco de pintura y algo más de palma. Además, como era la única casa que quedaba llegaron compradores por montones y en pocos meses le ofrecieron bastante más que los 2 millones por la casa del cerdito Catrín.

Cuando los cerditos tuvieron que reconstruir sus casas siguieron el ejemplo de cerdito D —por cierto, D de Diversificador— del que tanto se habían burlado.

Con todo lo que ya saben, seguro ustedes no harán un portafolio de un solo instrumento, que cualquier Lobo Feroz —o catarrito financiero como luego dicen los políticos— pueda mandar a volar. La concentración es tan riesgosa, por más que parezca una inversión única e irrepetible y aquí la idea no es ser rico un día y luego quedarse de patitas en la calle, sino construir prosperidad duradera.

Como breve recordatorio, el decálogo para construir tu portafolio es:

1 Debes saber qué es lo que quieres. Plantea claramente tus metas.

2 Nada de "soy Juan Camaney". Conoce verdaderamente tu perfil de inversión.

3 Congruencia, queridos. Busca instrumentos adecuados en plazo y riesgo a tus metas.

4 Haz planas de "a mayor riesgo, mayor rendimiento".

5 Más vale paso que dure... Empieza por lo que entiendas y conforme aprendas y tengas experiencia, pásate a cosas de más riesgo y potencial rendimiento.

6 Aguas con lo "demasiado bueno para ser verdad" porque generalmente lo es.

7 Un buen inversionista tiene un "portafolio", no busca "pegarle al gordo" de la lotería.

8 Ni todo el dinero ni todo el amor. Define en qué categorías quieres invertir; luego, dentro de cada una, diversifica y busca instrumentos con poca correlación.

9 No son adivinanzas. Ten una estrategia clara, apégate a ella y revísala antes de tomar decisiones alocadas o de pánico.

10 Son inversiones, no milagros. Necesitas darles tiempo para que den sus mejores ganancias... y seis meses generalmente no es tiempo suficiente para tener 10% si no es producto de una racha excepcional o un arriesgue irracional.

Muchos se habrán ido con la finta y pensarán que esto aplica sólo para inversiones financieras como los fondos, pero no. Un portafolio son todos los activos de inversión que tengamos, del tipo que sean, el conjunto de nuestra riqueza, para que nos vayamos entendiendo.

Si vemos el portafolio como algo más general —y más nos vale— estos principios deberían aplicar para todo: entran negocios, bienes raíces, el centenario que te dejó la abuelita, antigüedades y obras de arte, etcétera. Nuestro portafolio no debe ser un acto del azar o de "lo que fue cayendo". Hay que saber cuánto debes tener de cada cosa y qué les pega a cada uno para tener el mejor rendimiento posible, dentro del riesgo que quieres asumir para lo más importante: que funcione para tus metas.

Bonus. Riesgos de dos patas, ¡aguas con los estafadores!

Clásico que llega tu cuate con la mejor inversión jamás vista —que por cierto es *top secret* para que otros no la vayan a ganar— y a ti te empiezan a brillar los ojitos nomás de oír 100% mensual.

Ya te imaginaste con yate en Cannes y eso fue suficiente para darle un mazazo a tu alerta de fraudes.

Para que una inversión sea realmente buena y no sólo llamarada de petate, el dinero que metemos debe ser capaz de generar más dinero. Suena a obviedad, pero a muchos se les va la muy básica pregunta: "¿De dónde sale el dinero que me pagan por mi inversión?", ¡y luego se sorprenden de que su asesor de desconfianza anda danzando con su lana en las Islas Caimán!

Les voy a contar el caso de mi cuate Huicho y su encuentro cercano del tercer tipo con el Madoff a la mexicana.

Este muchachito, que tenía un blog de finanzas personales y algo le sabía al tema, me mandó a finales de marzo de 2009 un *mail* con una duda-sugerencia sobre una oportunidad de inversión increíble, maravillosa, única en la vida... y todos los apelativos que huelen a estafa a cuatro kilómetros de distancia.

Se trataba de una inversión en Forex, a través de una oficina en el WTC de la que ni yo ni la Condusef jamás habíamos oído, a la que quería entrar porque sus cuates habían conseguido rendimientos de 20 o 30% en un par de meses. Él había tratado con una cuenta "demo" (sin invertir dinero de verdad) y le había ido bien.

El Forex es el mercado internacional de divisas. Ahí la gente gana o pierde dependiendo de si le atinó a si el dólar, el euro, el yen, etcétera, sube o baja y muy importante: no es un mercado regulado porque es mundial y no hay una autoridad que pueda ponerse jiritos a todos los países (rollos de soberanía).

Yo le contesté que las inversiones en Forex eran muy riesgosas, incluso los financieros decían que eran más complicadas que invertir en la Bolsa porque las divisas son muy volátiles y un día puedes ganar 30% y al siguiente perder 60%, pero que además no es un mercado regulado ni la empresa donde pensaba abrir su cuenta, así que si tenía una bronca no había una autoridad financiera que los respaldara.

Nunca es buena idea invertir en algo que no entiendes al 100%, ¿y quién puede entender cómo se mueven todas las monedas del mundo si tiene una chamba de 8 a.m. a 7 p.m. que se trata de otras cosas? Total, que yo, yo, yo... no las tomaría.

Pudo más el sonidito de monedas en su cabeza y entonces este hombre —que en su blog hacía recopilaciones de estrategias de inversión, ahorro, *gadgets*, libros y sitios de internet para manejar el dinero— muy cándido me dijo por *messenger*: "Le voy a entrar nada más con 5 mil dólares..." con un tono como si la cantidad literalmente fuera lo que le sobró de su domingo. Huicho siguió recomendándome abrir un contrato, al fin que tenían "oficinas serias" en la torre del World Trade Center de la Ciudad de México, aunque por ahora la mitad de las oficinas de ahí son virtuales, es decir, las comparten varias compañías.

Le duró poco el gusto porque en agosto me llegó un *mail* de Huicho donde me pedía mi teléfono para contactarme urgentemente. El cuate de las inversiones en Forex se había ido con su dinero y el de al menos otras 300 personas. Él "nada más" había perdido 50,000 en el chistecito (que no se me hace poco, pero bueno), pero para otros había significado todo su patrimonio.

Contrataron un abogado y fueron a la Comisión Nacional para la Protección y Defensa de los Usuarios de Servicios Financieros (Condusef), pero desgraciadamente como no era una institución regulada, la única vía que les quedaba era entablar un juicio penal, con el que si podrían recuperar algo sería al cabo de muchos años. La noticia del Madoff mexicano se publicó en Cnnexpansión, *El Economista* y otros medios, pero hasta donde me quedé, el tipo seguía prófugo y los estafados sin ver un centavo.

Este tipo de estafas no es exclusiva de Forex, por supuesto, puede suceder con negocios inmobiliarios, estructuras de multinivel o incluso con instituciones financieras que tienen en orden lo regulado en México, y que luego por abajo del agua ofrecen unos productos buenísimos, pero casualmente en Aruba, las Islas Caimán, Suiza, Estados Unidos o donde sea, pero a muchos kilómetros. Por eso hay que ponerse abuzados.

Más vale aquí preguntó, que aquí lo tranzó...

¿Cómo le hacemos para que no te apliquen la de "inocente palomita que te dejaste engañar"? Haciendo preguntas sospechosistas básicas:

- ¿Es demasiado bueno para ser verdad? En muchos casos si la respuesta es sí, ya con ésta tenemos. Si los rendimientos que nos ofrecen superan por mucho la media de las cosas, salvo que sea una gran y legal innovación, puede que estemos frente a una tranza.

Hay que comparar peras con peras: ¿cuánto dan inversiones similares? ¿Por qué éstas dan más? Puede que haya razones para la diferencia, pero si no, ¡pon pies en polvorosa!

- ¿De dónde salen los rendimientos que me pagan? El dinero no crece en los árboles y las instituciones financieras o cualquier vehículo de inversión no son hermanitas de la caridad; si quien te invita a invertir no sabe explicar de dónde salen las ganancias, qué es lo que lo sustenta y cómo hacen su negocio (¿cómo es la comisión, sobre el saldo o la toman del rendimiento que se genera? ¿Hay una cuota de administración anual o mensual?), entonces no merecen tu confianza. Acúerdate de que por no preguntar, así le pasó a Spielberg y a Pedro Almodóvar con Madoff en 2008.
- ¿Quién los regula o con quién me puedo quejar si algo sale mal? Las ventas o el gancho son la luna de miel: todo el mundo promete el sol, la luna y las estrellas, te ofrecen rendimientos

alucinantes, frapuchinos, salas VIP, atención las 24 horas... usted póngale el atractivo que más le haga ojitos. La bronca es: ¿y si algo sale mal? ¿A quién puedo acudir?

Si es una inversión del sector financiero TIENE que estar supervisado por la Comisión Nacional Bancaria y de Valores o aparecer en el Sistema de Información de prestadores de Servicios Financieros (SIPRES) de Condusef (lo encuentran en su página www. consar.gob.mx).

Pero si no está regulada en México, cualquier problema que surja tienes que ir a pelearte al extranjero y las autoridades financieras mexicanas no pueden meterse en el asunto. Si no está regulada, en general, la bronca es que cualquier reclamo implica un juicio (penal si es fraude, por ejemplo).

Si no vas invertir a través de una institución financiera, ¿cómo puedes reducir riesgos?

No todas las inversiones se hacen en instituciones financieras y no se pueden buscar en el SIPRES, pero lo que sí podemos y debemos hacer es ver qué credenciales tienen los involucrados y sólo tratar con empresas legalmente constituidas.

Si vas a meter tu lana a una empresa, una franquicia, un proyecto de bienes raíces, u otro, que sea a una empresa legalmente constituida y dada de alta en el SAT; que te presenten el acta constitutiva y te aseguren que hay algún registro de ella en la Profeco (que, por cierto, tiene un "buró comercial", donde aparecen los proveedores con más quejas) o pertenece a una asociación... Y obviamente hay que investigar a los fundadores y socios.

Es muy tentador "irse por la libre", pensar que descubrimos La oportunidad y el secreto mejor guardado para hacerse rico o creerse los cuentos de que no se registran porque el "sistema" encarece su proyecto, pero es mejor pagar el "costo" de estar en algo derecho que luego andar sufriendo en juicios penales porque es la única vía de reclamar un fraude cuando nadie vigila a estos mequetrefes, como les dice mi abuelita.

CAPÍTULO

No.

2

INVERSIONES PARA HIPPIES, YUPPIES Y BOHEMIOS

UN OJO AL GATO Y OTRO AL GARABATO. ¿QUÉ FACTORES AFECTAN A LAS INVERSIONES?

¡Qué padre sería que las inversiones fueran como el juego de las estatuas de marfil y que una vez bien elegidas se quedaran quietecitas y generando dinero, sin contratiempos! El sueño de cualquier inversionista. Lamentablemente, nada está más lejos de la realidad.

Muchas de las variables que hacen que se muevan nuestras inversiones, o que deberíamos de tomar en cuenta al construir nuestra estrategia, aparecen todos los días en las noticias frente a nuestras narizotas, pero como está en lenguaje marciano-financiero, nosotros ¡ni en cuenta!

Hay términos que realmente ni nos han explicado ni es fácil que se nos ocurran "de chiripa". ¿Por qué nos tenemos que fijar en la tasa anual de inflación? ¿Por qué una noticia de que subieron no sé qué tasas de referencia tiene relación con el pagaré bancario que acabamos de contratar? ¿Por qué la crisis en Estados Unidos le va a dar una sacudida a la Bolsa y por tanto a los fondos de inversión que elegimos? No se preocupen, al final de este capítulo sabrán por qué.

La idea de esta sección es darnos una idea de qué cosas mínimas hay que entender y tener en el radar si estamos invirtiendo. Pero antes también veremos cómo funcionan los mercados y por qué a veces las cosas no suceden como en los libros de economía.

¿QUÉ SON Y CÓMO FUNCIONAN LOS MERCADOS?

Algo importantísimo para entender en las inversiones es que cuando hablamos de lo que pasa en "los mercados" no nos referimos a una máquina o a una presencia alienígena. Los mercados los formamos personas de carne y hueso, con emociones y sentimientos que intercambiamos, con bienes y servicios a cambio de un pago.

Los mercados se rigen por las leyes de la oferta y la demanda —para una chiqui explicación de qué son, vayan al segundo recuadro de este capítulo—, pero ¿eso implica que todo sea predecible y esté fríamente calculado? Por supuesto que no, porque a los mercados los mueve algo difícil de poner en números e influido por nuestras emociones, que son nuestras expectativas: lo que analistas e inversionistas consideramos que va a ocurrir... pero, ¿ocurrir con qué? Con el entorno y con eso en lo que estamos invirtiendo. Para tener una buena estrategia y tomar decisiones de inversión necesitamos tener un escenario de lo que viene. Para eso hay que tomar en cuenta:

- La inflación
- Los ciclos económicos
- Las tasas de interés
- La política
- Las finanzas públicas
- Los impuestos
- Los desastres naturales

Hay otros factores más, pero éstos son los mínimos que debemos considerar, y hablaremos de cada uno en este capítulo.

Las expectativas respecto a estos factores son tan relevantes para los mercados que, a falta de bolas de cristal, incluso se hacen encuestas de lo que piensan los analistas que ocurrirá.

En México, las más importantes son la "Encuesta sobre las expectativas de los especialistas en economía del sector privado" del Banco de México, y la "Encuesta de Expectativas de Analistas de Mercados Financieros" de Banamex.

Una aclaración: lo importante de este capítulo es que entiendan los factores, la lógica que los mueve y que estén más alertas a la información y al análisis en torno a ellos, pero, aunque hay que dedicar posiblemente un ratito cada semana para estar enterados, no es necesario estar revisando a todas horas los indicadores que mencionemos ni correr despavoridos cada vez que vean una noticia al respecto para intentar ganarle al mercado.

Como sugerencia, no se guíen exclusivamente por las noticias —muchas veces cuando sale ahí ya fue, porque es un hecho consumado y si le movemos a nuestras inversiones ya llegamos tarde—, también échenle ojo a los documentos de análisis de instituciones financieras o grupos de análisis independientes. Ésos los pueden encontrar en sus páginas de internet. Siempre sirve revisarlos para tener un parámetro de expertos, aunque con la advertencia de Bob Farell, quien fue jefe de mercados de Merrill Lynch de 1957 a 1992: "Cuando todos los analistas están de acuerdo con un pronóstico, algo diferente va a suceder."

¿Eres oso o toro?

Para la mayoría de los papás, el momento escabroso es sentar al hijo o la hija adolescente en la sala y tener "LA plática" de las abejitas y las florecitas. Para los papás que quieren que sus retoños sean re- listos en las inversiones, es más bien la de "los toritos y los ositos".

Seguro creen que ya se equivocaron de libro, pero no, no son las fábulas de Esopo. Ahí les va:

Los mercados no son perfectos simplemente porque quien los mueve son los agentes más imperfectos: las personas. Cuánto nos gustaría que fuera la competencia perfecta encerrada al vacío, pero no, puro especimen de carne y hueso. Aun los *traders* que parecen tener la sangre fría y no mezclan el negocio con emocio- nes, tienen su corazoncito... que se aloca y a veces es demasiado optimista y otras tantas, demasiado pesimista.

¿Qué tienen que ver los animales en esto? Que así es como se clasifica a los inversionistas por su perspectiva: los toros son los optimistas, los que en un momento creen que el mercado en su conjunto o una acción en particular va a subir o seguirá subiendo, si es que ya iba encarrilada. Les dicen así por aquello del empuje.

En cambio, hay otros inversionistas que a lo mismito lo verían con unos lentes más turbios y pensarían que va a ir bajando. A esos "pesimistas" se les llama "osos", prefieren ser más cautel-osos.

Los inversionistas pueden tener en general un perfil u otro, pero también pueden darles ataques torísticos y osísticos moméntaneos. Cápsula cultural: el animal que está en la entrada de Wall Street en Nueva York es un toro.

Pero más allá de las personas, los analistas se pasan la vida tratando de descifrar si un determinado mercado (acciones, oro, deuda... el que sea) está en una fase alzista o bajista *(bull o bear market)*.

Bueno, y aparte de para farolear en una cena, ¿cómo para qué sirve saber esta terminología?

Para dos cosas: para conocernos como inversionistas —cómo reaccionamos e interpretamos la información—, y para tomar decisiones de inversión, con la perspectiva de si el mercado mejorará o seguirá deteriorándose y cuánto se cree que dure esa etapa. En ambas fases se pueden hacer ganancias, pero lo ideal es saber en qué lado estamos para aprovecharlo.

Sí, hay técnicas e indicadores numéricos para argumentar cuál es la tendencia, pero el sentimiento del mercado influye mucho

(los ositos y los toritos) y puede cambiar de un momento a otro, dándole en la torre a cualquier predicción, venga de una gráfica o no.

Como dice el experto en fondos Hugo Petricioli: "La bronca es que a veces los toros y los osos están bien puestos, pero llega la manada y atropella a todo el mundo." Un buen dicho inversionista podría ser: "Si quieres hacer reír a Dios, haz planes... y si quieres que se tire al piso de las carcajadas, haz predicciones sobre los mercados." Como verán, los numeritos no lo son todo. La psicología tiene su tajada.

La oferta y la demanda

¿Alguna vez te han dicho o le has dicho a alguien que se cree "la última coca del desierto"? Bueno, pues es el mejor resumen de las leyes de la oferta y la demanda que rigen los mercados: si hay un bien escaso (la última coca), su precio sube porque todos lo quieren (demanda) y más si hace un calorón. Si hubiera muchas cocas y fuera fácil conseguirlas (o muy pocos interesados en comprarlas), su precio bajaría.

La oferta, la demanda y los precios

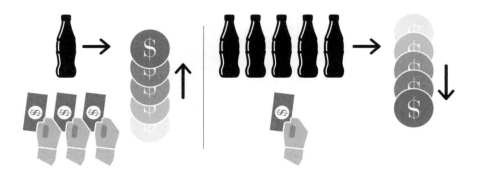

Idéntico pasa con los activos de inversión:

- Si a una compañía le está yendo superbién y todo el mundo quiere comprar sus acciones, incrementan su precio (entran en el "¿quién da más?").
- Si tienes una tienda y se te acercan tres compradores potenciales con ofertas, la puedes vender en una cantidad más alta que si tú eres el que la quiere vender y por ahí no se paran ni las moscas.
- Cuando a todos los inversionistas les entra pánico por la crisis y corren a comprar oro, el metal amarillo alcanza máximos históricos.

¿Y también funciona al revés? Sí. Un gran ejemplo en México es cuando la gente entra en pánico por una crisis y todos se van a comprar dólares. Con esto se deprecia el peso porque hay mucha demanda de dólares que suben de precio y tambien hay más pesos, así que su valor se cae contra el billetín verde.

Ahora que ya hablamos del mercado, nuestras emociones y nuestras expectativas, vamos factor por factor para saber qué son y por qué nos importan.

1 LA INFLACIÓN

Se define como el aumento sostenido y generalizado de los precios de los bienes y servicios de un país. Es decir, si sube sólo el jitomate, eso es un aumento de precio pero no es inflación; si sube el carrito entero del súper, ahí sí.

La inflación es la primera cosa contra la que debemos comparar nuestras inversiones ¿Por qué? Porque si los rendimientos de nuestras inversiones crecen a un ritmo más lento que el del aumento de precios, nuestro dinero cada vez alcanzará para menos.

A la tasa que den tus inversiones le tienes que restar la tasa anual de la inflación y ésa es la que te dirá si de verdad hiciste una ganancia o puras habas. Se conoce como "tasa real" y creo que el término es muy correcto, porque si no la superas o te sale negativo, más bien perdiste (para saber comparar los tipos de tasas ve al Anexo 1 al final del libro). Entonces a hacer planas: "Mis inversiones tienen que ganarle a la inflación."

Se escucha sencillo, ¿verdad? Pero, ¿cuánto es eso? Ahí les va la gráfica con el histórico de la inflación mes a mes en términos anuales.

**La inflación... el mínimo que debería ganar
tu dinero para mantener su valor**
(Índice nacional de precios al consumidor, inflación mensual interanual. Fuente: INEGI)

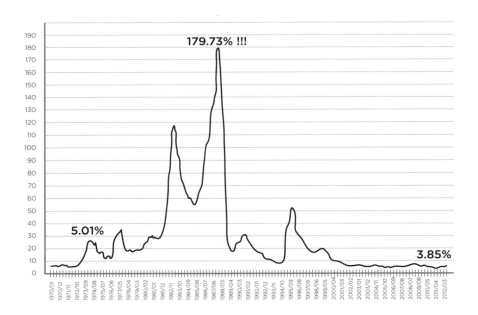

Como verán, en los ochenta era prácticamente misión imposible ganarle a la inflación. Eso de inflación "galopante" no era un sentido figurado: iba como a 400 caballos de fuerza y cada año se habría tenido que duplicar la inversión para mantener el valor del dinero. Por eso está tan arraigado en algunos mexicanos el tema de "gástatelo mientras puedas".

Pero las cosas han ido cambiando. Si ven la gráfica a partir del 2000, está mucho menos disparada, y si nos aplicamos, podemos encontrar instrumentos de inversión que dan rendimientos que permiten emparejarla y ganarle.

Eso sí, no será con una sola inversión ni con las más seguras, porque a raíz de la crisis global de 2008 las tasas que pagan los instrumentos de los gobiernos están en mínimos históricos. Por eso hay que buscarle y hacer una buena mezcla.

La inflación de este siglo...

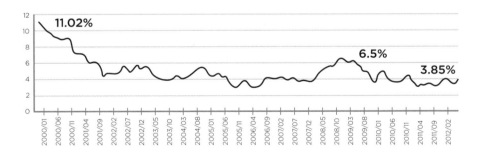

Algo importante: ¿cómo se mide la inflación? ¿Para todos es igual?

El INEGI tiene el "Índice Nacional de Precios al Consumidor" (INPC), que es una canasta de productos a los que monitorea los precios y así determina qué pasó con la inflación.

Aunque es una muestra, la verdad es que casi nadie consume exactamente como esa dichosa canasta. Por eso es que no te cuadra lo que te suben las cuentas de la casa con la inflación que publica el INEGI. Como ejemplo, los cigarros estaban entre los 283 productos que tenía el INPC en junio de 2012, ¿y qué tal que tú no fumas? También puede haber cosas que consumas que el índice no incluya.

Idealmente, tus inversiones no sólo deberían dar mínimo la inflación general y un poco más, sino cubrir tu inflación personal. ¿Cómo la calculas? ¿Se requiere una fórmula digna del Premio Nobel? Afortunadamente, no: el INEGI tiene un simulador en el que puedes meter cuánto gastas en cada rubro y de acuerdo con esto puedes ver cuántos puntos arriba de la inflación general está tu inflación personal.

También en el Museo Interactivo de Economía (MIDE) hay una calculadora de inflación personal muy bonita, que además proyecta cómo subirían tus gastos, con base en cómo consumes en uno, cinco y diez años.

La página del simulador de inflación INEGI es:
www.inegi.org.mx/est/contenidos/Proyectos/INP/simulador.aspx.
Si te da flojera copiar el link, en el buscador del INEGI aparece. Y acá está la calculadora del mide:
www.mide.org.mx/mide/juegos/calc_inflacion.swf.

¿Cómo puedo estar enterado de la inflación?

Normalmente aparece en los medios, pero también puedes ir directo a la fuente. INEGI publica información sobre inflación cada quince días en su página electrónica (www.inegi.org.mx). Hay que revisar el indicador anual, y en el boletín hasta puedes ver qué cosas fueron las que más subieron. Eso en cuanto al pasado, pero ¿si quieres tener una idea de cómo se va a comportar para adelante? Para eso puedes checar las perspectivas de inflación que el Banco de México publica en su informe trimestral.

2 LOS CICLOS ECONÓMICOS

Por mucho que nos encantaría que todo fuera siempre cuesta arriba, hay que entender que la economía tiene ciclos: periodos de bonanza y crecimiento, pero también tropezones, caídas y crisis. Sí, aunque usted no lo crea, las crisis son parte de la vida y son más frecuentes de lo que nos gustarían. Pero las caídas tampoco son permanentes: tras un tiempo la economía se recupera, vuelve a subir, viene un *boom*, de nuevo para abajo, de nuevo para arriba y así nos vamos.

Aunque en el dibujo se ven muy parejitos, algo complicado de los ciclos económicos es que son "recurrentes, pero no periódicos", es decir, se repiten pero nadie sabe cada cuándo ni cuánto va a durar cada fase. De acuerdo con el INEGI, cada uno puede ir de uno a doce años. Así han sido más o menos los de México:

Sistema de indicadores cíclicos

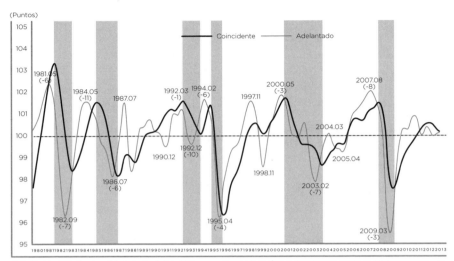

Nota: El dato del indicador adelantado de abril de 2013 es una cifra oportuna. Éste registra un incremento de 0.02 puntos respecto al mes anterior. La tendencia de largo plazo del indicador Coincidente y del adelantado está representada por la linea ubicada en 100. Los números sobre la gráfica (por ejemplo 1981.05) representan el año y el mes en el que ocurrió el punto de giro en el indicador adelantado: pico o valle. Los números entre paréntesis indican el número de meses que determinado punto de giro del indicador Adelantado antecede al punto de giro del indicador Coincidente. Dichos números pueden cambiar a lo largo del tiempo.
Fuente: Indicador coincidente y adelantado del INEGI, hasta abril de 2013.

Estos ciclos por supuesto afectan el desempeño de los instrumentos de inversión: no es lo mismo cuando la economía está en ascenso, cuando se desacelera o cuando se contrae. Saber en qué fase estamos o cuál se acerca, nos sirve para ajustar, pero para eso debemos entender cómo reaccionan nuestros activos a cada una de estas fases. Hagamos un ejemplo de las acciones contra el oro:

¿Qué representan las acciones? Porcentajes de empresas.

¿Cuándo les va bien a las empresas? Cuando la economía está en expansión, porque la gente tiene mayores ingresos para consumir, les compran sus productos o servicios, y así generan más utilidades. Además, crece el optimismo de los inversionistas y especuladores, y aparte del empujón con sustentos reales, las acciones suben por el sentimiento positivo del mercado.

En cambio, cuando cae la actividad económica, puede que baje el empleo, la gente tenga un menor ingreso disponible, consuman menos, se generen menores ganancias en las empresas y esto le pega a la acción.

¿Qué representa el oro? El oro es un activo de refugio.

¿Cuándo le va bien al oro? Cuando hay mayor nerviosismo por una posible o inminente crisis, porque la gente migra de los activos que considera de más riesgo (como las acciones cuando va mal la economía) hacia lo que considera más seguro. Y lo contrario pasa cuando hay una racha de optimismo: los inversionistas tienden a retirarse hacia otras opciones más boyantes y los lingotes bajan.

¿Cómo se comportan en los ciclos? (Ojo, esto es una generalización, puede haber excepciones.)

	Expansión	Desaceleración	Recesión (crisis)	Recuperación
Acciones	Crecen y tocan máximos	Empiezan a bajar	Caen	Empiezan a subir poco a poco
Oro	Cae	Empieza a subir	Crece y toca máximos	Puede empezar a bajar poco a poco

¿Eso quiere decir que debemos comprarnos nuestro turbante de adivinador y perseguir los ciclos como liebres? ¿O que en una fase tenemos que invertir todo el dinero en ciertas cosas y en otra salirnos completamente? ¡Para nada! Eso quiere decir que debemos tomar en cuenta estos movimientos en nuestra estrategia, incluir activos "pro-cíclicos" y "contracíclicos" en nuestro portafolio y, en caso necesario, hacer ajustes (ajustar no es cambiar todo, ieh!).

Hay que tener la noción de los ciclos e incluirla en nuestra planificación, más que tratar de atinarles con puntualidad inglesa (eso, ni los expertos lo logran). De nuevo, la diversificación es más efectiva que andar jugando a la lotería.

¿Qué indicadores podemos seguir para estar al tanto del ciclo económico? El más básico es el famoso **PIB** (Producto Interno Bruto). Ese indicador lo que mide es el tamaño de la economía de un país y cuánto creció de un periodo a otro. No es en centímetros como los chamacos, sino en el valor total (dinero) de los bienes y servicios que produjo en un periodo.

El crecimiento representa la salud de la economía y las empresas que la forman: si produjo lo mismo o menos que años anteriores, las ganancias se estancan o se caen. Eso, por supuesto, no le gusta a los inversionistas. Se trata de hacer más, no sólo de mantener. Cuando un país está anémico y nomás no da el estirón, la gente deja de invertir en él, para ir a otros destinos que sí estén invirtiendo y donde su dinero potencialmente pueda generar más.

Cuando hay crecimiento se crean más empleos, la gente tiene mayores ingresos y, por ende, más dinero disponible tanto para ahorrar, como para consumir; como crece la demanda, las empresas tienen que abrir más plazas, contratar más proveedores o invertir en crecer... y se genera un círculo virtuoso.

El PIB lo mide el INEGI y se publica trimestralmente.

Otros indicadores que puedes seguir y consultar son el coincidente y adelantado del INEGI (como son medio técnicos, los puse en el Anexo 2). Estos indicadores a su vez incluyen el Indicador de la Actividad Económica Mensual, el Indicador de la Actividad Industrial, el Índice de Ventas Netas al por menor en los Establecimientos Comerciales, el Número de Asegurados Permanentes en el IMSS, la Tasa de Desocupación Urbana, las Importaciones Totales, la Tendencia del Empleo en las Manufacturas, las Exportaciones no Petroleras, el Índice de Precios y Cotizaciones de La Bolsa Mexicana de Valores en términos reales, el Tipo de Cambio Real, la Tasa de Interés Interbancaria de Equilibrio y el Índice Standard & Poor's 500 (índice bursátil de Estados Unidos).

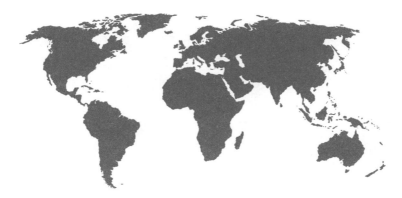

El crecimiento de otros países

Aparte de preocuparnos por los ciclos económicos de nuestro propio país, también hay que estar pendientes de los de los principales socios comerciales. La muy famosa y tristemente verídica frase de "cuando a Estados Unidos le da un resfriado, a México le da pulmonía" es el perfecto ejemplo: casi 80% de las exportaciones del país van hacia nuestro vecino del norte; si la economía de nuestro mayor cliente cae y baja el consumo, ¿cuánto creen que pegaría?

Esto puede incluir a otros países que, si bien no son nuestros socios, son economías importantes en el mundo y tienen un efecto global.

Ranking de países por el tamaño de su economía		
Número	País	PIB 2011 (Dólares a precios actuales)
1	Estados Unidos	14,991,300,000,000
2	China	7,318,499,269,769
3	Japón	5,867,154,491,918
4	Alemania	3,600,833,333,333
5	Francia	2,773,032,125,000
6	Brasil	2,476,652,189,880
7	Reino Unido	2,445,408,064,516
8	Italia	2,193,971,063,086
9	India	1,872,840,247,709
10	Rusia	1,857,769,676,144
11	Canadá	1,736,050,505,051
12	España	1,476,881,944,444
13	Australia	1,379,382,221,955
14	África al sur del Sahara	1,266,023,635,660
15	México	1,153,343,069,401
16	República de Corea	1,116,247,397,319
17	Indonesia	846,832,282,925
18	Países Bajos	836,073,611,111
19	Turquía	774,983,417,981
20	Suiza	659,307,920,845

Fuente: Banco Mundial, http://datos.bancomundial.org.

3 LAS TASAS DE INTERÉS

Hemos llegado a un tema que está muy relacionado con la inflación y el crecimiento, pero también con lo que pagan las inversiones en general. Sigan leyendo, porque éste va a ser de sus principales comparativos o *benchmarks*, como dijimos en el capítulo anterior.

Posiblemente no se los haya dicho tan claro hasta este punto, pero así como los productos o servicios tienen un costo, el dinero también lo tiene. Usar dinero de otros no es gratis, como tampoco lo es ni la cháchara más cháchara que te encuentres en el mercado. El costo del dinero se refleja en la "tasa de interés".

Para los que usan crédito es muy claro, porque la tasa de interés es el porcentaje que te cobran sobre el monto que te prestaron. O cuando inviertes en un pagaré bancario es lo que te pagan por usar tu lana un cierto tiempo. Pero las personas no son las únicas que piden dinero prestado, ¡hasta los bancos lo hacen! ¿Pero quién le presta a ellos? Principalmente nosotros, los usuarios de servicios financieros, pero también existe un Banco de los bancos, que es el famoso "banco central". En México, es el "Banco de México", mejor conocido como Banxico por los periodistas, los financieros y los cuates.

Banco de México presta dinero a los bancos —entre otras muchas funciones que incluyen mantener el poder adquisitivo del peso, controlando la inflación—, pero como tampoco es beneficencia pública, cobra una tasa de interés. Ellos fijan cuánto y se llama "tasa de interés de referencia".

Normalmente, los bancos no se fondean con el banco central, sino que es es su último recurso porque les sale más barato usar el dinero que tenemos en cuentas de cheques o a plazos; la tasa de interés de referencia es un parámetro: el crédito que nos dan a nosotros tiene varios "puntos" adicionales a los de la tasa de interés de referencia. Por eso, entre más suben las tasas del Banco de México, más le cobran al que pidió a los bancos.

Sé que esto parecen muchos pasos, pero no se me queden en el camino, porque ya vamos a llegar al punto de por qué las tasas de referencia les deben importar y qué relación tiene con sus inversiones.

El costo del dinero afecta el consumo de las personas. Supongamos que te quieres comprar un coche a crédito, si el interés es de sólo 5%, chance vas de volada por él, porque la diferencia con el precio de contado es pequeña. Y muchos pensarían lo mismo que tú y habría más demanda de coches. Pero, ¿si en vez de 5%, la tasa anduviera en 50%? Ahí te la pensarías muchas veces y mejor ahorrarías o de plano no cambiarías de auto, ¿no? En el sector inmobiliario pasa algo similar: cuando hay mayores facilidades de crédito, la gente se avienta más fácil a comprar casas.

Entonces, si el Banco de México sube o baja el costo del dinero (las tasas), esto afecta también al crédito que otorgan los bancos (tanto al precio, como a la cantidad que prestan) y la cantidad de dinero disponible en la economía: si hay más dinero disponible, esto aumenta el consumo y se refleja en el crecimiento del país también (¿se acuerdan de los ciclos?).

Pero no todo es color de rosa. En todo esto entra un tema adicional relacionado con la tasa de interés: la temida, truculenta y tortuosa inflación.

¿Qué tiene que ver la inflación con la tasa de interés? Bueno, la inflación está muy ligada a la oferta y la demanda (cómo se consume en un país): si hay un cierto artículo que todos quieren, va a subir de precio, porque como sólo hay una determinada cantidad (la famosa escasez), habrá más gente dispuesta a pagar más para conseguirlo. En cambio, si hay mucho de algo y a los clientes como que les vale sombrilla y no todos compran, pues el precio puede bajar o al menos quedarse igual.

Cuando hay mucho crédito, hay más personas con dinero para comprar cosas, y como sube la "demanda", también pueden ir subiendo los precios. Si esto pasara con muchos productos y servicios —no sólo con uno—, entonces se generaría inflación.

Por el contrario, si la gente no tiene crédito a su alcance o es muy caro, consume menos. Es como en el ejemplo del coche, claramente habrá más gente dispuesta a comprarlos con un crédito a una tasa de 5% anual, que de 50%.

Recapitulando: cuando hay mucho crédito disponible y barato (las tasas están bajas), la gente puede estar más dispuesta a comprar; si aumenta la demanda, como la cantidad de bienes sigue siendo la misma, aumentan los precios; si los precios de muchas cosas aumentan, se genera inflación... y ahí es cuando el tema de las tasas puede modificarse.

Las tasas y la inflación

(Cambio en las tasas)   (Demanda)   (Precios)

La tasa de interés es una herramienta del Banco de México para combatir la inflación. Si ven que están subiendo los precios, la suben para que el crédito sea más caro, menos gente lo pida y al tener menos dinero disponible, baje la demanda, lo que eventualmente ayuda a que el aumento de precios se detenga (al menos, en los fríos modelos económicos a veces pasan cosas distintas del libro de texto). En cambio, si los precios están estables, pueden lle-

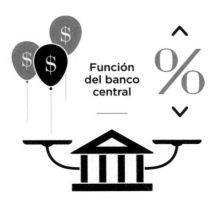

Función del banco central

101

gar a bajar la tasa de interés para que entonces sea menor el costo del dinero, la gente consuma más y la economía crezca.

En México, el banco central se tiene que concentrar en tener bajo control la inflación y mantener el poder adquisitivo de la moneda; pero hay otros países como Estados Unidos, donde hay un "doble mandato": velar por la estabilidad del poder adquisitivo de la moneda (los precios, la inflación, el tipo de cambio), pero también por el crecimiento. Y, finalmente, la tasa de interés, como leyeron, le pega a ambos.

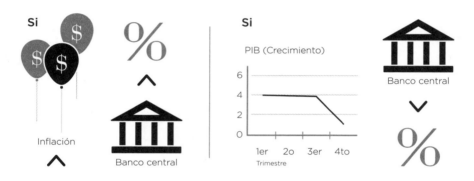

Esto parecería muy sencillito de muévele, súbele, bájale, pero no es así. Aparte de que estas medidas tardan en surtir efecto, hay factores externos como, en cuánto están las tasas de otros países con peso en cómo se maneja: si Estados Unidos o Europa tienen una tasa de 0.5% —como pasó en la crisis global de 2008—, pues tú no puedes quedarte tampoco con una de 8%, que era la que tenía México. Eso, por un lado, haría el costo del crédito mucho más caro en tu país que en otros y como también es lo que pagas a las inversiones, puede traer mucho capital "golondrino" (el que llega sólo por ocasión) que no necesariamente ayude mucho a tu país, porque en cuanto ajustes tasas, una gran parte vuelve a "emigrar".

¿Y qué tienen que ver las famosas tasas de referencia con mis inversiones?

El nivel de tasas afecta directamente a las inversiones en instrumentos de deuda, porque la tasa de referencia lo es también para cuánto pagan ellos (por ejemplo, los cetes o pagarés bancarios bajan tasas cuando la baja el Banco de México).

Pero también afecta al resto de las inversiones porque es un medio de comparar: si tuvieras una tasa muy alta de referencia y eso pagan los instrumentos gubernamentales, ¿por qué sería atractivo invertir en acciones? Mejor a lo seguro, ¿no?

Y al revés: si las tasas de los instrumentos están "pa'l perro" y ni siquiera te dan rendimientos reales (por arriba de la inflación), pues mejor te vas a buscar a la Bolsa, los *commodities*, un negocio o cualquier otra cosa que te pueda pagar más, ¿verdad?

No hay fechas específicas para los cambios de las tasas de interés. Normalmente se dan en las juntas de política monetaria de los bancos centrales, pero así como aquí nuestros cuatachos del Banco de México se habían pasado de julio de 2009 a marzo de 2013 con la tasa de referencia a 4.5%, los de Brasil parecía que bailaban samba con todo lo que las movieron desde la crisis global de 2008.

Tasa de interés de referencia de Brasil

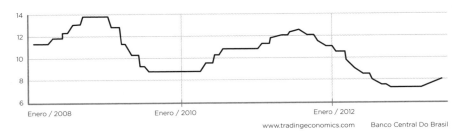

www.tradingeconomics.com   Banco Central Do Brasil

No hay periodicidad o una regla de cada cuánto deben cambiar las tasas de interés, pero se pueden leer tendencias de lo que esperan los analistas (que a veces se van con la finta). Para estar pendientes, el calendario de las reuniones del banco central se anuncia en diciembre y las fechas exactas se pueden consultar la página del Banco de México: www.banxico.org.mx.

4 LAS FINANZAS PÚBLICAS

¿Por qué tanto alboroto por la deuda de Estados Unidos o de Grecia? Fácil, porque un país que no lleve bien sus finanzas o esté sobreendeudado tarde o temprano va a tener broncas para crecer, para pagar a sus acreedores (cuando los inversionistas le meten lana a la deuda soberana, eso son) o va a tener que hacer ajustes fuertes que le peguen a su economía.

En algunos países, como México, hay políticas o leyes de "déficit cero", es decir, que los gastos no pueden superar los ingresos, porque si no, el faltante se tiene que cubrir con deuda. El objetivo es mantener finanzas sanas, como en una casa.

Los indicadores que más se siguen en esta categoría son el déficit, cuánto representa la deuda contra el PIB, el presupuesto de ingresos y egresos y el gasto público.

5 LA POLACA

Cuando un país está pasando por cambios fuertes o gran incertidumbre, los inversionistas tienden a ponerse nerviosillos, a veces con razón, a veces para nada. El caso es que eso puede afectar a las inversiones que tengamos en esas naciones o en nuestro país, si es que son socios importantes.

En esta categoría caen los cambios en leyes o reglas que pueden hacer que una empresa o industria pase de maravilla a migajas o de carbón a diamante. Por ejemplo, si se abre a nuevos competidores, si algo que era del estado se concesiona o si se prohíbe la explotación de un determinado material.

También importan las calamidades mayores que tengan impactos materiales como guerras, levantamientos, golpes de estado, violencia, inseguridad, temas de corrupción, etcétera (ejemplo: si estallara un conflicto regional entre Irán e Israel, impactaría sin duda al precio del petróleo, porque como son productores, podría dañar a la oferta).

Hay casos que afectarían muy específicamente la lana de los inversionistas, como las expropiaciones de empresas o medidas respecto a sus cuentas. ¿Un ejemplo? El rescate de Chipre en 2013, que en lugar de ir sólo vía impuestos generales a la población o recortes al gasto —como en el resto de Europa—, se hizo poniéndole uno de 10% a las cuentas de ahorro e inversión de sus bancos mayores a 100 000 euros, porque como allá viven mayoritariamente de turismo e inversiones, es de donde podía salir lana.

6 IMPUESTOS

Aunque son parte de la política, las leyes o reglas, vale la pena darles mención independiente, no porque dé codo pagarlos (eso es aparte), sino sobre todo porque afectan directamente a las inversiones:

- Si un país sube, baja o cambia los impuestos, le pega a las ganancias de las empresas y, por ende, a las inversiones relacionadas con ellas.
- Si un país sube, baja o cambia los impuestos para las personas, puede afectar sus ingresos y el dinero que tienen disponible para consumir o ahorrar, y esto se refleja en otros factores como el crecimiento, por ejemplo.

- El tercer punto tiene que ver con el tratamiento fiscal de nuestras inversiones: ¿cuánto tienen que pagar de impuestos? ¿Son deducibles de impuestos, como el caso del ahorro para el retiro? ¿Están exentas de impuesto sobre la renta, como las inversiones en Bolsa? ¿Hay algún tipo de estímulo fiscal para determinados instrumentos o si se hace de un modo en particular (ejemplo, si dejas la lana cinco años, en el caso del artículo 218 de la LISR)? ¿Cómo se tratan fiscalmente las pérdidas? ¿Se pueden deducir? ¿Qué pasa si tus inversiones están en otro país? ¿Y si las quieres traer de regreso? ¿Cuánto te cobran?

Los impuestos y las reglas fiscales se pueden llevar un cacho del rendimiento o hacerlas más eficientes. Hay que investigar y estar actualizados. Este último punto aplica tanto para nuestros bolsillos, como para el atractivo que un país pueda tener para atraer inversiones de fuera.

7 DESASTRES NATURALES, CALAMIDADES Y ANEXAS

Una sequía, un huracán, epidemias, inundaciones, terremotos o cualquiera de ese tipo de desastres pueden afectar industrias o economías de países completas. ¿Se acuerdan de la famosa gripe porcina? En México, acabó de rematar la descalabrada que traía la economía por la crisis global.

Hay que estar alerta por supuesto ante las calamidades que sucedan en el país, pero como todo está tan interconectado, también las de otras naciones: puede que lo que afecte las cosechas en África, suba aquí el precio del maíz y si teníamos acciones en Gruma (el grupo que tiene MASECA), pues ¡imagínense! Igual, si hubo un broncón en Nueva York por inundación y cerraron las operaciones de la Bolsa dos días, ¡sácatelas!

Aunque los efectos de las catástrofes pueden afectar a diversos instrumentos, uno de los que más pegan son los *commodities* o materias primas. En el caso de los agrícolas como maíz, café o soya, los fenómenos meteorológicos como sequías o huracanes pueden tumbar la producción y afectar los precios.

8 ¿CÓMO VAN OTRAS OPCIONES DE INVERSIÓN?

El dinero es algo que va fluyendo de un lado a otro, buscando mejores oportunidades, rendimientos o refugios. Si hoy le está yendo de la cachetada a las acciones, los inversionistas no se van a quedar cruzados de brazos: posiblemente, muevan su dinero a bienes físicos (como oro), deuda o bienes raíces.

Pero nada es para siempre, ni los *booms* ni las caídas. Cuando la Bolsa muestra recuperación y se les haga que los bonos del gobierno pagan una mirruña, irán de retache.

Aunque hay que tenerle "marcaje personal" a las cosas en las que estás invirtiendo, también debemos checar los otros activos en los que tienes menos o no le has entrado.

Aparte de los ciclos económicos, hay gente que jura y perjura que hay ciclos de "x" años para la Bolsa o el oro. No hay una comprobación muy científica que digamos del tema, pero lo que sí es un hecho es que estos flujos se van moviendo de un lado para otro, que nada da rendimientos extraordinarios permanentemente y que ser algo observadores puede pagar bien.

UNA LOS PUNTOS, ¿CÓMO SE RELACIONAN LOS FACTORES ENTRE SÍ?

Cuando pensé en incluir este capítulo, decidí que son tantos los factores que uno termina revuelto. Por eso decidí hacer la siguiente tablita que resume la relación de algunos instrumentos con los factores.

Aunque cada uno de estos factores "teóricamente" tiene cierto efecto, una cosa es lo que dicen los libros y otra el resultado en la realidad cuando se combinan e interactúan. Hay veces en las que todo está de la patada y ni para dónde hacerse, o como en la crisis global de 2008 cuando, aunque había inflación (y eso normalmente ayuda a las acciones o a los bienes raíces), ise traían a las Bolsas como loro a trapazos, y los inmuebles estaban en la calle de la amargura por el broncón de crédito!

Los supuestos de los economistas siempre se acompañan de "Ceteris paribus", que significa: todo lo demás constante. O sea, parten de que todo se quedara congelado... y sólo cambie lo que están midiendo. Creo que no necesito decir que simplemente eso no pasa, pero lo mejor es tener cierta idea de cómo afectan y los posibles resultados, que ir totalmente a ciegas, ¿no?

¿Por qué incluir algo tan sesudo? ¿Los quiero volver economistas? No. Simplemente, si tú entiendes lo básico del entorno económico, puedes captar mejor oportunidades, potenciales amenazas, hacer ajustes a tiempo y hasta espantarte menos que alguien que anda en Babaria y todo le cae de sorpresa, lo apanica o hace movimientos dizque para aprovechar, cuando ya se le fue el tren. De ahora en adelante, ia parar oreja!

¿Qué afecta a las inversiones?
Al menos en teoría...

	Bonos gubernamentales	Bonos de las empresas	Acciones	Bienes raíces	Metales	Commodities (sin metales)	Negocios físicos
Aumento de la inflación	😟	😟	😊	😊	😊	😊	😊
Reducción de la inflación	😊	😊	😐	😐	😟	😟	😐
Economía a la baja	😟	😟	😟	😐	😊	😟	😟
Economía al alza	😊	😊	😊	😊	😟	😊	😊
Aumento en las tasas de interés	😟	😟	😟	😟	😟	😐	😟
Reducción en las tasas de interés	😊	😊	😊	😊	😊	😟	😊
Aumento en los rendimientos de los bonos	▓	▓	😟	😐	😟	😟	😟
Aumento en los rendimientos de las acciones	😟	😟	▓	😐	😟	😊	😊
Aumento en los rendimientos de los bienes raíces	😐	😐	😊	▓	😐	😐	😊
Aumento en los rendimientos del oro	😟	😟	😟	😐	▓	😟	😟
Aumento en los rendimientos de los commodities	😟	😟	😟	😐	😊	▓	😟

Significado: 😊 = positivo, 😐 =Neutral, 😟 = Negativo

* Esta tabla busca ejemplificar tendencias generales, pero cada caso puede ser diferente, especialmente si se combinan factores.

NO CORRO, NO GRITO, NO EMPUJO... ¿QUÉ HACER CUANDO LOS MERCADOS VAN MAL?

Por mucho que nos digan "hay que tener la cabeza fría", no hay que tomar decisiones con el estómago y un largo etcétera, nunca te conocerás a ti mismo como inversionista ni sabrás cómo reaccionarás, hasta que no te toque tu primera pérdida.

Leíste bien. Si vas a invertir, hay altas posibilidades de que en algún momento veas numeritos rojos. Antes de que cierres este libro despavorido, sólo te digo que esto no es el fin del mundo y en la mayoría de los casos es temporal.

Nuestra naturaleza no nos ayuda mucho: uno de los principios de comportamiento es que el sentimiento de pérdida es más fuerte que el de ganancia. Y, ¿a poco no? Seguro, la intensidad del drama porque te bota la novia o el novio es mayor a la de la felicidad que sentiste cuando te dijo que sí, por muy tórtolos que estuvieran. Igualito con una acción o cualquier instrumento: las malas noticias repercuten más intensamente que las positivas. Esto pasa tanto a nivel individual, como en los mercados.

El chiste es tener presente que así somos, para evitar *lapsus brutus* en el que tomemos decisiones que se lleven al baile toda nuestra estrategia de inversión. Sigue leyendo para que sepas diferenciar.

¿PÉRDIDA O MINUSVALÍA?

En las inversiones no pierdes o ganas hasta que no vendas el activo, con la excepción de algunos casos como si la empresa en la que invertiste quebró (ejemplo: las acciones del extinto banco Lehman Brothers, que sus inversionistas se quedaron sólo con el papeli-to de *souvenir)*, o hubo una catástrofe como un terremoto, que destruyó un inmueble en el que invertiste y no estaba asegurado (¡mal hecho!). Hay que conocer cuál sería un escenario extremo en lo que estamos invirtiendo, porque luego cualquier bajoncito lo tomamos como si fuera una hecatombe. Esto se debe recordar en particular en las épocas de emociones fuertes en los mercados y muy especialmente para fondos que inviertan en cosas de alta volatilidad como la Bolsa o *commodities*.

En algunos casos, estar en números rojos no es en realidad una pérdida, sino una "minusvalía". Antes de que hagan cara de ¿una minus-qué?, ahí les va un ejemplo de la diferencia:

Imagina que compraste una casa de un millón y que todas las casas del condominio se están vendiendo en 1.2 millones... Hasta que el vecino se entera de que la calle de enfrente va a estar en obra un año y decide rematarla en 900,000 pesos. Si tú salieras a venderla en ese instante, perderías 100,000 pesos, pero como ni te urge ni estás chiflado, prefieres no acelerarte. Lo que en ese momento tendrías no sería una pérdida, sino una minusvalía: tu activo tendría un precio menor en el mercado que al que lo compraste, pero como no lo has vendido no es que te hayan quitado 300 000 pesos, sólo que ahorita vale 900 000 en lugar de 1.2 millones.

Si la gente vende cuando el valor cayó, se dice que "realiza su pérdida", porque —valga el pleonasmo— la pérdida no es real o no ha sucedido realmente hasta que se concrete alguna operación.

Antes de eso, la caída de su valor es "contable" o en números. Por eso, antes de correr a vender como loco desaforado, hay que evaluar qué tan grave es la baja, si todavía falta rato para que se cumpla tu horizonte de inversión y si te puedes esperar para recuperar.

En el ejemplo de la casa, si te esperas a que acaben la obra, los inmuebles de la zona probablemente no sólo recobren su valor, sino que incluso hasta aumenten por la nueva calle, y si hubieras vendido, te darías de topes.

Obviamente, cuando tu inversión tiene una caída fuerte, puede que tarde mucho en regresar al valor en el que invertiste. Ahí tendrías que evaluar si tomas la pérdida para que no se siga o esperas. Pero si tienes tiempo por delante, ¿por qué malbaratarla?

Para muestra, mi propio botón:

Yo empecé a invertir en 2006, poquito después de entrar como reportera a *El Economista*. Me pidieron escribir un texto sobre cómo "autofinanciar" tu coche invirtiendo, en lugar de pedir crédito. Me di cuenta de la barbaridad que implica tener el dinero en la cuenta de nómina, depreciándose día a día, y de las bondades de los fondos de inversión.

Desde entonces invierto en la Bolsa y, si no mal recuerdo, cuando entré al Índice de Precios y Cotizaciones —el famoso IPC de la Bolsa— andaba en 27,000 unidades. Su máximo histórico hasta junio del 2013 ha sido 45 mil y tantas unidades, y eso que hubo una mega crisis en medio. Esto es para que contextualicen todo lo que subió y bajó "deshde mish tiemposh" de novataza.

Mi primer "sustito" fue una crisis de China en enero de 2007, cuando cayó a 25,000 unidades. Me apaniqué el primer día y llamé despavorida a la sociedad de inversión para vender mis fondos. Sólo me pude deshacer de una parte. Luego me di cuenta de que fui una tarada y que había perdido una oportunidad de ORO: podía haber entrado con más a la Bolsa que estaba "de oferta", aplicar el famoso comprar cuando está barato.

Me ardí y juré que no me volvía a pasar. Decidí que si tenía dinero disponible, cuando la Bolsa bajara a 25 000 unidades, le entraba seguro. Es un ejemplo de las reglas para vender y comprar que se incluyen en la estrategia de inversión (si no la han escrito, ¡regresen ahora!). En mi caso no fue por lista, fue un churrazo, pero en adelante me sirvió mucho.

En fin, dicho y hecho: la Bolsa volvió a caer en marzo de 2007, aproveché la oportunidad, a los meses subió por arriba de las 32,000 unidades, vendí una parte y me dejó una ganancia. Estuvo buenísimo porque saqué unos 5 000 pesitos que sí que fueron bailados en Cartagena ese verano (fui al curso de la Fundación para un Nuevo Periodismo Iberoamericano, que dura un mes en ese paraíso terrenal). Suena a poco, pero era una gran ganancia si lo veíamos como porcentaje de lo que tenía invertido, que no serían más de 25,000 o 30,000 pesos en ese momento.

Obviamente, con esa experiencia ¿quién no va a querer invertir más en Bolsa?

Mi portafolio que hasta ese momento tenía sólo 30% en renta variable se fue llenando de fondos de Bolsa. Fui pasando muuucho de lo que tenía en deuda, que daba una mugre, pero también iba pa'allá lo extra que ganaba como *freelance* o lo que no iba a usar.

En este momento era raro que tomara utilidades, que es retirar una parte de las ganancias (cosa que después aprendí que es importante) y la verdad era dinero que desde el principio estaba destinado a muy largo plazo. Para mi retiro o de perdida para mi primera casa.

Para no hacerles el cuento más largo, mi portafolio para mayo de 2008 era...

- 50% renta variable.
- El 50% restante: fondos de diferentes tipos de deuda y un ca-chitín en cobertura (cobertura son fondos en otras monedas, yo tenía entre 5 y 10% de mi portafolio ahí, cuando mucho).

Todo bien, porque en 2008 hasta llegó al máximo de 32,000 y ca-cho de unidades... hasta que el verano nos cayó de novedad que los gringoooous traían una crisis hipotecaria marca llorarás. En Europa, países como Inglaterra y España no cantaban mal las rancheras, pero no lo teníamos tan claro de este lado del charco. Apenas ahí fue cuando nos pusimos nerviositos porque los bancotes de Esta-dos Unidos empezaron a tener problemas.

Digo "nerviositos" porque no habíamos visto la que nos es-peraba, hasta que en septiembre se anunció la quiebra de Lehman Brothers, que tristemente coincidió con el atentado en Michoacán del día de la Independencia... motivos dobles para estar triste en México.

En ese momento, la Bolsa había caído a 24 600 unidades y "¡Ay! ichiquita!" hasta escribí esto en el blog del Pequeño Cerdo Ca-pitalista (www.pequenocerdocapitalista.com), sin saber que eso era sólo el comienzo:

> Debido a la quiebra de Lehman Brothers, la Bolsa Mexicana se cayó a 24,600 unidades y en consecuencia también se descalabró mi fondo de inversión, lo que significa que tendré que esperar más meses de lo que supuse a que se recupere. Esta semana será crucial y lo que me consuela es que nunca pretendí usar ese dinero en uno ni dos años ni meter 100% de mi capital a riesgo para "apostarlo" en la Bolsa, que es un poco lo que siempre ocasionan las crisis gringas.

Me doy ternurita por pensar que esa caída sería el batacazo mayor. Mi pronóstico no estaba errado, ¡lo que sigue! Pero afortunadamente lo que estaba bien es la estrategia. Más adelante les contaré por qué esto fue algo bueno.

En cuestión de semanas la cosa se puso tan peliaguda que el IPC cayó hasta 16 891 unidades. Una grafiquita dice más que mil palabras:

Índice de Precios y Cotizaciones de la Bolsa Mexicana de Valores
(Unidades al cierre, ajustado)

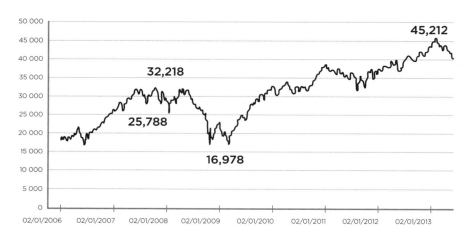

Como ya les conté, mi portafolio estaba 50% en renta variable. Si la Bolsa cayó a la mitad, pues mis fondos de ese rubro valían la mitad también, así que es como si hubiera perdido un cuarto de mi portafolio... digo que "es como si" porque me amaché y no vendí (ya estaba en la lona mi fondo, ¡ya para qué!). Obvio, sufría en el interior pero, ¿por qué iba a malbaratar lo que tanto trabajo me costó ganar?

Mi portafolio de inversión

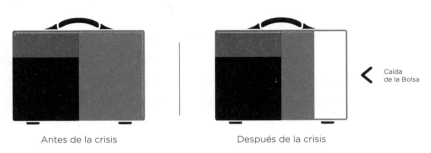

Antes de la crisis   Después de la crisis

Caída
de la Bolsa

Todo ese año fue un sube y baja bien divertido. Total que ya en marzo de 2009, cuando la vi en 16,900 le dije a mi asesora de fondos que quería comprar porque se me hacía un precio sensato.

Aquella que es más asustadiza que nada —creo que claramente no tenemos el mismo perfil de inversión— me dijo que no, porque los analistas esperaban que cayera más. La primera vez le hice caso y se dio un rebotón hasta 21,000 unidades… yo estaba verde del coraje por dejar pasar la oportunidad.

Como dato cultural: como los niveles de la Bolsa estaban hasta el sótano, mi regla de inversión obviamente ya no era comprar siempre que cayera por debajo de 25,000 unidades. Como el mínimo durante la crisis había sido 16,700 y cacho, la nueva regla era comprar cuando anduviera por debajo de 19,000 o 20,000 unidades… Y claro, si tenía dinero para entrar, porque justamente por estos movimientos tan bruscos del mercado, sólo podía hacerlo si me caía una chamba *freelance* o cualquier fuente de dinero extra.

La Bolsa volvió a caer a 19,000 y dije: "Me vale queso, ¡compro!" Mi asesora me habló empanterada, me dijo que si quería cancelar la operación aunque era muuuuy difícil, ella iba a mover cielo mar y tierra y a su gente para que lo hiciéramos. Mi respuesta fue un rotundo ¡No!

No volvió a caer a esos niveles, pero recuerdo que ese año la Bolsa anduvo como chícharo en bandeja. En algún punto, tocó las 25,000 unidades y para 2010 recuperó los niveles que tenía antes de la crisis.

Yo ya estaba en la maestría y entre el cambio de horario y mis "cuadernos de doble raya", la verdad no tenía tiempo de andar viendo día a día el mercado, como cuando estaba en *El Economista*, donde Gloria y Jorge —los tipazos de Termómetro financiero— me pasaban dos veces al día cómo andaba.

Un día me desperté con que ya el irrespetuoso del IPC se nos había trepado arriba de las 30,000 unidades. ¡Y yo que había llegado a creer que en 25,000 estaba "cara"!

No podría estar más feliz de haberle metido lana a la Bolsa en 19,000 unidades porque eso que metí prácticamente se duplicó en precio con una sola y extenuante actividad: esperar.

La verdad, la verdad, a toro pasado de lo único que me arrepiento es de no haber invertido más, porque se comprobó que no hay mal que dure cien años ni mercado que no rebote.

Ok, hay casos extremos en las "minusvalías" como el Índice Dow Jones de la Bolsa de Estados Unidos, que en la Gran Depresión cayó 88% de 380 a 43 puntos y tardó 24 años en regresar al nivel previo a la crisis. En esos sucesos puede tardar mucho, y justo el tema es evaluar si vale la pena la espera o pensar hasta dónde estamos dispuestos a perder (una regla que debe estar presente en tu estrategia, en finanzas se conoce como *stop loss*), pero de que el mercado regresa, regresa.

Después de esta verborrea, ¿me creo Juan Camaney? Al contrario, claro que me daban nervios y a veces decía ¡quiero llorar, mi portafolio se encogió! Pero mi inversión en Bolsa no era lo único que tenía... si era 50% que se volvió 33.3%, pero mi fondo de emergencias estaba chonchito, no tenía deudas —ni un peso diferido en tarjetas de crédito— y la verdad no me daba la gana que otros me agarraran de su puerquito —y no capitalista— y que por estar dispuestos a esperar, hicieran su agosto con mis títulos.

No pretendo que nadie se meta a la Bolsa si no está en su estrategia o si se van a poner malitos de sus emociones, pero los que se vayan a aventar al ruedo o ya estén embarcados, deben tener criterios para saber qué hacer si se presenta el apocalipsis financiero (o algo que no lo es, pero asusta igual).

¿QUÉ HACEN LOS PROFESIONALES PARA NO APANICARSE CON LAS CRISIS Y LOS CAMBIOS BRUSCOS DEL MERCADO?

A principios de 2008 fui a una conferencia de Lyle Gramley, un viejito encantador y brillante que estuvo a cargo de la Reserva Federal de Estados Unidos, con Carter y Reagan. Después de alertar a la crema y nata de los empresarios sobre lo feo que esto se iba a poner (la conferencia fue a principios de ese año, mucho antes de la quiebra de Lehman Brothers, o cuando en México pensaban que sería "un pequeño resfriado"), feliz de la vida se puso a darnos consejos antiturbulencias.

Roberto Morán —mi editor de muchos años en la revista *Dinero Inteligente*— y yo tuvimos una entrevista compartida con el sabio anciano al que ya quería adoptar.

Nuestra GRAN pregunta era *qué consejo daba a los pequeños inversionistas ante la crisis*, ¿qué debían hacer? ¿Vender? ¿Comprar? ¿Huir del país a vivir como *hippies* en playas lejanas?

Nos sonrío con cara de ¡qué ingenuos!, y con tono muy calmado dijo que su único consejo para los inversionistas era algo así como "estarse quietos" (textualmente dijo: "use the 'Do nothing strategy'").

119

¿Es broma? ¿Me está diciendo que de entrada no haga nada? Pues sí, este señor que ahí nomás participaba en el manejo del banco central de Estados Unidos, explicaba que si nos ponemos a hacer ajustes "en caliente" ante cualquier cambio o panorama amenazador, luego tomamos decisiones que ni al caso en las crisis.

Obvio se puede estar mucho más tranquilo si tenías un guardadito ahorrado fuera de riesgo y también inversiones bien balanceadas, pero el punto es no apanicarse.

Dijo algo así como "respiren hondo y piensen en por qué tomaron las decisiones de inversión que tomaron." Si los motivos y sus metas no han cambiado, ¡dejen ese portafolio en paz hasta nuevo aviso! Total, las crisis van y vienen. Se lo tomaba con mucha filosofía, supongo que eso pasa cuando ya viste tantas: ya no te espantas tan fácil.

Digamos que esto se resume en el siguiente cuadrito:

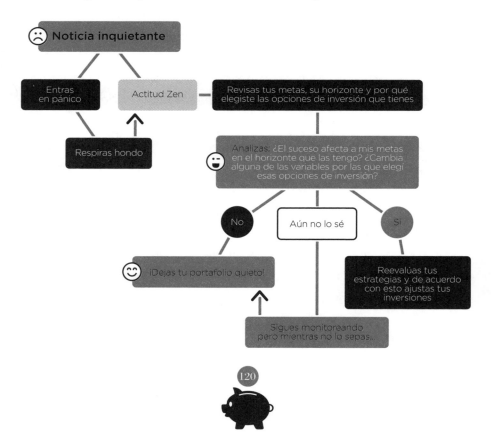

Esto aplica tanto para una noticia negativa o crisis, como para una supuesta oportunidad. A veces también el optimismo hace de las suyas. Nunca falta el que ve en las noticias que la Bolsa o el oro están en máximos históricos, se le hace una brillante idea entrar justo en ese momento porque ya se vio como millonario. Pequeño detalle: o invirtió justo cuando los rendimientos ya se los llevaron otros o ¡tómala que le truena la burbujota en la cara! Por eso ante la adversidad o la bonanza "calmantes, montes", que todo se ve distinto desde el cristal de las emociones.

AVISO DE SALUD MENTAL
En tiempos turbulentos revisa tus inversiones con una frecuencia que tenga algo que ver con tu horizonte. Siempre en las crisis a la gente le da por estar pegado, revisando tres veces al día las noticias y su portafolio, cuando hacía meses que no las veía. Eso no va aumentar tus rendimientos durante el bache, pero sí tu neura.

CAPÍTULO

No.
4

INVERSIONES PARA HIPPIES, YUPPIES Y BOHEMIOS

EN INSTRUMENTOS DE INVERSIÓN, PARA TODO HAY EN ESTA VIÑA DEL SEÑOR

Mucha gente piensa exclusivamente en señorcitos gritones en la bolsa de valores cuando se trata de invertir (que ya ni es así porque todo es electrónico), pero hay un chorro y dos montones de opciones para poner tu dinero a trabajar.

Puede que haya muchas clasificaciones y acomodos, pero para fines prácticos los podemos dividir en:

Activos financieros	Activos físicos
Deuda	Negocios
Acciones	Bienes raíces
Mercado de divisas	*Commodities* (materias primas)
Derivados	Metales (son *commodities*, pero merecen mención aparte)
	Coleccionables (arte, joyas, autos etcétera)

Al invertir hay que saber qué hay detrás de aquello a lo que le metemos lana, para entender mejor qué le afecta, cuándo hay una oportunidad y cuándo nos hacemos a un ladito.

Cada clase tiene sus asegunes y en un mundo —y bolsillo— ideal, un inversionista debería de tener dinero en varios o la mayoría de ellos por lo que ya platicamos de la diversificación y el riesgo (obviamente, asumiendo que entiende cada instrumento y que se adaptan a sus metas).

Otro punto importante es que a veces se confunden los instrumentos (los que mencionamos en la tabla) con los "vehículos de inversión". Tomándonos muy literalmente el nombre, podríamos decir que es "en lo que se mueven" esos activos de inversión. Veamos algunos ejemplos:

Alguien puede invertir en acciones comprando directo las de las empresas que quiera por medio de una casa de Bolsa, adquirir un fondo de inversión que tenga muchas distintas, o metiendo ahorro voluntario a su afore (que invierte en renta variable pero también en otras cosas).

También hay algunos activos que aunque en principio sean "físicos" tendrán alguna forma de distribución a través de productos financieros, como el oro: puede venderse en onzas, pero también puedes comprar un "Tracker" o fondo que siga sus precios.

Ejemplos de instrumento		Ejemplos de vehículos	
Deuda	→	Fondos de inversión Pagarés bancarios Tu afore Cuenta en casa de bolsa	
Acciones	→	Fondos de inversión Tu afore Cuenta en casa de bolsa	
Divisas	→	Compra en físico Fondos de inversión Seguro dotal	

En este capítulo vamos a hablar de los tejes y manejes de la deuda, acciones, divisas, *commodities* y derivados, pero en los próximos van a encontrar los que nos falten de la columna de la derecha.

Primero vamos a ver qué es cada uno, cómo funcionan y ya después las modalidades para adquirirlos. Puede que al principio suene un poco clavado hablar tanto de ellos, pero la idea es que los entiendas a profundidad y sepas cuáles se adaptan mejor a tus objetivos, sin importar en qué vehículo o envase te los presenten.

INSTRUMENTOS DE DEUDA

Para empezar hay que conocer con qué se come esa palabreja de "deuda". No es muy diferente al sentido que tiene cuando es de personas: en los instrumentos de deuda algún gobierno, empresa o banco "pide prestado" dinero al público inversionista para financiar proyectos de crecimiento, inversión o, en el peor escenario, gasto público, a cambio de reembolsarlo en una fecha determinada (conocida como vencimiento), con un premio que es la tasa de interés. La tasa puede ser fija o variable.

A los instrumentos de deuda también se les conoce como "obligaciones", porque la empresa o gobierno contrae un compromiso de pago con el inversionista. Por esta razón, para muchos, se consideran como los cimientos de un portafolio.

Los instrumentos de deuda pueden ser de corto, mediano y largo plazo. En este intervalo puedes tener instrumentos de un día a 30 años, aunque por ahí hay uno de un siglo, que verás en este capítulo.

Entre más corto sea el plazo de la deuda, menos volátil (o más estable) es, pero obviamente a mayor seguridad también hay menores rendimientos, y así como diversificas en tipos de instrumentos, también necesitas hacerlo en plazos, dependiendo de qué resultado quieras obtener.

Por esto, aunque la deuda como categoría en general se considera muy segura y son los cimientos de un portafolio, depende de qué tipo de deuda estemos hablando: los bonos a 28 días difícilmente te darán un sustito, pero los de largo plazo, por ejemplo un bono a 10 años, pueden ser tan volátiles como la Bolsa. Por eso hay que campechanearle.

Para que se vayan familiarizando con cuáles son, les dejo esta chula tablita del Banco de México con los distintos instrumentos de deuda, clasificados según el emisor:

Emisor	Instrumento
Gobierno Federal	Certificados de la Tesorería (cetes)
	Bonos de desarrollo (Bondes)
	Bonos M
	Bonos denominados en UDIs (Udibonos)
Instituto para la Protección al Ahorro Bancario	Bonos IPAB (BPA y BPAT, y BPA 182)
Empresas paraestatales e instituciones públicas	Certificados bursátiles y bonos
Gobiernos estatales y municipales	Certificados bursátiles
Banca comercial	Aceptaciones bancarias
	Certificados de depósito
	Bonos bancarios
	Certificados bursátiles
	Obligaciones bancarias y pagarés

Emisor	Instrumento
Empresas privadas	Papel comercial
	Obligaciones privadas
	Certificados de Participación Ordinaria (CPO y CPI)
	Pagarés
	Certificados bursátiles

Fuente: Banco de México, Divulgación, Sistema Financiero, Instrumentos de deuda, www.banxico.org.mx.

Anatomía de la deuda

Para saber de dónde sale la famosa tasa de interés, o sea los rendimientos de un instrumento de deuda, hay que entender sus partes.

Anatomía de un título de deuda

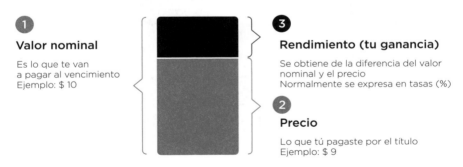

1

Valor nominal

Es lo que te van
a pagar al vencimiento
Ejemplo: $ 10

3

Rendimiento (tu ganancia)

Se obtiene de la diferencia del valor
nominal y el precio
Normalmente se expresa en tasas (%)

2

Precio

Lo que tú pagaste por el título
Ejemplo: $ 9

Imagina que el título de deuda fuera un papel que tuviera estampado: $10; ése sería su valor nominal, lo que te van a pagar al vencimiento. Como sospecharás, para hacer una ganancia debes comprar ese papelito por un "precio" menor que el "valor nominal".

127

El rendimiento o la tasa de interés que vas a ganar es simplemente la diferencia entre lo que invertiste (por ejemplo $9.50) y el valor nominal (los $10 del ejemplo).

Las ganancias se pueden pagar todo junto en el momento del vencimiento ("bonos a descuento"), pero si fuera un bono a 30 años, ¿a poco te vas a esperar tres décadas para que te paguen? Ah, pues hay otro tipo de bonos que compras a su precio nominal, te van pagando el rendimiento a cachitos y al final te regresan tu capital. Esos cachitos serían los cupones y se dice que estos bonos cotizan "a precio".

Instrumentos de deuda por su tipo de cotización

¿Por qué es importante saber las partes de un bono? Porque si tú te esperas al vencimiento, te van a pagar la tasa que pactaste desde el principio, ¿pero qué pasa si lo quieres vender antes de tiempo? Allí te darán lo que esté pagando el mercado por instrumentos similares, que puede ser más de lo que invertiste, o menos.

Si el precio del mercado es inferior a lo que tú pagaste, le perderías, porque tienes que ponerlo "en oferta" y bajar su precio para lograr venderlo (esto obviamente afecta tus ganancias). En cambio, si tu bono pagaba más que los otros, te lo van a querer comprar a un precio mayor al que pagaste. Checa el siguiente dibujo de lo que pasaría con un bono "a descuento":

¿Qué pasa si vendes antes del vencimiento?

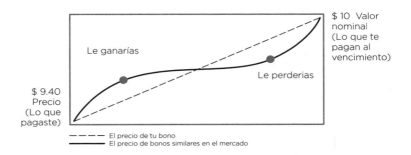

Es como un sube y baja del precio y la tasa:

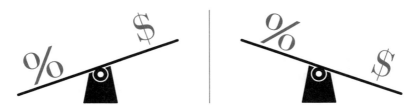

La gente puede querer vender o comprar instrumentos de deuda antes del vencimiento por muchas razones: hizo mal sus cálculos y necesita liquidez, encontró una mejor oportunidad para invertir, o anticipa que van a bajar las tasas de referencia y van a salir instrumentos de deuda que paguen más (es decir, a un menor precio). También puede querer comprarlos porque percibe que aumentan los riesgos en la economía y quiere pasar su dinero a cosas más seguras.

Obviamente, no es que tú vayas a salir con tu bonche de títulos de deuda en la mano a ver quién te los compra. Cuando hay un cambio en las tasas o sale una nueva emisión, esto de que bajen o suban los precios se ajusta en el mercado, y es a lo que podrás vender o comprar. El chiste es entender esa lógica para saber cómo afecta a tus inversiones y tomar mejores decisiones. Por cierto, todo este tema está relacionado con la inflación y las tasas de referencia que platicamos en el capítulo anterior.

> **ACLARACIÓN IMPORTANTE** Al igual que todos los instrumentos de inversión, los de deuda tienen una comisión. Muchos creen que no, porque la institución que te lo venda lo incluye en el precio, pero es importante conocer cuál es porque esto afecta las ganancias. Pregunta a quien te lo vendió, tiene la obligación de informarte.

¿Una estrellita o más bien orejas de burro? Calificaciones crediticias

¿Qué es lo que más te importa cuando alguien te pide dinero? ¡Que te pueda pagar! ¿No? En el caso de los instrumentos de deuda hay un invento del hombre blanco (o más bien de los financieros) llamado "calificaciones crediticias", que es como el buró de crédito de las personas, pero aplicado para las empresas, estados, municipios, países e instituciones financieras, para saber cuál es el riesgo de que no paguen, porque hay casos extremos en los que sucede.

Para dar una calificación se analiza qué tan sólida es la economía del país que coloca la deuda, qué onda con las finanzas públicas, qué tanto le pueden pegar sucesos internacionales (crisis en países a los que les exporten mucho, si son petroleros: bajada o subida de precios del petróleo, etcétera). Si son empresas, traduzcan eso a negocios. Las calificadoras más famosonas a nivel internacional son Standard and Poor's, Moody's y Fitch.

Las calificaciones van de AAA (que sería 10, casi 100% seguro que pague) hasta D (que sería reprobadísimo, porque ya de plano no pagó a sus acreedores). Ahí les van:

Calificación	Significado
AAA	**Extrema solidez** para cumplir con sus obligaciones crediticias. Calificación más alta (en resumen, lo más bajo en riesgo).
AA	**Muy fuerte capacidad** para cumplir con sus obligaciones crediticias.
A	**Fuerte capacidad** para cumplir con sus obligaciones crediticias, pero de alguna manera susceptible a condiciones económicas adversas o cambios en las circunstancias.
BBB	**Adecuada capacidad** para cumplir con sus obligaciones crediticias, pero más sujeta a condiciones económicas.
BBB-	Considerada como la más baja calificación de **"grado de inversión"** (es decir, ondas más seguras) por los participantes del mercado.
Se acaba el grado de inversión y se inician los de "grado especulativo" (más riesgo)	
BB+	Considerada como la calificación más alta del **grado especulativo** por los participantes del mercado
BB	**Menos vulnerable en el corto plazo PERO enfrentando incertidumbres** importantes respecto a condiciones financieras, económicas y de negocios adversas.

131

	Se acaba el grado de inversión y se inician los de "grado especulativo" (más riesgo)
B	**Más vulnerable a condiciones** financieras, económicas y de negocios adversas, pero actualmente tiene la capacidad de cumplir con sus obligaciones financieras.
CCC	**Vulnerable** y dependiente de condiciones financieras, económicas y de negocios favorables para cumplir con sus obligaciones financieras.
CC	Altamente vulnerable.
C	Se ha hecho una **solicitud de bancarrota** o tomado una acción similar, pero se mantienen los pagos de las obligaciones financieras.
D	**"Default"** (dejan de pagar o de cumplir) en los pagos de obligaciones financieras.

Ésta es la tabla general de Standard and Poor's y Fitch; luego hay unos desgarriates de si son calificaciones de largo o corto plazo y las nacionales y no sé qué, más las letras que usa Moody's. Esto es *grosso modo*, pero pueden ir a las páginas de las calificadoras para aprender más y para chismosear las calificaciones de los países o empresas que les interesen. En 2013, a México le pusieron BBB+ (o sea, un pelín más que "adecuada capacidad" para pagar).

Habrán notado la discretísima **banda con letras pequeñas** que dice "Se acaba el grado de inversión, inicia el grado especulativo", ¿y eso? ¿Decoración? No, chulis.

"Grado de inversión" implica que quienes emiten ese instrumento tienen un alto "valor crediticio" y hay más seguridad de que le pagarán al inversionista. Antes, servía para indicar en qué podían invertir instituciones financieras como las afores o las aseguradoras, porque manejan dinero de particulares.

La otra parte de las calificaciones son las de "grado especulativo", significa que el calificado de momento sí puede pagar su deuda, pero hay incertidumbre de si en el futuro podrá, debido a factores económicos que le puedan mover el tapete.

Como recordarán: a mayor riesgo, más rendimiento, si te pagaran lo mismo te irías a lo seguro, ¿no? Entre menor calificación tenga un instrumento mayores ganancias debería ofrecer. Esto está relacionado con "la prima de riesgo", que leerán más abajo. A los países sí les quita un poco el sueño los cambios de calificaciones, justo porque una baja les aumenta el "costo de financiamiento". Si un país está en grado de inversión, será "más barato" financiarse colocando deuda (tiene que pagar una menor tasa de interés a los inversionistas), que si está en especulativo. Lo mismo aplica para empresas o instituciones financieras.

Las calificadoras no siempre le atinan, la prueba es que muchas empresas que quebraron en 2008 aparecían como la gran maravilla crediticia antes de la crisis, pero digamos que es una guía.

¿Y quiénes son los deudores en estos instrumentos?

Los tipos de deuda se pueden clasificar de acuerdo con quién lo pide, o dicho técnicamente con el tipo de "emisor". Emisor o emisora son quienes acuden al Mercado de Valores para buscar financiamiento y colocan deuda o acciones, así que acuérdense del término, porque lo volveremos a topar en el siguiente tema. Regresando a deuda, ahí les va un piquito de cada categoría: deuda gubernamental, deuda corporativa e instrumentos bancarios.

Deuda gubernamental

Como su nombre lo dice, en estos instrumentos es el gobierno el que le pide prestado a los inversionistas para fondear sus proyectos y manejar sus finanzas. Como el país entero respalda esta deuda, y está cañón que un país quiebre, se considera el tipo de instrumentos de inversión más seguro que cada país puede ofrecer. También se les llama "bonos soberanos".

Eso sí: nunca digas nunca. Islandia es un reciente y desafortunado ejemplo, porque durante la crisis global de 2008, el sistema bancario y el endeudamiento los hicieron llegar a un punto en donde la deuda era más grande que su PIB —debía más de lo que generaba su economía— y ya no podía hacer frente a las obligaciones que tenía sobre el pagos de intereses. Algo así como cuando una persona se endeuda tanto que ya no puede pagar ni los mínimos de las tarjetas.

Obvio es un caso extremo y no la normalidad. Lo normal es que los países tengan con qué pagar y sean la mayor garantía. En el caso de México, los cetes se consideran más seguros que la deuda o las acciones de cualquiera de las empresas que cotizan en la Bolsa.

Pero aun entre los iguales, hay unos más iguales que otros: la deuda de países desarrollados se considera más segura que la de países emergentes como México. Aquello de "a mayor riesgo, mayor rendimiento" también aplica para los países, porque quienes se consideran más riesgosos tienen que pagar más intereses a los inversionistas que los que se juzgan más seguros. A esta diferencia o *spread* en los intereses que pagan se le llama "prima de riesgo".

Por poner un ejemplo, si el "bono 1" está pagando una tasa de 2.5% (250 puntos base) y el bono 2 está en 4% (400 puntos base) la prima de riesgo serían 150 puntos base.

Para la deuda de los países emergentes, la referencia de comparación son los Bonos del Tesoro de Estados Unidos a 10 años, la primera economía del mundo, que aunque con la crisis y el deudón del país vecino se llegó a poner en duda, muchos siguen usándolos como refugio cuando creen que todo lo demás es muy arriesgado. Obviamente, son de los que menos pagan a los inversionistas.

A partir de esto se construyó un índice que se llama Emerging Market Bond Index o EMBI, que fue creado por JP Morgan Chase, conocido como "Riesgo país", donde a mayor diferencia con la tasa de Estados Unidos estén pagando los bonos de un país, mayor es la posibilidad de que incumpla con el pago de su deuda o sus intereses.

Riesgo país	
País que emite la deuda	Puntos base que paga sobre los Bonos del Tesoro de Estados Unidos
México	206
Brasil	253
Argentina	1,223

Fuente: EMBI+ de JP Morgan al 21 de junio del 2013, vía SHCP.

Aunque la referencia para la prima de riesgo de México son los Bonos del Tesoro de Estados Unidos, otro caso interesante son los Bonos Alemanes a 10 años, pues se usan incluso para la deuda que emita nuestro vecino del norte.

La siguiente imagen muestra cómo estaba la prima de riesgo de diversos países frente a Alemania en junio de 2013, según información de www.datosmacro.com:

Prima de riesgo frente a Alemania

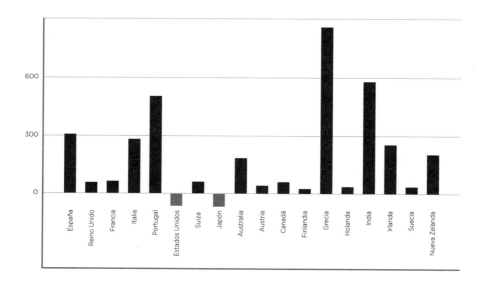

El bono alemán a 10 años estaba pagando 1.56% (o 156 puntos) y España 4.61% por lo que su prima de riesgo era de 305 puntos (461-156= 305 puntos). Estados Unidos sólo tenía 61 puntos arriba de los bonos alemanes, porque sus bonos estaban cotizando en 2.17% (271-156= 61). España se percibía como más riesgosa (aunque no tanto como Irlanda, Portugal o Grecia), pero tampoco es que Estados Unidos fuera el chico más confiable, por eso sus puntitos de diferencia.

¿Por qué los bonos alemanes son la referencia? Porque siempre han sido buenos pagadores y por cómo se percibe la fortaleza de su economía.

Como dato cultural histórico, los países que más han dejado de pagar su deuda externa desde 1500 hasta 2011 han sido:

Debo no niego, pago no puedo: los países más morosos

España | Venezuela | Ecuador | Francia | Costa Rica

España: 14 veces, en 1557, 1575, 1596, 1607, 1627, 1647, 1809, 1820, 1831, 1834, 1851, 1867, 1872 y en 1882.

Venezuela: 12 veces, en 1826, 1848, 1860, 1865, 1892, 1898, 1983, 1990, 1994, 1995, 1998, 2004.

Ecuador: 10 veces, en 1826, 1868, 1894, 1906, 1909, 1914, 1929, 1982, 1999, 2008.

Francia: 9 veces, en 1558, 1624, 1648, 1661, 1701, 1715, 1771, 1788, 1812.

Costa Rica: igual 9 veces, en 1828, 1874, 1895, 1901, 1932, 1962, 1981, 1983, 1984.

México: 8 veces, la primera en 1827 y luego en 1833, 1844, 1866, 1898, 1914, 1928, 1982.

Y le empatan: Uruguay, Alemania, Austria. Brasil.

México | Uruguay | Alemania | Austria | Brasil

Fuente: Situaciones de impago de deuda soberana de José M. Domínguez Martínez
y Rafael López del Paso, con datos de Reinhart y Roggoff (2008), Moody's (2011).

La deuda de un gobierno tiene plazos muy variados. En México, hay desde cetes a 28 días hasta un bono a 100 años que vence ¡hasta el año 2110!

¿Y qué tanto han dado?

Ahí les va la gráfica de los rendimientos históricos de los cetes:

Cetes a 28 días
(Tasa de rendimiento anual, septiembre de 1982 - junio de 2013)

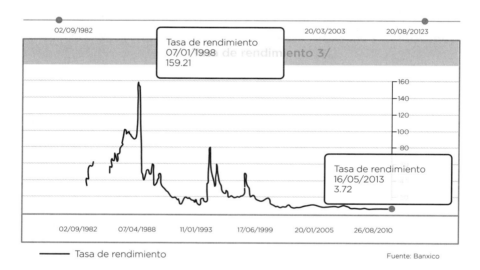

Tasa de rendimiento

Fuente: Banxico

Obviamente, aunque se ven unos superrendimientos de los ochenta, en términos reales no lo eran tanto; si se regresan a ver la gráfica de la inflación del capítulo de "un ojo al gato y otro al garabato", verán que los picos más o menos coinciden y, en muchos casos, la inflación se llevaba a los cetes de corbata. Pueden consultar el resto de los bonos gubernamentales en la página del Banco de México www.banxico.org.mx.

¿Dónde se compra?

- En algunos países existe la compra directa al gobierno. En México es a través de www.cetesdirecto.com, en Estados Unidos es www.treasurydirect.gov.
- Por medio de casas de Bolsa.
- Adquiriendo fondos de inversión que tengan estos instrumentos.
- Adquiriendo pagarés bancarios que inviertan en bonos gubernamentales (los más comunes son los de cetes).

Para tener en mente: si no compras los bonos directamente al gobierno tendrás que pagar una comisión, puede variar por la institución financiera que te lo venda, o el monto invertido.

Deuda corporativa

Igualito que el gobierno, hay empresas que emiten deuda para financiarse. El tema de precio, tasa y calificaciones funciona parejo para todos los bonos, así que acá igual te puedes encontrar empresas con estrellita (las famosas AAA, no son por las luchas, sino porque son las más pagadoras y las que en mejor forma están), y otras más bien estrelladas, como las que han tenido incumplimientos.

¿Qué debemos analizar cuando le prestamos dinero a una empresa a través de estos títulos? Su salud financiera, qué tan endeudadona está, si su competencia le está sacando la vuelta, sus proyectos futuros y para qué van a usar el dinero.

Hay que leer el prospecto de la colocación, que es donde viene lo que contiene su inversión, su horizonte, sus riesgos, contra qué se piensan comparar y las condiciones para venta de tu inversión.

Dentro de los bonos corporativos existe también una clase que se cuece aparte, son los "bonos convertibles". Su nombre se lo deben a que pueden cambalachearse por acciones de la empresa (que, por cierto, es el tema que sigue).

¿Dónde se compra?
- Por medio de casas de Bolsa.
- Adquiriendo fondos de inversión que tengan estos instrumentos.
- En bancos (aunque esto es sólo para inversionistas institucionales como afores o aseguradoras).

Instrumentos bancarios

Los bancos pueden colocar deuda como cualquier empresa, pero también pueden "pedirle" dinero a sus propios clientes. ¿Cómo? El trabajo del banco es "captar y prestar". El banco en sí no tiene dinero, bueno, sólo lo que le apoquinen los socios. ¿Entonces cómo le hace para prestar? Muy fácil: con la lana que la gente deja en sus cuentas a la vista y la que ellos piden prestada a inversionistas y ahorradores, a través de instrumentos de deuda bancarios.

Los pagarés y certificados de depósitos son instrumentos de deuda bancarios, de los que hablaremos en el siguiente capítulo. Algunos especialistas los consideran "pasivos" porque así es como se registran en la contabilidad (en un renglón distinto a las emisiones de deuda), pero la mecánica de pedir un monto a cambio de reponer el principal más una tasa de interés al vencimiento, es la misma.

¿Dónde se compra?

- A través de casas de Bolsa o fondos de inversión que tengan papeles de bancos.
- Los instrumentos de depósitos a plazos, como los pagarés o certificados de depósito, en las sucursales de los bancos.

DE ACREEDOR A SOCIO, LES PRESENTO A LAS ACCIONES

Si compraras acciones en la Bolsa de Valores, técnicamente podrías decir que eres dueño de Cemex, Bimbo, Mexichem o Apple (si fuera en la de Nueva York)... no de todo, pero sí de un "cachito", no te empieces a imaginar en la lista de Forbes todavía.

Las empresas venden en la Bolsa acciones que representan pedazos de sí mismas, para conseguir dinero para seguir creciendo, financiar nuevos proyectos, comprar a otras compañías, expandirse a nuevos mercados, etcétera. En lugar de pedirle un crédito al banco, invitan a los inversionistas a adquirir una parte de la empresa, lo que les da derecho a recibir parte de sus utilidades, en caso de que las generen.

Por poner un ejemplo, si Cemex estuviera por desarrollar un material de construcción de boligoma y una nueva planta para procesarlo, muy posiblemente requeriría una buena lana. Podría pedir

141

un prestamotote al banco o mejor salir a vender acciones y hacer su proyecto con el dinero que los inversionistas paguen por ellas.

Como acabamos de hablar de instrumentos de deuda, la pregunta lógica es ¿cuál es la diferencia entre deuda y acciones? Las acciones implican cierta propiedad sobre la empresa que las emite, pero no tienes rendimientos garantizados, las ganancias dependen de cómo le vaya a la empresa. En los bonos sólo "te deben" el dinero que les prestaste y los respectivos intereses; no eres dueño, pero al vencimiento sí tienen la obligación de pagarte la tasa que pactaste al principio.

Así como la deuda podría ser el "cimiento" de un portafolio —específicamente la de corto plazo que es menos volátil— en teoría, con las acciones lo que se busca es un mayor rendimiento, porque su desempeño está ligado a cómo funcionen los negocios, que en teoría deberían hacer más lana que los intereses de un préstamo. Esto no siempre se cumple, pero es lo que en general se espera de ellas.

Los rendimientos de las acciones dependen de cómo les esté yendo en su negocio, de sus utilidades, de qué tal anda el sector al que pertenecen, de si sus competidores les están comiendo el mandado, de si es un buen o mal ciclo económico, de la inflación y de las expectativas del mercado sobre ellas. Como verán, no es de "enchílame una gorda", hay que ponerse a estudiar.

Pero, ¿a todo esto qué es la bolsa de valores?

Ya que estamos hablando de que las acciones se colocan en La Bolsa y que cotizan, y que para allá y para acá, expliquemos qué es: La Bolsa es un mercado, sí, como el de tu colonia, pero ahí no se venden frutas y verduras, sino "valores". Los valores son deuda o acciones de las empresas, y lo que les pagan por ellos sirven para financiar sus proyectos. Los compradores del Mercado de Valores son los inversionistas.

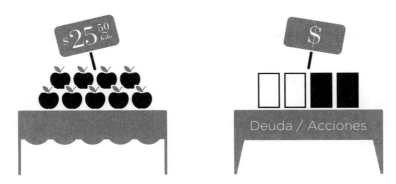

La Bolsa es un mercado de financiamiento para las empresas, porque van ahí a conseguir recursos. Por eso es común escuchar en las noticias que "la empresa fulanita planea recaudar xxx millones de pesos con la colocación de xxxx número de acciones". Por cierto, cuando las acciones salen por primera vez al mercado, nuevecitas y resplandecientes, se le llama "oferta pública inicial".

Antes, cuando las transacciones eran en el edificio de La Bolsa, los *traders* gritaban como si estuvieran en mercado: "Compro a tanto, vendo a tanto." Pero ahora ya no va nadie, todo es electrónico y si se gritan serán con las mayúsculas del chat que usan para comunicarse.

De hecho, la lógica que debería imperar en La Bolsa y en las acciones no es tan distinta al mercado de tu barrio, ¿qué hacen las abuelas capitalistas cuando van de compras? Pensemos en el jitomate, tan básico en México por ser ingrediente de las salsas, ¿cuándo compran? ¿Cuando está carísimo? Normalmente no, o si es muy necesario, compran el mínimo. En cambio, cuando baja de precio hasta compran más y lo hacen puré o conservas. Si fueran aún más capitalistas, les venderían esas conservas a sus vecinas cuando estuviera caro de nuevo.

Aunque "comprar barato" es lo que el sentido común dictaría, la mayoría de los inversionistas novatos actúan al revés: cuando La Bolsa sube y sube de precio, o incluso ya en máximos, se les inflama el entusiasmo y corren a comprar. Los precios altísimos no son eternos (igual que en el jitomate), se caen y ¡tómenla!, que ahora sus acciones valen menos de lo que pagaron por ellas y se quedan chiflando en la loma. Lo peor es que algunos no aprenden a la primera. A eso los financieros le llaman "la doble corona".

La doble corona en inversiones... o cómo ciscarse para siempre de la Bolsa

¿Cuántas personas conoces que les fue REmal la primera vez que entraron a La Bolsa, echan pestes, dicen que es superriesgoso y después de eso se dedican a invertir como abuelitas-miedosas-no-capitalistas en pagarés a 28 días o PEOR: nunca más invierten en la vida? A 99% de los casos es seguro que les pasó esto:

Algunos inversionistas se entusiasman y se meten a La Bolsa cuando está en máximos o traen una racha superganadora, que para su información es cuando está "cara". Cuando se cae, se llevan el susto de su vida —muchos no sabían que La Bolsa también baja—, quieren huir súper asustados y sacan su dinero con pérdidas. "Se coronan".

Algunos de plano ya no vuelven a entrar a La Bolsa. A otros un promotor listillo —o ellos mismos— los vuelve a convencer de

144

VOOOLVER a invertir justo cuando vuelve a subir. Vuelve a caer, se decepcionan por segunda vez, es decir, se vuelven a "coronar".

En el mejor de los escenarios estos inversionistas coronados se quedan en el "lado conservador", pero otros de plano regresan a meter su lana al colchón o a su cuenta de cheques y no vuelven a invertir jamás.

¿Qué hay que entender para que no nos pase?

Primero, que es una inversión de riesgo donde no hay un rendimiento garantizado y es de largo plazo: si piensas tocar esa lana en menos de 3 o 5 años, NO LA METAS A LA BOLSA.

Segundo, cuando empiezas a oír noticias de máximos y rallys, no entres, por mucho que sientas que se te va a ir la oportunidad (la oportunidad ya se pasó, espera a la siguiente: La Bolsa sube y baja). Ah, y si ya estabas ahí desde antes, acuérdate de que también puede ser tiempo de vender; entonces, buzo si quieres tomar utilidades.

Tercero, hazte a la idea de que habrá periodos en los que verás pérdidas y dimensiónalas (acuérdate de las reglas de vender y comprar de tu estrategia). Si cuando te dijeron que si te gustaba el riesgo hiciste sonrisa del 007 y contestaste: "¡Claro, mi nombre es peligro!", ahora no me salgas con que la verdad eres más bien onda Rosita Fresita. Tons si pasa, agúantese como los inversionistas inteligentes, incluso si tiene chance, métale un poquitín más, que al fin es barata.

Y cuarto, si te metiste cuando estaba caro, tampoco te aloques y "te corones", lo peor que te puede pasar es que te tengas que aguantar unos añitos más de lo que habías planeado, y más bien piensa en meterle de poquitos cuando esté abajo para "promediar". Para saber más de "comprar cuando esté barato y vender cuando esté caro" ver Anexo 3.

Entonces, chicuelos, pa' coronas sólo el príncipe William o las que ponen los dentistas, pero favor de no agenciarse la de novatazo en La Bolsa.

> Para no tener que estar pendientes de si la Bolsa sube o baja, existe una técnica llamada "promediar": en vez de meter todo de zopetón, cada mes inviertes exactamente la misma cantidad de como compras siempre –esté caro o barato– al final te quedas con un precio promedio y compensas tanto altas como bajas. Obviamente hay que ser constantes. Esta estrategia está relacionada con la de asignación de activos, que mencionamos en el capítulo 1.

¿Que la Bolsa quéeee?
Traduciendo noticias...

Yo creo que a 90% de la gente (los otros han de ser financieros seguro les pasan de noche las noticias de La Bolsa, con la excepción de que sube o baja. No me extraña nada, con tanta terminología ¿quién las va a pelar? Ahí les va el inicio de una nota "subtitulada" al terrícola.

El Índice de Precios y Cotizaciones (IPC) de la Bolsa Mexicana de Valores avanzó 1.21 % y cerró hoy en 40 721.35 unidades, 488.67 más que la sesión anterior.

Las notas sobre La Bolsa casi siempre tienen tres partes:

- Qué porcentaje subió o bajó el IPC respecto a cómo estaba el día anterior y en cuántas unidades se ubicó. También se llegan a hacer notas sobre cómo abrió la Bolsa o cómo se comportó a media sesión, pero las más comunes son las de cierre.
- Cuáles fueron las emisoras (empresas) que más ganaron o perdieron.
- Algún comentario sobre los factores internos o externos que generaron el resultado y, en su caso, una comparación con otras Bolsas del mundo.

Pero ¿qué carambas es el IPC o Índice de Precios y Cotizaciones? Todas las Bolsas de Valores del mundo tienen un indicador líder. El IPC es el nuestro, el de Estados Unidos es el Dow Jones Industrial Average, por ejemplo.

Estos indicadores líderes son una muestra de las acciones de las empresas que más se venden y se compran en cada Bolsa (el término técnico es "acciones más bursátiles"). La variación del IPC "resume" los cambios en los precios de estas acciones: si la mayoría sube, aumentan las unidades del índice; si la mayoría se cae, bajan.

El IPC está compuesto por 35 compañías, que pueden ir cambiando en el año, dependiendo de qué tanto se negocien sus títulos. Los sectores pueden ser tan diversos como alimentos y bebidas, minería, medios de comunicación, farmacéutica o servicios financieros.

147

Índice de precios y cotizaciones de la Bolsa Mexicana de Valores

Clave de la emisora	Razón social
AC	Arca Continental, S.A.B. de C.V.
Alfa	Alfa, S.A.B. de C.V.
Alpek	Alpek, S.A.B. de C.V.
Alsea	Alsea, S.A.B. de C.V.
Amx	America Movil, S.A.B. de C.V.
Asur	Grupo Aeroportuario del Sureste, S.A.B. de C.V.
Azteca	Tv Azteca, S.A.B. de C.V.
Bimbo	Grupo Bimbo, S.A.B. de C.V.
Bolsa	Bolsa Mexicana de Valores, S.A.B. de C.V.
Cemex	Cemex, S.A.B. de C.V
Chdraui	Grupo Comercial Chedraui, S.A.B. de C.V.
Comparc	Compartamos, S.A.B. de C.V.
Elektra	Grupo Elektra, S.A.B. de C.V.
Femsa	Fomento Económico Mexicano, S.A.B. de C.V.
GAP	Grupo Aeroportuario del Pacífico, S.A.B. de C.V.
GEO	Corporación Geo, S.A.B. de C.V.
GFInbur	Grupo Financiero Inbursa, S.A.B. de C.V.
GFNorte	Grupo Financiero Banorte, S.A.B de C.V.
GMéxico	Grupo México, S.A.B. de C.V.
Gruma	Gruma, S.A.B. de C.V.
Homex	Desarrolladora Homex, S.A.B. de C.V.
ICA	Empresas Ica, S.A.B. de C.V.
ICH	Industrias Ch, S.A.B. de C.V.
Kimber	Kimberly-Clark de México S.A.B. de C.V.
Kof	Coca-Cola Femsa, S.A.B. de C.V.
Lab	Genomma Lab Internacional, S.A.B. de C.V.
Livepol	El Puerto de Liverpool, S.A.B. de C.V.
Mexchem	Mexichem, S.A.B. de C.V.
MFrisco	Minera Frisco, S.A.B. de C.V.
Ohlmex	Ohl Mexico, S.A.B. de C.V.
Pe&oles	Industrias Peñoles, S.A.B. de C. V.
Sanmex	Grupo Financiero Santander México, S.A.B. de C.V.
Tlevisa	Grupo Televisa, S.A.B.
Urbi	Urbi Desarrollos Urbanos, S.A.B. de C.V.
Walmex	Wal-Mart de México, S.A.B. de C.V.

Fuente: Bolsa Mexicana de Valores, muestra a abril de 2013.

De hecho, cuando se dice que la Bolsa está en "máximos" o "mínimos", significa que el IPC está en su punto más alto o más bajo en un determinado periodo, y es normalmente cuando más aparece en las noticias.

También es posible que escuchen que no ha roto el piso (también le dicen *soporte*) o el *techo* (resistencia) de "x mil unidades". Esto se refiere a cuando La Bolsa no ha bajado más allá de un nivel mínimo que se presentó anteriormente (piso) o que no ha superado uno que fue más alto al actual (techo). Si en el último año lo máximo a lo que llegó fueron 45 000 unidades, ése sería su techo o resistencia y si su nivel mínimo hubiera sido 37 000 unidades, ése sería su piso o soporte.

Aquí es donde entran los "osos y toros", y el factor psicológico, porque para muchos analistas que el IPC rompa esos niveles es señal de que viene una fase de bonanza o que se va a despeñar gacho, respectivamente. En el mercado nada está dicho, pero ahora ustedes ya saben por qué tanto alboroto al respecto.

Hay otros índices que también escucharán en las noticias, como los que lo integran empresas dependiendo de su tamaño (Large Cap, Mid Cap o Small Cap), más lo que sale de cada emisor y también pueden buscar más información en la página de La Bolsa: www.bmv.com.mx, pero esto es un buen inicio para saber de qué carambas hablan el tipo de radio, la nota en la sección de finanzas del periódico o el analista del noticiero de las diez.

¿Qué me dan las acciones?

Las acciones generan dos tipos de ganancias:

Cuando suben sus precios. Se les llama "ganancia de capital", es cuando su valor aumenta porque el precio al que podrías vender tus acciones en el mercado sube (también pueden bajar). Este valor no es real hasta que no vendes y tienes dinero constante y sonante en tus manitas. De ahí el tema de las ganancias o pérdidas "contables": están en papel, pero no todavía en tu Bolsa. En muchos países, como México, las ganancias que haces en acciones son libres de impuestos.

Por dividendos. Como su nombre lo dice, es cuando "se mochan" con los accionistas y reparten una parte de las utilidades o los "beneficios", como se les llama en otros países. En muchos casos, se hace un anuncio anual de cuánto va a ser. Puede ser que si no hubo utilidades ese año o se decidieron reinvertir para un proyecto no se den dividendos pues no hay qué repartir.

No todas las acciones tienen dividendos o incluso hay algunas que al revés: dan dividendos extraordinarios.

A diferencia de las ganancias de capital, las que se dan por dividendos son "de flujo" es dinero en efectivo que recibes por tus acciones. Como representan utilidades, primero la empresa paga impuestos sobre ellas y ya cuando se reparten los inversionistas puede que tengan que volver a pagar, dependiendo de la figura legal con la que se haya hecho la sociedad.

El tema de los dividendos aplica cuando compras acciones en directo. Si lo haces por medio de fondos de inversión —como el dueño de las acciones en sí es la sociedad de inversión—, son ellos los que lo reciben pero pueden "regresarlos" incluyéndolos en el rendimiento o comprando más acciones para el mismo fondo.

Tipos de acciones

Ordinarias o comunes. Son las que permiten al que las compra votar y participar en las juntas de accionistas, donde se evalúa la administración de la empresa, si se emiten nuevas acciones, qué dividendos se van a dar, o por ejemplo, si se aprueba o no una fusión con otra empresa. También tienen un beneficio que se llama "derecho de prioridad o preventivo", con el que se van a emitir nuevas acciones, ellos pueden mantener la proporción de la empresa.

A cambio de esto, sólo pueden cobrar los dividendos después de que lo hayan hecho los que tengan acciones "preferentes", que en un momento explicaré.

Además, si la empresa se va a la quiebra, son a los últimos que les pagan, con lo que quede del capital, después de apoquinarle a los de acciones preferentes y acreedores.

Digamos que acá es menos prioridad en los pagos, pero más poder de decisión.

Preferentes. Estas no permiten votar en las juntas de accionistas, pero a cambio pueden cobrar dividendos antes de quienes tengan acciones ordinarias. Tienen un dividendo definido, que puede ser una cantidad o una tasa de interés. Menos poder, más prioridad en el pago.

Convertibles. No, no son las de un Corvette o un Porsche descapotable. Se llaman así porque empiezan teniendo las características de las preferentes (que te paguen primero, dividendo definido, pero no votas), pero el inversionista las puede convertir en ordinarias (ya puedas votar y corres más riesgo, obvio pensando en obtener mejores rendimientos). Son como de "pago por ver".

De a cómo no... las comisiones en las acciones

Ya dijimos que sin importar de qué inversión se trate hay que tener bien clarito su costo. La pregunta "¿cuánto cuesta?" tendría que estar enmarcada en letras de oro en todos los temas de finanzas, desde comprar un producto, un crédito, poner tu dinero a trabajar, vivir en un país (impuestos), todo.

En acciones este "cuánto cuesta" tiene una parte entre interesante y gandallona, si no nos ponemos vivos o si andamos vendiendo y comprando sin ton ni son podemos perder un lanal: generalmente en acciones te cobran comisión tanto por compra o por venta, así que sin importar si ganaste o perdiste, los intermediarios hicieron su agosto con cada transacción. Esto aplica tanto para compra de acciones en directo como por medio de sociedades de inversión (fondos).

En contados casos, la comisión es sólo a la salida aunque hay que checar que no acabe siendo la misma gata pero revolcada. Independientemente de si te cobran antes y después, o sólo después, en la práctica esto se traduce en que si no quieres que el único rico sea tu casa-bolsero, tienes que elegir bien en qué vas a invertir y cuándo, para que la ganancia después de pagar la comisión valga la pena. Algunos nunca lo preguntan o ni se enteran —aunque les hayan dicho o dado el prospecto de inversión— y se preguntan por qué de sus 500 transacciones no les dio ni para un taco.

Esto aplica tanto para acciones como para fondos que tú manejes. Si compraste un portafolio, donde las decisiones las toma un gestor, ahí más bien te cobran una cuota de administración sobre el saldo y no por entradas ni salidas.

Puede haber comisiones diferentes dependiendo de la institución, del monto que tengas, de los tipos de productos. Hay esquemas de pago por transacción o una cuota mensual sin límite de transacciones; también hay comisiones preferentes para los listillos que preguntaron y negociaron con su ejecutivo de cuenta y los que se conformaron con la que les pusieron. Nada se pierde con preguntar.

¿Dónde se compran las acciones?
- En casas de Bolsa, pero para tener una cuenta ahí debes tener un poco más de un milloncito. La versión accesible son las casas de Bolsa en línea, donde puedes abrir una cuenta desde 100,000 pesos, pero el pequeño detalle es que aunque puedes entrarle con menos, no siempre te ponen asesores, así que el tema es que realmente le sepas.
- Adquiriendo fondos de inversión que tengan estos instrumentos.
- Algunas afores y aseguradoras tienen en sus productos inversión en acciones (próximo capítulo).

Advertencia: las acciones en directo no son aptas para novatos

Eso de pasito a pasito a algunos no se les da y quieren empezar por escalar el Everest antes de subir el Popo o el Nevado de Toluca... y hacen lo mismo con sus inversiones. Me han llegado una tonelada de correos de personas que tras leer "no seas la bella durmiente del banco", el capítulo de inversiones del primer libro Pequeño Cerdo Capitalista, muy arrojados quieren calentar motores y hacer su primera inversión en acciones en directo en La Bolsa.

153

Ahí les va una consulta verídica:

Hola.

Desde hace un tiempo he tenido interés en abrir una inversión en La Bolsa de Valores, tal vez comprando acciones, sin embargo, no tengo experiencia en esto y desconozco cómo llegar a realizarlo.

Espero que me puedas proporcionar la información para esto. Me gustaría saber cuánto es lo mínimo que debo invertir y toda la información posible.

En verdad deseo experimentar en La Bolsa este año y te agradeceré si puedes asesorarme en esto.

La respuesta fue:

Si no tienes experiencia, es mejor que empieces por fondos de inversión, si quieres, puedes incluir en tu portafolio algunos que tengan acciones.

Para invertir en acciones en directo requieres de conocimientos más técnicos para elegir cada empresa y estar pendiente de cómo se mueven, cuál es el estado de las empresas, sus ganancias, sus deudas, sus nuevos proyectos de inversión, qué está haciendo la competencia...

Tengo amigos traders que aunque compran y venden acciones todo el día su lana mejor la tienen en fondos.

Si de todos modos con la advertencia quieres invertir en acciones, puedes hacerlo mediante casas de Bolsa en línea, leyendo todos los tutoriales posibles, y estar al pendiente de los documentos de análisis semanal que mande la operadora.

En caso de que seas muy millonetas y tengas al menos 1 millón de pesos para invertir, puedes abrir una cuenta en una

casa de Bolsa tradicional y ahí sí tienes un asesor que está más al pendiente de ti, pero en general, si es menos de eso lo más probable es que tengas que rascarte con tus propias uñas.

Si es la primera vez que inviertes en algo, y en general en la Bolsa, te recomiendo más que cheques la onda de fondos porque puedes diversificar más y porque un especialista ya filtró las empresas por ti. No es que los fondos sean mejores o peores en sí mismos, pero comprar acción por acción tú solo, implica ya conocer algo del tema o de verdad echarse aceite de tortuga, para hacer concha y que las pérdidas se les resbalen. Algo así como una actitud muy zen de "al fin que es el costo del aprendizaje", que por cierto, todos pagaremos, pero los atrabancados seguro más caro.

Fin del comunicado.

No dudo que la idea de iniciar por acciones se deba en parte a que en el libro anterior leyeron que La Bolsa Mexicana ha dado un rendimiento PROMEDIO de 20% anual en los últimos veinte años, y eso obviamente les haga ojitos pajaritos, pero hay cosas que tomar en cuenta.

La primera aclaración es que se trata de rendimiento "promedio". No dice ni rendimiento garantizado, ni fijo anual, ni que te lo vas a ganar en un mes. Promedio significa que si sumas lo que dio los últimos veinte años y divides entre veinte eso da, pero puede ser que un periodo cerrara en 32% y otro año con un cardiaco -9% o peor.

La segunda aclaración es que hay que recordar que las acciones son de la familia de los instrumentos de renta variable —puede fluctuar— y que además rendimientos pasados no garantizan rendimientos futuros.

Iniciarte en las inversiones con acciones en directo es como cuando #mihermanoesunchiste se aventó al segundo día de hacer *snowboard* de una pista diamante negro y de milagro no se rompió nada —aunque sí amplió su colección de moretones—, pero chance fue suerte y no la misma que podemos correr nosotros. Por eso hay que tomárnoslo con calma y darnos el tiempo de ir aprendiendo por grados de dificultad.

Si andan en las mismas que nuestro intrépido principiante, piensen bien si quieren adrenalina o ir aprendiendo pasito tun-tun y definitivamente échenle ojo al **Anexo 4** que tiene un **"Palitos 1"**, sobre las cosas que debes analizar en una acción.

DIVISAS O POR QUÉ NOS GUSTAN TANTO LOS BILLETITOS VERDES (O NARANJAS SI SON EUROS)

A los mexicanos, y en general a las personas de países emergentes, nos llama mucho la atención ahorrar en dólares o euros. No sé si es el color, el fantasma de las devaluaciones, que algunos los consideran de buena suerte o que les cae bien Benjamin Franklin, pero todos los meses me llega por lo menos una consulta al respecto, con la afirmación de que las monedas extranjeras son siempre buena inversión. Como toda generalización, ésta es peligrosa, por eso habrá que acotar en qué casos.

Así como detrás de una acción está una empresa y su negocio, o detrás de un instrumento de deuda está la capacidad y solidez del emisor para cumplir con sus compromisos, una moneda representa la fortaleza de una economía y el poder adquisitivo que tiene frente a las divisas de otros países.

Cuando invertimos en monedas, lo que buscamos es saber cuál se va a fortalecer y cuál va a caer en precio. ¿Qué influye para que esto pase? Las monedas al final también se rigen por oferta y demanda: si más inversionistas quieren euros que dólares, pues la moneda de la unión europea se va a fortalecer frente al billetito verde, y viceversa; pero hay muchos factores en las monedas que afectan el apetito por ellas, algunos son:

- La situación económica y el crecimiento de un país.
- El comercio que tenga con otros países (exportaciones e importaciones) y cómo le está yendo a sus principales socios en esos momentos.
- Su capacidad para atraer inversión extranjera. Hay que dividir entre la "directa" que llega, por ejemplo, para construir una planta, y los capitales especulativos, que sólo invierten en instrumentos pero en cuanto surge otro mejor postor, *ciao*.
- La percepción de riesgo que tengan los inversionistas. En 2012, la economía mexicana no había cambiado en sus fundamentales, pero el peso se disparó a 14.35, porque los especuladores consideraban que peligraba su estabilidad y crecimiento por Estados Unidos. El peso regresó a los niveles de los 13 y 12 y cacho, porque un precio mayor no tenía sustento.
- La inflación, pues resta poder adquisitivo a la moneda.
- La deuda del país, porque si es muy alta, compromete su capacidad para pagar y su desarrollo futuro.
- La situación política. En algunos casos, la percepción o que realmente haya inestabilidad política en un país —abarcando desde un cambio de gobierno hasta una guerra— también afecta su moneda.
- Desastres naturales o crisis que afecten su economía o recursos, como la gripe aviar o una sequía si es productor de *commodities*.

- Las reservas que tenga, ya sea en oro o en otras divisas, pues sirven de respaldo de su moneda.

- El manejo que hagan de su moneda para mantener su competitividad. Una moneda débil (depreciada) ayuda a las exportaciones porque el otro país puede comprar más con los mismos dólares, por ejemplo. Algunos países buscan que su moneda tenga cotizaciones más bajas que lo que debería por esta razón, aunque la contra parte es que le pega a las importaciones, porque con tus pesos puedes comprar menos cosas en dólares.

Obviamente, esto puede ser un poco distinto entre los países que tienen un tipo de cambio fijo (el gobierno decide cuál es), o cuando es flotante (donde el precio se fija en función del mercado, oferta y demanda).

EL FAMOSO ÍNDICE
BIG MAC

En teoría, las monedas deben reflejar su poder adquisitivo, pero ¿cómo saber si su cotización está en un nivel realista o volado frente a otras divisas? ¿Cómo saber si "x" número de pesos realmente comprarían tanto como se puede adquirir con 1 dólar, tanto en México como en Estados Unidos?

Esto se ha tratado de medir con distintas canastas de productos, pero el semanario inglés *The Economist* salió con una idea ingeniosa en 1986: ¿Por qué no basarse en cuánto cuesta una Big Mac en todos los países, si al fin y al cabo este producto está disponible casi en todas las naciones?

Lo que se hace es tomar el precio en la moneda local y convertirla a dólares. Si da la misma cantidad, en teoría, la moneda está en un nivel correcto. Si es mayor está "sobre-valuada" y si es menor está "subvaluada". Obviamente, ellos advierten que no es un índice académico ni exacto, sino una forma de hacer más accesible la teoría de la paridad del poder adquisitivo de las monedas (que se pueda comprar lo mismo con el equivalente), pero mucha gente lo usa de guía.

En enero de 2013, una Big Mac costaba 4.37 dólares en Estados Unidos y 37 pesos en México, que equivalían a 2.90 dólares. De acuerdo con el índice, la moneda mexicana estaría subvaluada 33.5%, es decir, para que correspondiera hamburguesísticamente, la cotización debería ser de 8.47 pesos por dólar.

Ahí les van los extremos:

País	Precio en dólares de la Big Mac	Cotizaciones
Venezuela (más sobrevaluado)	9.08 (39 bolívares)	Actual: 4.29 bolívares por dólar. Según el índice: 8.93
Estados Unidos	4.37	Es la base del índice
México	2.90 (37 pesos)	Actual: 12.74 pesos por dólar Según el índice: 8.47
India (Más sub-valuado)	1.67 (89 Rupias)	Actual: 53.4 rupias por dólar Según el índice: 20.38

Las divisas pueden tener dos funciones en nuestro portafolio de inversiones:

1   **Generar rendimientos.** Cuando una moneda se fortalece contra otra, podemos hacer una ganancia. El pequeño detalle es que las monedas son muy volátiles, algunos especialistas reconocen que dan más sustos que la Bolsa.

2   **Reducir riesgos.** Los dos principales que intentamos atacar cuando invertimos en monedas son:

A   *Depreciación:* la posibilidad de que el precio de la moneda local caiga frente al de otra y, por ende, perdamos poder adquisitivo, especialmente en países donde hay un alto porcentaje de importaciones.

   Mucha gente le sigue diciendo "devaluación", porque antes de irnos a tipo de cambio flotante el valor de la moneda se fijaba en un decreto y obviamente si el gobierno lo requería bajar, lo "devaluaba" y publicaba el nuevo tipo de cambio en el Diario Oficial de la Federación. Como ahora en México el precio del tipo de cambio se mueve por la oferta y la demanda del mercado, el término correcto es depreciación (cambia su precio), no devaluación.

B   *Concentración geográfica.* Tener inversiones en distintas monedas ayuda a equilibrar, pues si en un país en el que invertiste no anda muy sólido que digamos, no le afecte al 100% de tu portafolio. En resumen: diversificar es de los verbos favoritos de las inversiones, y también lo buscamos con las divisas.

El problema de estas inversiones es que la gente toma como sinónimos cubrir el riesgo de depreciación con los rendimientos, y afortunadamente no en todos los años ha sido así (si no, implicaría que viviríamos en crisis perpetua). En la gráfica se puede ver un periodo de estabilidad de 1998 a 2008; después, la crisis global y sus secuelas han estado haciendo de las suyas, pero los picos han sido transitorios.

Cotización pesos por dólar
(Precio cierre venta, fuente Banxico, 2013)

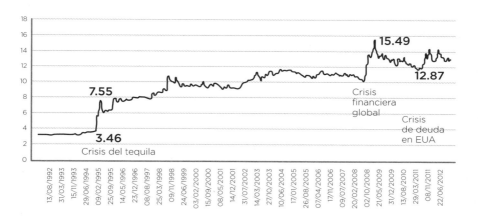

Monedas, un mercado de especialistas

Existen mercados donde se buscan ganancias rápidas con las monedas y donde el margen se hace con centavos (ya hablaremos del Forex), pero para un inversionista común y corriente la verdad es que sería cardiaco seguirlos o requeriría un capital alto para que fuera interesante.

Si éste es tu caso, las divisas para ti serían más instrumentos de largo plazo (que es lo que tarda en subir una moneda contra otra, salvo cuando hay crisis). ¿Por qué? Las monedas tienen un precio de venta y uno de compra, entonces hay que esperar a que el precio al que nos acepten las divisas sea más alto del que lo compramos para verdaderamente ganarle.

El grave problema de las inversiones en monedas en físico (billetes) es que normalmente la gente empieza a comprar dólares o euros en el peor momento: cuando le entra el miedito porque hay una crisis y en ese momento las divisas están muy caras. Luego pasa la tormenta, baja la cotización y nuestra "inversión" pierde. En marzo de 2009, el dólar se disparó a 15.49 pesos y ahí van todos a comprar por pánico o porque juraban que iba a subir a 30 pesos, o quién sabe cuánto sería su adivinanza. Un mes después ya andaba en 13 pesos y cacho y después rondaba 12.50 pesos por dólar.

Si van a comprar, háganlo en tiempos de estabilidad o cuando el dólar ande bajón, para venderlo cuando se dispare... si no, ¡buen negocio harían comprando caro y convirtiéndolo cuando les den menos pesos por él!

Además, muchas personas piensan que comprar monedas de otros países por sí misma es una inversión, pero si en lugar de aumentar de valor baja, si ponen en riesgo nuestro capital o no están invertidos —ejemplo, si los tenemos en billetes o en una cuenta de ahorro que no pague intereses—, si aún así la queremos llamar inversión, sería una mala inversión.

Para entrarle a este mercado hay que ponerse un poco arqueológicos y estudiar la historia de la divisa para ver si realmente la compramos en un buen nivel, pero también las relaciones con otros países. Y entre más rápido quieras hacer ganancias, más experto y pegado a las pantallas y teclados debes ser.

¿En qué moneda vives?

Hay mucha gente que usa como método de ahorro —conste que dije ahorro, no inversión— juntar dinero y cuando tiene una cantidad la cambia por dólares y la mete en una alcancía, tarro de café o similar.

El problema es que como gastan en pesos, cuando quieren usar ese ahorro en dólares lo tienen que convertir y en el tipo de cambio pierden algo.

Otros tal vez sí inviertan (seguros dotales de dólares, fondos de inversión de cobertura, cuentas en el extranjero), pero en la práctica pasaría lo mismo si tuvieran todo su patrimonio en dólares.

Con la excepción de la frontera, en México la única moneda de curso legal es el peso. Puedes recibir transferencias en otras divisas, puedes invertir en otras, pero cuando te lo dan, te lo convierten al tipo de cambio que esté.

Si la mayor parte de tus gastos es en pesos, no tendría sentido tener todo tu patrimonio en otra moneda. Puedes tener una parte por diversificación, pero no sería muy práctico que fuera la mayoría.

¿Dónde se compra?

- En físico (billetes o traveler's checks). Si te vas por esta opción, considera el costo de seguridad o de conversión. Necesitarás una caja de depósitos en el banco o caja fuerte en tu casa. En el caso de los traveler's, ya pocos lugares los aceptan como forma de pago y en muchos casos te cobran una comisión por cambiártelos.
- Cuentas en el extranjero. Tiene dos pequeños detalles: que esas cuentas deben generar intereses y no ser sólo a la vista, porque, de lo contrario, cada año con esos dólares, euros o yenes, podrás comprar menos; y el

163

segundo, te pueden generar cobro de impuestos. Hay que verificar antes la situación fiscal y legal.

- Fondos de inversión que tengan estos instrumentos.
- Forex, como merece mención aparte, sigan leyendo:

Forex, ¿para entrarex o huirex?

Forex es la contracción de dos palabras: *Foreign exchange*, es decir, el mercado de divisas. Porque así como en otros mercados se compran y venden manzanas o ropa o acciones o la mercancía que quieras, acá el "producto" a negociar son las monedas.

En el Forex cada transacción incluye dos partes: la compra de la moneda de un país por la venta de otra. Las divisas se negocian siempre en pares, donde una vendría siendo la mercancía y la otra el pago por ésta. Ejemplo: vas a comprar o vender euros, pero el pago es en dólares.

Esto suena enredado pero sucede como con cualquier producto: si quieres comprar plátanos en Japón, cada plátano cuesta 125.50 yenes; si quieres comprar dólares, cada dólar cuesta 125.50 yenes.

La ganancia reside en obtener un margen de cada transacción, pero para eso tienes que "atinarle" a cómo se van a mover las divisas en los pares que manejes, para que sepas si te conviene vender o comprar. Este mercado opera las 24 horas del día, desde cualquier parte del mundo.

¿Cómo son las transacciones en Forex?

Los pares (dólar/yen, euro/Dólar, dólar canadiense/yen, etcétera) tienen una cotización o *quote,* en la que la moneda que pongas al principio siempre es la base y equivale a 1 (esas serían la mercancía). Va un ejemplo con números inventados:

$$US / YEN = 125.5 / 125.6$$

Como la que va primero es la base, en este caso significaría que para comprar 1 dólar tienes que pagar 125.50 yenes, o si vendes un dólar recibes 125.50 yenes.

Idéntico que cuando vas a viajar al extranjero y vas al aeropuerto a comprar divisas, cada par en el Forex tiene un precio de venta (BID) y otro de compra (ASK).

Pero la diferencia es que en lugar de verlas en un cartel así, te las pueden poner de dos formas:

DÓLARES

COMPRA / BUY
13.20

VENTA / SELL
13.90

TASA DE INTERES
5.25

1   Precio de compra y precio de venta completos:

$$US / YEN = 125.5 / 125.6$$

2   Precio de venta, una diagonal y los dígitos siguientes representan el precio de compra.

Precio de venta / Precio de compra

US / YEN = 125.5 / 60

Siguiendo nuestro ejemplo:

US/YEN = 125.5/60 "traducido" sería: compra = **125.5** Venta = **125.6**

El formato de la cotización que les muestren depende de la plataforma donde se opere, unas usan los números completos y otras sólo los dígitos finales.

Igualito que en la ventanilla de la casa de cambios, el precio de venta es más alto que el de compra, porque los *traders* compran bajo para vender un poco más alto (o intentan, no siempre les sale). El precio puede cambiar en minutos, entonces andan buscando en todo el mercado alguien que tenga una cotización que les convenga y con quién intercambiar. A veces, la diferencia es pequeñísima y por eso es que se trata de un mercado tan veloz: se hacen muchas transacciones para generar ganancias.

¿Pura belleza y esplendor con el Forex?

El Forex tiene tres problemas. En sí mismo es un mercado complejo, hay mucho estafador que promete el oro de los tontos (y unos *ídem* que caen) y muchos se endeudan para entrarle.

Empecemos por el primer problema: es un mercado complejo porque las monedas son muy volátiles, y dado que reflejan la salud de la economía del país ¡imagínense todos los factores que afectan su valor!

Por poner un ejemplo simple: supongamos que estabas metido en Forex en los pares de dólar/yen. Todo bien, pero de pronto a Japón le toca un tsunami o un brote de gripe aviar y su moneda empieza a dar bandazos. Puede ser que la perspectiva que tenías de cuál había que vender o comprar no se cumpla y si te quedaste con una posición alta pierdas dinero un buen rato... y si para colmo pediste prestado para invertir o eran todos tus ahorros, mejor ni hablamos.

Aunque puede haber una infinidad de pares, mucha gente se especializa en uno justamente por lo complicado que sería seguir el paso a tantos países, sus socios comerciales, sus recursos, exportaciones, importaciones y el mundo en general.

El segundo problema: para el inversionista que va a iniciar en Forex es una bronca distinguir a los intermediarios serios de los charlatanes porque al ser un mercado no regulado, lo mismo puedes entrar a él mediante un banco de inversión o a una casa de Bolsa con todo en orden toparte con un tranza que montó una página hechiza y después de dos o tres transacciones se fue con tu lana a las Islas Caimán (obvio, ahí el menso eres tú, que caíste). La recomendación es que si le quieres entrar —pese a la complejidad del tema y que ya se te sentó, se te explicó y se te dijo que es para expertos—, no lo hagas a través de internet en dolaritos.com, busca una institución financiera para abrir una cuenta.

El Forex es un mercado que NADIE regula. Aunque en las páginas chafitas les juren y perjuren que la Reserva Federal Estadounidense lo hace, puras habas ¿Por qué? Como ya dijimos, el Forex es un mercado mundial, sin límites geográficos y no hay una autoridad mundial que se traiga cortitos a todos los países, eso atentaría contra su soberanía.

Igual y algunos dirán ¡mejor! ¡Viva la anarquía! Pues fíjense que no tanto, chulitos: el hecho de que nadie regule también implica que es más complicado que alguien responda si tienes un problema en este mercado.

Por eso, ya si el mercado en sí no es regulado, al menos asegúrense de estar con un intermediario que sí lo esté EN SU PAÍS, nada que es de un banco en Tanzania.

El tercer problema es que en el Forex se utiliza apalancamiento (es decir, usas dinero prestado para invertir).

Tú abres la cuenta de Forex con un depósito ("cuenta de margen") pero te pueden prestar varias veces esa cantidad para operar (lo más común es 100:1, donde con 1000 dólares podrías poner posiciones por 100 000 dólares). Si ganas, ¡buenísimo! Pero si pierdes en muchas o tu apalancamiento es muy alto, se generan pérdidas enormes con movimientos no tan grandes.

Si siguen convencidos o quieren probar suerte, pónganse a estudiar sobre la economía de los países y las monedas en cuestión, no se avoracen y ojo con dónde abren su cuenta.

INVERTIR EN "COSAS": LOS *COMMODITIES*

Los *commodities* son materias primas como el oro, el petróleo, el cobre o los granos como soya o café que tienen la característica de ser fungibles o intercambiables, porque vienen empaquetados en las mismas cantidades y calidad. Piensen en "comprar a granel". Por poner un ejemplo, a ti te da igual que te den un kilo de oro de 24 kilates en lingotes o en bolitas, siempre que sea un kilo con la pureza que estás buscando. Tampoco te vas a "encariñar" con un barril de petróleo en específico; si te dan otro, siempre que sea de la misma clase y cantidad de "oro negro", da igual.

No hay una traducción exacta de la palabra al español, muchos dicen que es "mercancía" o "materias primas", también podría ser "producto" o "bien". Aunque no significa eso, yo asocio esta categoría con "comodidad" de intercambiar.

Hay cuatro tipos principales:

Metales	Preciosos: oro, plata, platino / Industriales: acero, cobre
Energéticos	Petróleo, gas
Agrícolas	Soya, arroz, maíz, algodón, café
Vivos	Aunque usted no lo crea, las reses se pueden comercializar como *commodities*, ya sea por carne o piel

¿Para qué sirven o cuándo la gente quiere tenerlos?

En primera, cuando los van a usar. Por ejemplo, el café de la sirena de seguro estará muy pendiente del precio del café y hasta compra por adelantado. Pero no sólo los fabricantes, también quienes sienten que su dinero vale menos y prefieren tenerlo "donde puedan verlo y tocarlo"... aunque no necesariamente tengan la mercancía en sí, sino un contrato que les garantice una cantidad determinada a un precio determinado, ya hablaremos de ellos en la sección de "derivados".

Por poner un ejemplo, cuando la inflación es muy alta (precios más altos, valor del dinero más bajo), los inversionistas buscan poner su lana en cosas que tengan un valor de intercambio. Un poco la idea del trueque. Entonces compran *commodities*.

En los *commodities* las ganancias o pérdidas dependen del precio de la mercancía en los mercados.

¿Y qué afecta a los precios de los *commodities*? Como son mercancías, lo mismo que a otros productos: el suministro presente y futuro que pueda haber, y el apetito de otros por comprarlos. Ésa fue una manera larga y rollera de decir: oferta y demanda (¿se acuerdan del ejemplo de "la última coca del desierto" del capítulo 2?).

Aunque "escasez" y "oferta y demanda" son palabras clave para cualquier tema económico, en los *commodities* lo ves en vivo y a todo color: ¿qué pasaría si la producción normal de maíz fuera de 900 millones de toneladas al mes y de pronto por una sequía resulta que baja a la mitad? Como hay menos toneladas (oferta), la gente estará dispuesta a pagar más con tal de tener el grano (demanda).

Otro ejemplo un poco menos hipotético:

El poder adquisitivo de los países emergentes sube y dos cosas que empiezan a consumir más son coches y carne. Este cambio en el estilo de vida hace que el petróleo y los granos —que es con lo que se alimentan a las vaquitas— aumenten de precio porque hay mayor demanda para los mismos inventarios o la misma cantidad de una determinada mercancía.

Se toman tan en serio este tema que los inventarios de los *commodities* son públicos, cosa que no pasa con productos comunes y corrientes. Esto da una idea de cuán escasos son en un cierto momento, aunque también interactúan otros factores:

Factores de demanda	Factores de la oferta
Usos productivos	Inventarios
Hábitos de consumo	Capacidad de producción
Refugio en las crisis	Clima, desastres naturales, epidemias y otras calamidades
Inflación y tasas de interés	Guerras
Atractivo de los precios	Tecnología para obtenerlos (tanto el costo de las actuales como el descubrimiento de una nueva)
Rendimientos de otras inversiones	Si es recurso renovable o no renovable

Son muchas las cosas que pueden afectar a los *commodities*. Aparte de hacer un buen análisis, hay que estar pegadón a las noticias, porque cada uno puede tener sus especificidades y no todos se mueven igual.

Algunos *commodities* son más industriales y tienen un mejor desempeño cuando la economía está en fase de expansión, como el acero, el cobre o el petróleo. Otros sirven más de refugio durante las crisis, como el oro y la plata. Ya hablaremos de nuestro dorado y reluciente amigo en un capítulo más adelante.

Pero hay *commodities* que tienen más de un uso. Pensemos en el maíz, con él se pueden hacer unas ricas tortillas, pero también echar a andar los coches o ciertas maquinarias si lo transformas en etanol.

Al ser tan diversos, no se puede seguir a todos los *commodities*, a menos que quieras acabar con una camisa de manga extralarga y hospedado en "la casa de la risa"; pero los que elijas debes verlos con lupa y entender para qué nos sirven y qué los mueve.

La Bolsa pero de los granos, el petróleo y el oro

Igualito que con las acciones, existen Bolsas de valores para los *commodities*. Ahí no se traen cargando tráilers llenos de la materia prima —imagínense la mezcolanza de olores—, se negocian contratos de una cantidad, a un precio determinado, que se hace efectivo en cierta fecha.

Algunas de las Bolsas de valores están especializadas en un tipo de derivados (metales). Las más famosas son:

La Bolsa de Chicago. Está formada por el Chicago Board of Trade y Chicago Mercantile Exchange. Es la Bolsa de futuros y opciones más antigua (1848).

La Bolsa de Nueva York. Acá es la fusión del New York Mercantile Exchange y la Bolsa de Commodities de Nueva York (COMEX). Es la Bolsa física de futuros más grande. Vende por contratos y la mercancía físicamente.

La Bolsa de Metales de Londres (LME). Es la Bolsa de metales más grande del mundo y aunque vende mayoritariamente contratos electrónicos, tiene depósitos alrededor del mundo para que el oro o la plata puedan cambiar de manos fácilmente.

Hay más, y en todos los continentes, pero éstas son las más famosillas.

En México existe el MEXDER, mercado de derivados del país, que inició operaciones en 1998. En realidad, tiene opciones y futuros de productos más bien financieros (acciones, tasas, divisas) y el único *commodity* para el que había contratos registrados, al menos hasta marzo de 2013, era el maíz.

Los *commodities* pueden comprarse por medio de la Bolsa o en operaciones OTC (Over de Counter, que sería algo como "sobre el mostrador" o "por la libre"). En las operaciones OTC el trato es directo entre comprador y vendedor, no hay una institución, como La Bolsa, que los regule. Es más seguro comprar *commodities* mediante una Bolsa porque alguien tiene la responsabilidad de verificar que lo que te venden exista en realidad y no estés comprando puro humo.

¿Cómo puedes comprar *commodities*?

En México, el mercado de *commodities* aún no está muy desarrollado, hay por ahí algunos fondos de inversión que los contienen, pero son básicamente metales.

Para los inversionistas calificados es posible comprar contratos de futuros de petróleo o los de maíz en el MexDer, pero requiere de gran capital y experiencia.

La opción que la mayoría de la gente usa es tenerlos en físico, pero ahí estás restringido a los que puedas almacenar. El oro o plata, por ejemplo.

Como último consejo, en algún seminario online le oí a un *trader* que tratáramos de evitar los *commodities* que empiezan a aparecer mucho en las noticias, porque normalmente están en máximos o son "los de moda" y no los más redituables.

Derivados

Se llaman así porque su valor depende de otro activo: divisas, acciones, soya, oro, tasas de interés, etcétera, y en general sirven para asegurar un precio, tener una posibilidad de compra o venta, o intercambiar algo en una fecha determinada, para obtener mejores condiciones.

En teoría, su función es la protección, pero si en lugar de eso nos ponemos a jugar a las adivinanzas y nos pasamos de especuladores, puede salirnos el tiro por la culata.

Ahí les van los tipos:

Opciones. Es un contrato que te da la posibilidad —más no la obligación— de vender o comprar un cierto activo de inversión a un precio determinado, durante un plazo establecido.

Un ejemplo: si adquiriste acciones de Chicles Boligoma S.A. a 100 pesos, pero te alcanzó para poquitas; quieres más y crees que van a subir, ¿qué haces? Puedes contratar una opción para que te la den al mismo precio dos meses después o cuando acuerden.

Obvio si no llegan a ese precio o bajan, no "ejerces la opción": mejor las compras en el mercado más baratas y pagas un poquito por el contrato —la "prima"—, que es el costo de tener esa "velita prendida". Si lo piensas, las opciones funcionan como los seguros.

Las opciones de derecho a compra se conocen como *call* y las de derecho a venta se llaman *put*, un poco como las cartas: cuando pides y cuando la pones en la mesa.

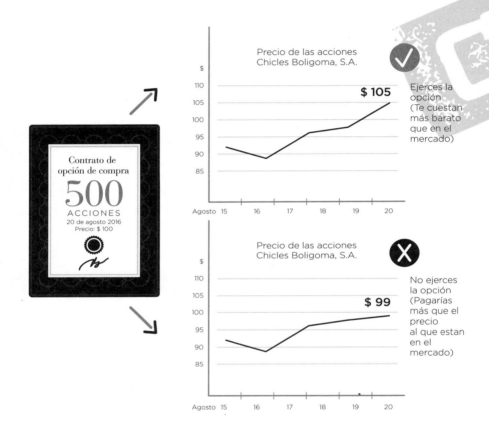

Las opciones pueden tener variantes. En las que son "a la europea" sólo puedes ejercitar la opción en la fecha de expiración, o sea, en la que se fijó en el contrato. Las opciones a la "americana" son más flexibles y las puedes usar en cualquier momento hasta que llegue la fecha que pactaste.

Futuros

Acá existe la obligación de vender o comprar un número determina-do de algo (bienes o instrumentos financieros) en una fecha futura a un precio fijado de antemano. Dejas un depósito o "margen", pero pagas el total al final, cuando te lo entregan.

En las opciones tienes el derecho, mas no la obligación, acá es "a fuerzioris". La idea es proteger-se contra cambios en los precios, pero obviamente si la estimación te sale al revés y el precio baja, en lugar de subir, pues ya compraste más caro. Como comentamos, se usa para cubrir un riesgo. Si en un negocio se hicieran ciertos pagos a proveedores en dólares, se puede contratar un futuro del dólar para que al llegar a la fecha en la que la

empresa debe pagar, tengas la cantidad de dólares necesarios y no se te muevan todas las cuentas o un cambio brusco te truene la compañía. Lo mismo si para tu empresa se requiere una determinada materia prima.

Swaps

También le podrían haber puesto "cambalache" o "catafixia" porque es cuando dos contrapartes intercambian un instrumento financie-ro para obtener una mayor ventaja de acuerdo con sus ventajas comparativas. Los más comunes son tasas de interés, pero existen para divisas, acciones, bonos, *commodities* (materias primas).

Este ejemplo puede parecer algo enredado, pero concéntrense y lo aclaramos (el *swap* es el derivado más complicado, lo acepto):

Imaginen que hay dos compañías que están en países diferentes, donde las condiciones de crédito que les ofrecen son:

Para Empresa Árbol

Crédito en tasa fija: 13%

Crédito en tasa variable: TIIE (tasas de interés interbancaria) + 3.5%

Tiene una ventaja en la tasa fija

Para Empresa Banana

Crédito en tasa fija: 15%

Crédito en tasa variable: TIIE (tasas de interés interbancaria) + 2.0%

Tiene una ventaja en la tasa variable, es menor que la de Empresa Árbol en la fija, pero algo ganaste.

Cada quien podría quedarse con la que mejor le convenga, pero si combinan esfuerzos se pueden ahorrar una lana.

¿Qué hacen? ¡Intercambian!

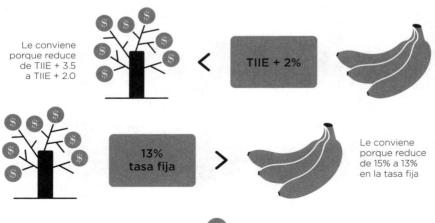

Le conviene porque reduce de TIIE + 3.5 a TIIE + 2.0

TIIE + 2%

13% tasa fija

Le conviene porque reduce de 15% a 13% en la tasa fija

El ahorro logrado por este *swap* o intercambio se obtiene restando las tasas fijas y variables: (15 - 13) - (3.5 - 2) = 0.5

Esto obviamente es una simplificación, porque en una operación normal tomarías en cuenta las comisiones de un intermediario que conecta a estas dos partes y demás costos, pero lo importante es que te quede clara la idea de intercambiar para obtener un beneficio que la combinación de ambas partes puede generar.

¿Dónde se compran los derivados?
- Aclaro que los derivados son para inversionistas calificados, pero ellos los compran a través de:
- Casas de Bolsa.
- En las Bolsas de *commodities* como CBOT o Chicago.
- A la medida, over the counter.
- Bancos.

Como ya dijimos, los derivados pueden ser herramientas para reducir el riesgo de un portafolio o negocio, pero aunque suenen algo simples, en la práctica no lo son y mal manejados pueden tener el efecto contrario. Son para inversionistas con experiencia, calificados y bien asesorados. Si te interesa entenderlos más a fondo, vale la pena invertir en un buen libro de finanzas corporativas, incluso tomar alguna certificación.

Recapitulando...

Puede que para este punto ya tengas mucha información en la cabeza. Para que no te pierdas en tanto instrumento, hagamos el ejercicio de relacionarlos con sus características. Dibuja una línea con la que les corresponda (te puedes poner artístico).

Acciones	Son materias primas cuya característica principal es que son intercambiables porque siempre vienen en las mismas cantidades y calidades.
Deuda	Son contratos cuyo valor depende del valor de otro activo.
Divisas	Representan una parte de una empresa y sus rendimientos dependen de los resultados que esa compañía tenga.
Commodities	Se adquieren para proteger contra el riesgo de que la moneda de tu país pierda poder adquisitivo.
Derivados	Por medio de estos instrumentos estás prestando dinero a cambio de que te paguen una tasa de interés al vencimiento.

También vale la pena que le des una pensada a en cuál tipo de activos invertirías y por qué:

Activo	Tache o palomita	¿Por qué? ¿Para qué?
Deuda		
Acciones		
Divisas		
Commodities		
Derivados		

178

CAPÍTULO

No.

5

INVERSIONES PARA HIPPIES, YUPPIES Y BOHEMIOS

PALITOS II: PAGARÉS BANCARIOS, CETES, FONDOS DE INVERSIÓN, ETF'S, SEGUROS Y AFORES

El capítulo pasado vimos las familias básicas de instrumentos financieros, pero hay muchas formas de invertir en acciones, deuda, divisas... y justamente esta parte trata de las que pueden ser más accesibles para los inversionistas. Ahí les van.

PAGARÉS E INSTRUMENTOS BANCARIOS, ¿QUÉ ES UN PAGARÉ?

Una de las clasificaciones de los instrumentos de inversión recae en cómo son sus ganancias: renta fija es cuando desde que contratas pactas cuánto te dan al final (deuda, por ejemplo), y renta variable cuando le entras sin tener certeza de cuánto pagarán (acciones).

Si nos ponemos históricos —que no histéricos— y comparamos largos horizontes de tiempo los instrumentos de renta fija han tenido rendimientos menores a los de variable ¡Ni modo, chulos, el precio de la certeza!, pero si tienes una meta de corto plazo, como pagar las vacaciones de verano, la inscripción a la escuela o cualquier cosa que no pase de un año, certeza es justamente lo que buscas, entonces, este tipo de instrumentos pueden ser una opción.

Los pagarés pertenecen a este grupo de la renta fija y ahí les va la explicación de lo que son:

Igualito que cuando una persona te firma un pagaré; en uno bancario, tú le prestas al banco lana por un tiempo determinado y ellos se comprometen a que al final de ese periodo te regresan lo que les prestaste más una tasa de interés que se fija desde el principio (son instrumentos de deuda).

¿Y por qué el banco tiene que pedir dinero? Porque lo necesita para darle crédito a otros clientes, y una de las formas de "fondeo" es justamente la lana de los ahorradores. También pueden pedirle al banco central (en nuestro país, el Banco de México), pero les sale más caro que lo que le pagan a los ahorradores (la inversión no es su principal negocio, como ya sospecharán a estas alturas).

La verdad sea dicha, los bancos son medio codos con lo que le pagan a sus ahorradores (se le dice tasa pasiva) contra lo que cobran por sus créditos (tasa activa).

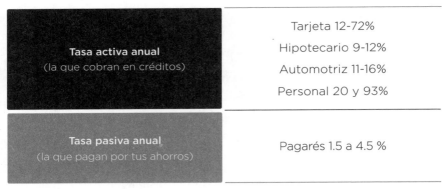

Tasa activa anual (la que cobran en créditos)	Tarjeta 12-72% Hipotecario 9-12% Automotriz 11-16% Personal 20 y 93%
Tasa pasiva anual (la que pagan por tus ahorros)	Pagarés 1.5 a 4.5 %

Fuente: Simulador de la Condusef, Bancos y Banxico, febrero de 2013.

Pero aun entre banqueros hay unos más agarrados que otros, así que hay que ponerse a comparar y no quedarse con el que ofrece el banco de toda la vida.

Muchas personas se van siempre con los bancos tradicionales, pero se pueden llevar una sorpresa positiva con los bancos nuevos.

Algunos ofrecen mejores tasas que los bancotes viejos lobos de mar porque, como tienen menos clientes, les cuesta más trabajo fondearse y tienen que aumentar el atractivo.

¿Cuánto ganarías en un pagaré bancario?

Los bancos pueden tener tasas muy diferentes entre sí para pagarés de plazos idénticos. Checa cuánto estarían pagando en junio de 2013 en un pagaré a 28 días con un monto inicial de 10 000 pesos y le metieras 1 000 pesos mensuales, a un plazo de un año.

Instrumento	Tasa de interés anual	GAT (ganancia anual total)	Monto total ($20 000 invertidos + intereses)
Cetes	3.81%	3.88%	$22,635.55
Banco nuevo	4.00%	4.07%	$22,667.75
Banco nuevo	3.17%	3.22%	$22,527.44
Banco nuevo	3.16%	3.21%	$22,525.76
Banco nuevo	3.15%	3.20%	$22,524.08
Banco nuevo	3.12%	3.17%	$22,519.02
Banco nuevo	2.93%	2.97%	$22,487.05
Banco tradicional	2.63%	2.66%	$22,436.66
Banco nuevo	2.30%	2.32%	$22,381.36
Banco tradicional	2.20%	2.22%	$22,364.64
Banco nuevo	2.05%	2.07%	$22,339.57
Banco nuevo	1.76%	1.77%	$22,291.20
Institución de la Banca de desarrollo	1.74%	1.75%	$22,287.87

Instrumento	Tasa de interés anual	GAT (ganancia anual total)	Monto total ($20 000 invertidos + intereses)
Banco tradicional	1.65%	1.66%	$22,272.88
Banco nuevo	1.50%	1.51%	$22,247.93
Banco tradicional	1.50%	1.51%	$22,247.93
Banco tradicional	1.45%	1.46%	$22,239.61
Banco tradicional	1.11%	1.12%	$22,183.18
Banco tradicional	1.06%	1.07%	$22,174.89
Banco tradicional	0.94%	0.94%	$22,155.02

Fuente: Simulador de ahorro e inversión de Condusef www.condusef.gob.mx
Información vigente a junio de 2013. Las tasas se definen al momento de la contratación y pueden modificarse en cada renovación.

Las tasas que paguen no tienen nada que ver con la seguridad del banco, porque al menos en México todos los bancos están sujetos a la misma regulación, por si les asomaba la duda.

Obviamente, la competencia es la competencia y si ven que cetes directo (es el siguiente tema) o algunos de los bancos les andan comiendo el mandado, los otros se tienen que poner las pilas con los rendimientos. De hecho, algunos ya están sacando mejores opciones. Por eso es tan importante comparar en el momento de contratar, porque el mercado financiero se mueve muy rápido.

¿Qué puede llegar a influir en la tasa aparte del banco? El monto invertido (sólo en algunos bancos, en otros pagan parejo) y cada cuándo es la renovación: normalmente, paga menos uno a 28 días que uno a tres o seis meses, pero también ahí hay que evaluar cuánto es la diferencia y qué se espera de las tasas (ejemplo: los pagarés a un año pueden ser muy convenientes cuando se cree que las tasas de referencia van a bajar y los de más corto plazo si es al revés).

Otra advertencia importante respecto a los pagarés: las tasas que anuncian en sus folletitos y carteles son nominales, es decir, es la que te dan antes de restarle lo que te cobran (el famoso tema de los tipos de tasas y que no nos den gato por liebre está en el Anexo 1).

Hay que tomar en cuenta ese pequeño detalle al comparar los rendimientos de los pagarés con otros instrumentos como fondos de inversión, que muestran sus resultados ya sin comisiones y sin impuestos, porque así se los pide la ley, si no puede parecer que dan más cuando ni al caso. Existen indicadores como el GAT —ganancia anual total— que sí reflejan las tasas libres de polvo, paja y comisiones, pero no es el más vistoso en los promocionales. Recuerdo un pagaré que sacaron para participar en un sorteo para ir al mundial de Brasil. Anunciaba una tasa de 5% anual al lado del balón, pero abajo con letras chicas decía GAT 3.76% para los que contrataran con transferencia o cheque de otro banco (o sea, nuevos clientes) o 2.29% para los clientes del banco. Ya no sonaba tan bien, ¿verdad?

Yo digo que para lograr el "o todos coludos o todos rabones" en los instrumentos de deuda, se deberían mostrar siempre los rendimientos netos de comisiones o ambas tasas —para saber si nos cobran un ojo de la cara—, pero mientras lo hacen homogéneo: a verlas con lupa.

Una confusión común es ¿esa tasa del anuncio a cuánto tiempo es? Muchos cuando la ven se van con la finta y creen que es lo que pagan al mes, ¡ojalá! Pero no, es anual. Su ganancia al mes la sacarían dividiéndola entre doce. Puede que algunos ya lo supieran, pero como muchos me escriben infartados porque creen que el banco los engañó por no saber qué es tasa anual, mejor les aclaro.

Algo que no se me debería pasar decirles es que los pagarés se pueden contratar también en cajas de ahorro y muchas veces pagan tasas competitivas, pero hay que tener mucho cuidado con que estén reguladas. Condusef tiene un listado en su página de internet, para que no vayan a acabar en una "chueca".

> **TIP** En la página de la Condusef tienen simuladores de ahorro e inversión, ahí puedes comparar los rendimientos de los diferentes pagarés bancarios, cetes directo, cuentas de ahorro y de cheques. La página es www.condusef.gob.mx.

CEDES, LOS PRIMOS DEL PAGARÉ

Hay un instrumento que bien podría ser pariente de los pagarés: el certificado de depósito. Digo pariente porque también lo puedes encontrar en el banco y puedes meter tu dinero al plazo que quieras y te dan una tasa de interés.

¿Por qué dije primos y no hermanos o gemelos o algo? Por tres razones:

1 Porque a diferencia del pagaré, en un CEDE el plazo mínimo es por lo general de dos meses (en el pagaré hay desde un día hasta un año).

2 Porque en lugar de pagarte la tasa al vencimiento, los Cedes te abonan los intereses que se generaron cada mes a tu cuenta de débito o de cheques.

3 Porque los Cedes pueden tener tasa fija o variable. Cuando es fija, te dan siempre la misma hasta el vencimiento, pero la tasa variable se revisa cada "x" tiempo —28 días, típicamente— y los intereses que te abonarán al mes serán los que esté pagando el mercado en ese momento, sea más o menos. Ojo: no confundir con la renovación. Todos los instrumentos que llegan al vencimiento se renuevan a la tasa que esté vigente

en el mercado, porque es como una nueva inversión; pero en este caso estamos hablando de que durante la vida del CEDE se pueden pagar distintos intereses, si se contrató a tasa variable.

En lo que sí son idénticos pagarés y certificados de depósito es en que no anuncian la tasa ya con el sablazo de las comisiones, así que hay que fijarse en los rendimientos netos. El GAT también les aplica.

El seguro del IPAB

Si bien ya dijimos que los pagarés, y en general los instrumentos bancarios, no siempre ofrecen las tasas más emocionantes del mundo, tienen una ventaja que no comparten otros instrumentos, como los fondos de inversión: un seguro que protege el dinero de los ahorradores en caso de que el banco quiebre.

En México este seguro se empezó a usar en 1999, después de la crisis de 1995 —hubo otros intentos en los ochenta, pero nunca operaron bien— y lo maneja el Instituto Para la Protección al Ahorro Bancario (IPAB). Hay muchos países que tienen alguno que funciona para lo mismo: cubrir la lana que esté en cuentas a la vista (como tu chequera, la de débito, nómina o una de ahorro) y depósitos a plazos en un banco (pagarés con rendimiento liquidable al vencimiento y certificados de depósitos).

El monto del seguro de depósitos en México es de 400,000 UDIs (Unidades de inversión, que es un indicador ligado a la inflación) que a principios de 2013 equivalían a 1.9 millones de pesos.

LOS FAMOSOS CETES, ¿CON QUÉ SE COMEN?

Los cetes son el "apodo" de los certificados de la Tesorería de la Federación, instrumentos de "deuda gubernamental". Como su nombre lo dice, el gobierno —por medio del Banco de México— coloca estos títulos de deuda para pedir dinero prestado a los inversionistas. El dinero que consigue lo usa para fondear sus proyectos y manejar sus finanzas.

Los cetes existen desde 1978, lo que los hace el instrumento más antiguo emitido por el Gobierno Federal que hoy está vigente.

Como platicamos en el capítulo anterior, quien respalda ese compromiso es el país entero y los impuestos de sus ciudadanos, así, la deuda gubernamental se considera el tipo de instrumentos de inversión más seguro que cada país puede ofrecer.

En México, los cetes son más seguros que la deuda de cualquier empresa o que las acciones que cotizan en La Bolsa. Por eso sus rendimientos no son como para escribir a casa, pero en la última década han estado la mayoría del tiempo arriba de la inflación, aunque sea un pelín, con lo que al menos cumplen con que tu dinero mantenga su valor en el tiempo.

Para finales de 2012, la tasa ANUAL de los cetes a 28 días estaba en 4.20% y a 91 días en 4.32%. Como la inflación andaba en 3.28%, si hubieras invertido en cetes, por lo menos le habrías sacado medio punto a esto (hay que contar el 0.6 de impuestos).

En general, se consideran instrumentos para inversiones de corto plazo pues tienen pocas variaciones —salvo en las crisis, no te andarán dando sustos—, porque sin ser una maravilla, sus rendimientos son de los mejores para un año o menos, y por su duración: los más comunes son de 28 días y luego vienen los de tres meses, seis meses y un año, así que puedes tener liquidez.

¿Cuánto necesito para comprar cetes?

Te vas a ir de boca. Antes en México, o tenías millones para comprar deuda del gobierno tú solito, siendo flamante cliente de una casa de Bolsa, o lo hacías a través de un fondo de inversión, pero hace unos años echaron a andar un programa que se llama "Cetes directo" —por aquello de que no tiene intermediarios—, con él puedes comprar bonos gubernamentales desde 100 pesos. Sí, los 100 pesos que te echas en el cine y dices "para qué los guardo si no los puedo invertir", esos.

Además de cetes, en esta plataforma también venden otros como UDIBONOS (que están ligados a la inflación) o BONDES (que son a más largo plazo) y hasta fondos con liquidez diaria. Si quieres todavía los puedes comprar a través de tu casa de Bolsa consentida o comprar algún instrumento bancario que invierta en ellos; pero si te cobran comisiones que le bajen a tus rendimientos, ¡tú sabrás!

Cetes a la una, cetes a las doooos... Las subastas

Los cetes se venden en subastas y cotizan a "precio de descuento", es decir, al final te van a dar 10 pesos, que es su "valor nominal", pero tú los compras a 9.97 o 9.89, o lo que sea (son ejemplos). La ganancia es precisamente la diferencia entre el precio pagado y su valor nominal al vencimiento. Los cetes se emiten y colocan a plazos de 28 días, a tres meses (bueno, 91 días) a seis meses y un año.

Y ustedes dirán "espérate tantito, ¿cómo que subastas? ¿Como las de las de obras de arte?" Pues más o menos: hay un mercado "primario" en el que ciertas instituciones presentan "posturas" (o sea una oferta, no se imaginen que de yoga) que dice qué monto quieren adquirir y cuánto están dispuestos a pagar. De acuerdo con eso se asignan. ¿Quiénes participan en la subasta? Bancos, casas de Bolsa, sociedades de inversión, afores... Una vez que los compran, los pueden vender al "mercado secundario", o sea, sus clientes. Ahí es donde entra el tema de la comisión, que en cetes directo no se cobra. Eso sí, ellos también aplican aquello de "depend... el sapo es la pedrada" y pueden tener comisiones diferenciadas por monto de inversión o tipo de cliente.

Pero ¿los cetes son 100% libres de riesgo?

Aunque en teoría los cetes sean los instrumentos de MENOS riesgo en México porque nuestros impuestos los respaldan, fíjense que no dijimos que no tengan ninguno.

Por un lado, al ser deuda, siempre existe la posibilidad, aunque sea muy remota, del "debo no niego, pago no tengo", es decir, que a quien le invertiste tu lana no pague si hubiera una crisis mayúscula (en México no pasa con su deuda en general desde los ochenta y sí es poco probable, pero hay que saberlo).

Otro riesgo de los cetes es que sus tasas paguen menos que la inflación, con lo que se va "encogiendo" el valor de nuestro dinero.

Pero además las tasas pueden cambiar y afectar nuestras ganancias cuando nos toque la renovación. Puede suceder que tuviéramos cetes a 28 días que pagaban 8% anual, pero por la crisis bajen las tasas y a la hora de la renovación estén en 5 o en 4% (como pasó de diciembre de 2008 a agosto de 2009) y que entonces nos demos de topes por no haber tenido cetes a más largo plazo para quedarnos con esa tasa más tiempo. También puede ser a la inversa: si metieras toda tu lana a un año con una tasa de 4.1 y luego subiera a 4.8%, te perderías unas buenas décimas.

Para que no nos agarren con los dedos en la puerta en ninguno de los casos, hay que tener instrumentos de deuda a distintos plazos (cetes hay de 28 días, tres meses, seis meses y un año, pero hay bonos más largos) y observar las tendencias.

¿Cuándo son buenos los cetes?

Mucha gente me pregunta: "¿Son buenos los cetes para empezar a invertir?" Y la respuesta de nuevo es: depende. Ya los debo tener mareados con la palabrita, pero les explico por qué es así.

Ya hablamos de la seguridad de los cetes y de que sus rendimientos tampoco son tan altos que digamos, justamente porque su riesgo es bajo. Si tú vas a usar ese dinero a corto plazo —una meta a 28 días, a tres meses, seis meses o hasta un año—, sería una buena opción porque tienes un buen nivel de seguridad y rendimientos no altísimos, pero podrás seguir comprando la misma cantidad al año siguiente o hasta un piquito más con ese dinero llegado el vencimiento (la inflación no le mordió o no muy avorazado).

En resumen: los cetes son adecuados para tus vacaciones en verano o para parte del dinero que quieras tener mayor disponibilidad. Si éste es tu caso, te convienen.

TIP Puedes aumentar la liquidez de tu inversión en cetes si vas comprando de forma escalonada.

Esta idea me la pasó Cristina Hernández de Conserjería Bursátil: en lugar de meter toda tu lana una sola semana al mes, cada martes (el día de la subasta) compras cetes de 28 y 91 días, con una parte de tu dinero. Así puedes tener una cuarta o quinta parte de tu dinero disponible cada semana y tener un rendimiento un poco mejor, porque los cetes de 91 días pagan más que los de 28.

			Compra mensual de Cetes			
L	M	M	J	V	S	D
	1	2	3	4	5	6
7	8	9	10	11	12	13
14	15	16	17	18	19	20
21	22	23	24	25	26	27
28	29	30				

Disponibilidad: mensual

			Compra escalonada de Cetes			
L	M	M	J	V	S	D
	1	2	3	4	5	6
7	8	9	10	11	12	13
14	15	16	17	18	19	20
21	22	23	24	25	26	27
28	29	30				

Disponibilidad: semanal

¿Cuándo no serían buena alternativa los cetes?

Si ese dinero que vas a invertir lo vas a usar para una meta de la-aaaargo plazo, digamos, comprar una casa en cinco años o tu retiro, tenerlo en cetes no sería buena opción porque para esos horizontes hay opciones como los fondos, que incluyen una combinación de instrumentos con más riesgos —por ejemplo, acciones en la Bolsa, divisas, oro y hasta vehículos para invertir en bienes raíces— que sí te pueden dar rendimientos superiores al 4% y cacho de los cetes.

No necesariamente tiene que ser con fondos, puedes comprar en directo los instrumentos y hacer tu combinación, pero la idea es que busques algo que te pueda dar mayores rendimientos, pues tienes más tiempo y puedes arriesgar más.

FONDOS DE INVERSIÓN, LA "VAQUITA" PARA LOS RENDIMIENTOS

La primera vez que le dije a una amiga que tenía una inversión en Bolsa, la mujer hizo ojos de plato y seguro se imaginó que era millonarísima… ojalá, pero estaba lejos. Era la misma amiga que me dijo que era una "pequeña capitalista". Teníamos 22 años. Adivinen cómo había logrado entrarle a la Bolsa sin tener una fortuna: a través de los fondos de inversión.

Ése es el *sex-appeal* de este vehículo: puedes invertir en cosas que el común de las personas piensa que sólo son para ricos, meterle más emoción y diversificación a tu portafolio, que si tienes todo a plazo fijo —ok, la seguridad tiene su atractivo, pero no necesariamente levanta tórridas pasiones ni rendimientos—, y con la ventaja de que lo puedes abrir generalmente con 10 000 pesos. Claro, hay fondos sin mínimo de apertura, pero con comisión mensual, incluso algunas instituciones más fresonas te piden más; pero sí es posible.

Pero yo ya agarré vuelo y me fui por la libre sin decirles lo más básico:

¿Qué carambas es un fondo de inversión?

Un fondo de inversión es una vaquita en la que juntan el dinero de muchos de nosotros, los inversionistas, para acceder a tipos de inversiones que "solos y su alma" no podrían, porque esos instrumentos tienen montos mínimos muy altos para entrar.

Un ejemplo muy claro son justamente las acciones de empresas que cotizan en La Bolsa, que antes se compraban por lotes de miles, entonces para tener acciones de varias compañías nece-

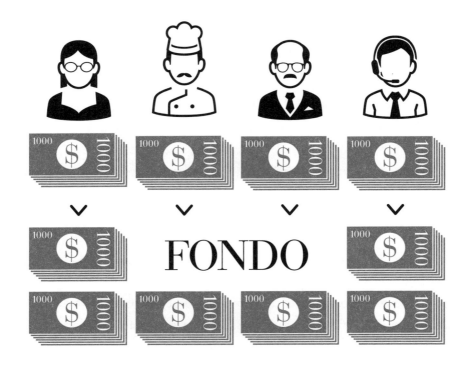

Cetes   **Acciones**   **Deuda de empresas**   **etc.**

sitarías millones (acuérdense, no hay que poner todas las canicas en un solo lugar). Esto está cambiando un poco con las casas de Bolsa en línea, que dan acceso con inversiones reducidas, pero en general, sí requieres de una buena lana para entrar a La Bolsa en directo.

Para que sea menos privativo, las sociedades de inversión juntan una Bolsa con la lana de varias personas y con eso compran instrumentos de inversión. La sociedad divide el fondo que formó en un determinado número de "títulos" con un precio (es como si te dieran papelitos) y cada inversionista recibe un número de títulos proporcional a la lana que metió en la sociedad.

Por poner un ejemplo bobito, si los títulos del fondo BUE-NAZO serie B1 costaran 30 pesos, si le metes 9 000 pesos a ese fondo, tú serías el dueño de 300 títulos. Fácil, ¿no?

Los rendimientos se pagan a partir de cómo se vaya moviendo el precio de los activos en el mercado. Es decir, si tu fondo invierte en acciones de empresas de infraestructura y construcción, si las acciones de estas empresas suben, el precio de tus títulos sube y tu fondo gana; si se caen, pues tu fondo igual.

La diferencia principal con un pagaré o cetes directos es que estos primeros son a tasa fija: desde que contratas sabes cuánto te van a pagar al vencimiento (cuando se acabe el plazo al que hayas invertido). Los fondos de inversión no: lo que te paguen depende de cuál sea el valor del título en el mercado. Al momento de invertir la lana no sabes exactamente cuánto ganarás cuando decidas vender tu inversión, puedes tener referencias de lo que han dado, pero no un monto o porcentaje exacto. De ahí viene la frase "rendimientos pasados no garantizan rendimientos futuros".

Siguiendo con el fondo BUENAZO Serie B1, si esos 300 títulos que compraste en cuatro meses suben a \$36 —lo habías comprado en 30 pesos, ¿te acuerdas?—, ahora tu fondo de 9 000 pesos valdría 10 800, es decir, 20% más. Pero si fuera un fondo muy volátil, chance en un periodo se cae a \$28 por título y el valor total del fondo bajaría a 8,400 pesos, valdría 6.66% menos de cuando lo adquiriste. Por eso hay que estar buzo en qué niveles compramos y cuándo queremos vender.

Hay fondos donde los rendimientos varían poco, como los de deuda gubernamental de corto plazo (es similar a invertir en cetes directo), pero hay otros como los de la Bolsa o divisas que pueden tener unos subibajas sabrosos si de pronto hay crisis en Tuvalú. Hay fondos de diferentes "horizontes" que, si recuerdan el primer capítulo, son el periodo mínimo que deberías dejar esa inversión trabajando para que rinda frutos.

A $ 36 = $ 10,800
Plusvalía = 20%

BUENAZO B1
300 títulos

A $ 30 = $ 9,000
(Precio de compra)

A $ 28 = $ 8,400
Minusvalía = 6.6%

Los que tienen "horizontes" más cortos varían muy poquito, como los fondos de deuda a corto plazo, que pueden tener liquidez diaria, semanal, mensual o trimestral. Hay otros de largo plazo que igual hoy ves el rendimiento en 4%, pero mañana se cae -2% y luego en una semana rebota a 6%. Ese tipo de fondo chance tenga un horizonte de tres años y del día de hoy al periodo en el que lo deberías de sacar sea una montaña rusa y no precisamente de diversión, pero en teoría a largo plazo te va a dar más que uno a corto plazo (por eso te metiste ahí, si no, ¡qué ganas de volverse cardiaco de a gratis!). Debes elegir los que son acordes a tus metas, diversificar tanto en tipos de activos como en plazos y respetarlos porque eso tiene todo que ver con que tengas una buena o mala inversión.

¿Cuándo son buenos los fondos?

La mayor virtud de los fondos es que permiten diversificación con poco dinero, pero para que esto se traduzca a rendimientos interesantes, necesitas dejar el dinero quietecito por lo menos tres años y de preferencia cinco años. Para esas metas pueden ser muy buena opción.

196

Si el plazo que quieres invertir es menor a tres años, tendrías que estar en fondos de deuda de corto plazo únicamente para no correr riesgos desproporcionados. Estos fondos pueden tener rendimientos similares o menores que instrumentos para el corto plazo como cetes o los pagarés bancarios, entonces hay que comparar para decidir cuál de estas tres alternativas es mejor para ti.

¿Dónde se compran los fondos de inversión?

La pregunta número 9 dentro de las más frecuentes del blog del cerdito capitalista —ok, no, pero casi— es ¿qué banco tiene los mejores fondos de inversión? Y ¡ahora me explico por qué hay tan poca inversión en fondos en México! Andamos confundidos.

Los bancos en realidad no son especialistas en fondos ni en inversiones. Como ya habíamos platicado, tienen algunos productos de inversión a corto plazo que pueden ser competitivos, pero su negocio más bien es el crédito y las cuentas a la vista (captar y prestar) porque sale más lana de ahí. Digamos que les sale mejor cobrarte que pagarte intereses.

Una de las instituciones en las que las inversiones son el mero mole son justamente las operadoras y distribuidoras de sociedades de inversión, porque es a lo único que se dedican. Aunque algunas son parte de grupos financieros que sí tienen banco (como, por ejemplo, Accival de Banamex, Scotiabank, Ixe, Santander, Monex, etcétera), también existen las "independientes", que no tienen "hermanitos" en otros servicios financieros (Allianz Fóndika, Actinver, Skandia, GBM, Más Fondos, Profuturo GNP, etcétera). Para ver todas las que hay, pueden checar el famoso "SIPRES", que es el registro de las instituciones financieras de la Condusef.

El proceso para comprar fondos de inversión es así:

1　Eliges con qué institución quieres abrir tu contrato (la operadora o distribuidora de fondos). Mi recomendación es que por lo menos compares unas tres. Échale un ojito a la cartera de fondos que tienen en su página de internet, lee los prospectos y el "documento clave" de los fondos que te interesen, revisa en qué invierten y qué tal andan en rendimientos.

2　Te reúnes con el asesor para que te haga un perfil de inversión. Llama y fíjate qué tal está el servicio, si son claros, pacientes y preguntan por tus necesidades. Lo del perfil de inversión es por ley, así que están obligados a preguntarte por tus metas, tu experiencia y qué tanto riesgo estás dispuesto a aguantar. Muchas veces relacionamos la palabra "riesgo" con ser o no "valientes", pero, créeme, con tu lana y tus úlceras es mejor no jugarle al vivo y aceptar realmente qué queremos o podemos soportar con nuestras inversiones.

　　Chance entre más tiempo tengas invirtiendo, menos te preocuparás por los batacazos de los mercados, pero al principio no intentes hacerte el "muy macho", a menos que te quieras curar en salud por siempre y quedarte en cetes de 28 días para toda la eternidad o peor, ¡en el colchón!

3　Con lo platicado van a decidir tu portafolio: cuánto se destina a cada tipo de fondo o si prefieres comprar uno "prefabricado" en el que los fondos y las posiciones las elige un administrador del fondo, entonces vas por perfiles de riesgo y tiempo.

4　Firmas el contrato y depositas el dinero, ya sea por transferencia o cheque, al número de cuenta de la operadora o distribuidora de fondos que elegiste, con el número de referencia de tu contrato y, ¡ya estás! Puedes empezar a manejar tus inversiones.

Sin importar en qué paso del proceso estés, es importante que despejes cualquier duda, porque no hay preguntas tontas... sólo tontos que no preguntan, asumen y pierden lana. Y lo mejor: papelito habla, está muy bien tener un asesor confiable, pero el dinero al final es tuyo, no de él.

Pero ¿cuál es el mejor fondo?

A esa pregunta común nada más falta agregarle "del mundo mundial"... Por desilusionante e increíble que parezca, la respuesta es "ninguno". Siento romper sus corazoncitos de pollo-futuro-inversionista, pero es toda la verdad y nada más que la verdad.

Claramente hay fondos que son mejores que otros dentro de cada categoría y por eso hay que analizar sus rendimientos históricos; pero la pregunta más bien sería ¿mejores para qué y para quién?

Cuando pensamos en fondos queremos un instrumento que nos resuelva todo y a todos. Eso tristemente no existe ni en Fantasilandia, pero la onda es entender cómo funciona este relajito y así verán que no es gandalla eso de decir que no existe lo que todo inversionista hemos soñado que nos haga ricos en un dos por tres sin tener que analizar nada.

Fondos hay de chile, de dulce, de manteca, de maciza, surtida y hasta garapiñados. En general, se dividen en deuda en pesos y deuda extranjera, renta variable nacional y renta variable extranjera (Bolsa), y cobertura (los de dólares, euros, yenes... que invierten en monedas extranjeras, pues). Puede haber fondos que inviertan en otras cosas, por ahí hay alguno que invierte en *commodities*, aunque sólo en metales preciosos, o van a empezar algunos de fideicomisos en bienes raíces (los vamos a ver en el capítulo 7). Pero la clasificación más general es la de arriba.

Cada uno de estos fondos tiene una "función" diferente y debemos hacer nuestra combinación (o el bendito "portafolio") de acuerdo con nuestras metas, con el tiempo que tenemos para invertir ese dinero, con nuestro perfil de riesgo (nada de que "Yo soy el aventurero, puritito corazón" y al primer bajoncito "dice mi mamá que siempre no") y la experiencia que tenemos.

Deuda*

- En teoría, son la base de tu portafolio y lo que le da estabilidad. Hay deuda de corto, mediano y largo plazo, y entre mayor sea el plazo, más volátiles serán.
- Los fondos de deuda de largo plazo pueden ser tan volátiles como la Bolsa.

Acciones*

- Su función es potencializar los rendimientos. Puede incluir empresas de todos tamaños, invertir sólo en las de un sector (por ejemplo infraestructura) o incluso comprar alguno que siga índices como el IPC de la Bolsa Mexicana o Dow Jones y Nasdaq de Estados Unidos.

Cobertura

- Son fondos en monedas extranjeras y la idea es proteger tu patrimonio de posibles depreciaciones de la moneda local.
- Son más de protección que para generar rendimientos.
- No se recomienda en altos porcentajes

Commodities

- Son fondos que invierten en materias primas como oro, cobre, petróleo o granos, o en las empresas que las producen (si es en la empresa llevas el riesgo adicional de su administración, no sólo el de la materia prima).

*También los hay para instrumentos extranjeros y en otras divisas.

200

- Proteger contra la inflación o la pérdida de valor de la moneda (más del dólar), pero también para diversificar al ser "activos físicos".
- No se recomienda en altos porcentajes.
- Normalmente son más para instituciones, para personas físicas básicamente hay metales preciosos.

Seguro ya los mareé con la cantaleta de que sus metas son lo más importante que necesitan saber para invertir, pero de verdad que no es choro. Algo tan técnico como si escojo un fondo de deuda de liquidez diaria, de corto plazo o de largo plazo, si me meto a Bolsa o no, si escojo un portafolio conservador o agresivo, tiene todo que ver con esto.

La forma más aterrizada de hacer un portafolio es decir justamente, por ejemplo: a ver, tengo 10 000 pesos, ¿para qué y cuándo voy a usar cada uno de esos pesos?

Hagamos una lista imaginaria:

Objetivos de inversión	
Vacaciones (dentro de seis meses)	3,000
Fondo de emergencia (disponible para cuando se ofrezca)	2,000
Parte del enganche para comprar casa (dentro de cinco años)	5,000

Ya tienes los plazos, eso limita y te da un norte de tus opciones.

Ahora bien, usemos ese mismo ejemplo:

Los 2,000 pesos a fuerzioris tendrían que ir a un fondo de deuda de corto plazo con liquidez diaria o semanal, porque, como es para emergencias, tiene que estar a la mano.

Los 3,000 de las vacaciones, como sólo estarán ahí seis meses, tendrían que ir a un fondo de deuda de corto plazo con liquidez mensual o trimestral (dependiendo si hay una diferencia en las tasas de uno y otro, si no, pues mejor tenerlo más a la mano).

Y los 5,000 restantes es dinero que no vas a tocar —pero iiide veritas, eh!!!—, nada de que "inombre, lo dejo trabajando hasta el fin de la eternidad!" y a los tres meses "ay, lo voy a usar para irme a las Bahamas". Sí, en serio, no lo vas a sacar antes del plazo, así que esa lana la puedes meter todo o en parte a algo que aunque tenga más variaciones —la famosa volatilidad— potencialmente te pueda dar mucho más al final como podría ser un fondo que invierta en la Bolsa.

Obviamente, este ejemplo te muestra cómo se establecen los plazos. Por muy bien que te vaya con 5,000 pesos, no lograrás juntar un enganche completo en cinco años (habría que irle metiendo más mensualmente a cada categoría); la idea es saber qué sería lo adecuado para cada meta.

Variar para menos arriesgar

Otra razón por la que necesitas fondoSSS —en plural— es por el tema de la diversificación. Si tuvieras toooda tu lana en un solo activo, sea cual sea, incluso en uno de los más taquilleros del imaginario colectivo, como oro, dólares, bienes raíces…, si pasa algo que le pegue duro a esa inversion, le afecta al 100% de tu riqueza.

Si en un portafolio imaginario —no es recomendación ni nada, este ejemplo es "con fines ilustrativos"— una persona tuviera 10% en oro, 20% en monedas extranjeras, 30% en la Bolsa y 50% en deuda —cetes, de empresas, etcetera—, y la Bolsa cae a la mitad, el efecto sería sólo sobre un tercio de su portafolio y no se quedará calvo por arrancarse los pelos en lo que se recupera, porque no le pegaría a todo lo que tenía. Creo que esto ya se los dije como tres veces en el libro, pero es para que conste en actas y no se les olvide.

Eso también se puede hacer con FondoSSS: escoges varios fondos que aparte de que se apeguen a tus metas tengan activos que respondan de manera diferente a cambios económicos y que si a uno le va mal, los otros compensen.

¿Portafolios "hágalo usted mismo" o mejor "prefabricados"?

Si te decides a invertir en fondos tienes dos opciones:

1   Puedes armarlo con tus propias manitas, eliges cada uno de los fondos que quieras. Digamos que vas a hacer un platillo (tu portafolio) que lleve ingredientes (renta fija, renta variable, divisas) en distintos porcentajes, depende de qué quieras cocinar, es decir, cuáles sean tus metas y el tiempo que tengas para invertir.

2   Como en la sección de comida "congelada" hay algunos portafolios que ya vienen estandarizados y armados de acuerdo con el tiempo de la meta y perfil de riesgo (conservador, moderado y agresivo, aunque algunos hacen subclases o les cambian los nombres), tú sólo depositas en una exhibición o periódicamente, pero alguien más lo maneja y toma las decisiones de cuándo es bueno vender o comprar ciertos instrumentos. La cosa es que no puedes moverle nada. Algunas operadoras los llaman "portafolios" o "fondos de fondos" y hay una subcategoría, son los "fondos de ciclo de vida", se van modificando respecto a la etapa en la que estés: son más agresivos cuando eres más joven y conforme se acerca el plazo para sacar el dinero se vuelven más conservadores.

La decisión se toma en función de qué tan activo quieras ser en tus inversiones, qué tanta flexibilidad quieras y qué tantos conocimientos tengas al respecto.

Si te decidiste por uno de los portafolios ya armados, algo importante que debes preguntar es cuánto y en qué casos puedes tener dinero disponible. Algunos manejan un porcentaje en fondos de liquidez, que te permite retirar sin broncas, otros te cobran una penalización o se tienen que vender títulos proporcionales de todo lo que tengan, para no desbalancearlo. Si te vas por un agresivo, tendrías que tener un guardadito aparte en algo más líquido para emergencias.

FONDOS DE GESTIÓN ACTIVA
VERSUS FONDOS INDIZADOS

Ya hablamos de los tipos de fondos por lo que traen "en la panza" (los instrumentos) y los que escoges uno por uno o los portafolios, pero hay otra diferencia que quiero que conozcan, entre los fondos de gestión activa y los fondos indizados.

¿Se acuerdan de que en el capítulo de la Bolsa hablábamos de índices que contienen una cierta muestra de empresas, como el IPC? Bueno, los fondos indizados o indexados lo que hacen es comprar acciones de esas mismas empresas y en proporciones lo más parecido posible, para que tengas rendimientos igualitos o casi que el índice, de ahí su nombre.

Los fondos de gestión activa, en cambio, eligen empresas por cierto criterio (se pueden ir sólo por las medianas o chicas que estén en la Bolsa, sólo las más estables o las de mayor crecimiento potencial, de un solo sector, etcétera) y lo que buscan es obtener mayores rendimientos que el índice (ése es su *benchmark*). No siempre lo logran, pero no siempre, pero ése es su objetivo.

Puedes invertir en los dos tipos de fondos, pero la idea es que sepas qué esperar o exigir de cada uno.

¿Y dónde puedo ver qué onda con cada fondo?

La maravilla de la modernidad es que aparte de que todos los fondos en teoría deberían tener los rendimientos en sus respectivas páginas, como se valúan diario, hay sitios de terceros con comparadores. En México, está el de la Comisión Nacional Bancaria y de Valores (www.cnbv.gob.mx) y el de morningstar.com.mx, que tienen el mismo funcionamiento.

La verdad son muy útiles, tanto para decidir cuándo vas a comprar como cuándo quieres monitorear tus fondos. Una vez me llegó un correo donde había un relajo con la información de los rendimientos de los fondos: no coincidían los rendimientos históricos que reportaba la operadora con los que el cliente sacó, ni los que tenían contra fondos de terceros. Checamos en los sitios mencionados y lo aclaramos.

Más allá de la comparación del rendimiento histórico con otros similares, hay un documento que cualquier inversionista debe leer de cada uno de sus fondos: el prospecto de inversión. No, no me estoy refiriendo a un galán o galana con quien deseen "invertir" su tiempo, sino a un documento que es básicamente una radiografía de cada fondo y también aplica para comprar acciones en directo. Pensándolo bien, los prospectos románticos también deberían venir con este "instructivo".

En estas hojitas —u hojotas porque a veces son muchas, pero de todos modos hay que leerlas— puedes ver:

- En qué invierte el fondo.

- Si su horizonte es de corto, mediano o largo plazo.
- Sus objetivos de inversión (a quién quiere ganarle o con quién se compara, el famoso *benchmark*).
- Su estrategia.
- Cuáles son los riesgos que más pueden afectarle y qué volatilidad tiene.
- Los rendimientos históricos del fondo y su comparación con otros instrumentos o índices.
- Horarios para órdenes de compra y venta, plazos mínimos de permanencia, etcétera.
- Las comisiones.

La mayoría de los que llegan a decir "es que yo PENSÉ que este fondo no invertía en Bolsa y que no podía registrar pérdidas", segurito no leyeron el prospecto. Acuérdense de que, como dice el papá de Juan: "Creí-que y pensé-que son amigos de Don-Tonteque", así que revisen y entérense bien en dónde ponen su dinero.

El prospecto lo pueden encontrar en las páginas de internet de las operadoras y distribuidoras, pero también es obligación de su asesor dárselos si van a entrar a cualquier fondo o si éste ha sufrido cambios.

Y si hay algo aún mejor que el prospecto de inversión para conocer nuestros fondos es el "documento clave", que es un informe que las operadoras y distribuidoras están obligadas a publicar en su sitio de internet, donde viene realmente cuánto pagó y cuánto te cobraron en el fondo preciso en el que estás invirtiendo. Digamos que el prospecto es la idea general, y el documento clave, cómo le fue al fondo en realidad. Es relativamente nuevo, pero vale la pena leerlo para tener información veraz para decidir.

Nada es gratis en esta vida: Las comisiones de los fondos

A diferencia de los pagarés, los fondos muestran sus resultados netos, es decir, lo que ganaste después de restar las comisiones y los impuestos, por eso para los clientes puede ser menos claro cómo comparar con otras alternativas. Además tienen "rangos de comisiones", dependiendo del monto que se invierta.

Debo confesar que cuando estaba haciendo mis pininos como inversionista me pasó una supernovatada por no conocer qué comisiones cobraban los fondos. Resulta que en el primer año que me metí a fondos me puse a revisar mi portafolio y por mera curiosidad saqué el rendimiento en pesos de lo que había metido en instrumentos de deuda y casi me voy de boca: según mis cálculos, en el último año había ganado la miserable tasa de 3.30%, que era casi una broma, y de mal gusto, si tomamos en cuenta que la inflación en ese año según Banxico iba a andar entre 4.25 y 4.50%.

Mi dinerito estaba perdiendo valor (1% en términos reales) y dentro de un año si quisiera comprar una moto, mi sueño de entonces, en lugar de que me sobrara, iba a terminar poniendo lana porque mi "grandiosa" inversión ni siquiera llegaba a rendimientos de 4 por ciento.

Incrédula, juraba que mis habilidades para sacar reglas de tres y tasas de crecimiento estaban por la calle de la amargura, porque en la propaganda de la inversión yo recordaba haber visto que los rendimientos de esos fondos andaban en 6%. Mejor hablé a mi operadora de fondos.

Cuál sería mi sorpresa cuando me dijeron que yo estaba en lo correcto y que me estaban dando solamente 3.30% por tener mi lana invertida con ellos. Casi me voy de espaldas y furiosa le hablé a Saúl, mi entonces asesor. Después de escuchar cómo le mandaba saludos a todas las honorables madres del personal de la operadora de fondos, el hombre me explicó que ese 6% era para la serie 2 y yo estaba en la 1, donde eran unos pichicatos asquerosos y cobraban altísimas comisiones (eso último lo dije yo, no él).

¿Qué es eso de las series? Resulta que aunque los fondos se han vuelto muy democráticos y tienen montos de entrada bajos, la mayoría cobra mayores comisiones a los que entran con un capital más reducido. Todos podemos invertir en casi todos los fondos, pero por "series", entre menos dinero inviertas, más alta es la comisión que te cobran.

Algunas operadoras manejan las series de acuerdo con el monto total que tenga invertida la persona en esa institución y otros por lo que tengan en cada fondo. Esta información también viene en el prospecto de inversión.

Para ver un ejemplo real, chequemos las comisiones por serie de un fondo de deuda gubernamental:

Serie	Comisión por administración de activos (% anual p/c 1,000 pesos)	Comisión por administración de activos (anual en pesos, p/c 1,000 pesos)
F1 (De 0 a 49,999.99 pesos)	1.80	18
F2 (De 50,000 a 19,999.99 pesos)	1.65	16.50
F3 (De 200,000 a 749,999.99 pesos)	1.50	15
F4 (De 75,000 a 1,499,999.99 pesos)	1.30	13
F5 (De 1,500,000 a 4,999,999.99 pesos)	1.20	12
F6 (De 5,000,000 a 9,999,999.99)	1.00	10
F7 (De 10,000,000 en adelante)	0.85	8.50

Muchas veces escuchamos o leemos lo que nos acomoda y nos parece más prometedor, pero no nos fijamos en las letras chiquitas de la propaganda, como en mi caso, donde el 6% era para la serie 1 y la serie 2 tenía un rendimiento histórico de 3.3%, no porque invirtieran en algo diferente, sino por las comisiones. Al final, me fui a buscar otra sociedad de inversión donde los cobros estuvieran menos gandallas y me llegaran más de los rendimientos de MI dinero, que era el que estaba trabajando, cosa que debí hacer desde el principio.

Una vez identificada la serie, hay que ver qué comisiones nos tocan pagar. Las más comunes son:

- Administración de activos. También se llama en algunos lados "de gestión" y se cobra sobre el valor del fondo, es como una comisión sobre saldo.
- Por operación o de compra o venta de acciones. Ésta es por el movimiento que hagas con tus títulos. Pueden cobrarla al entrar, al salir o ambas.
- Otros gastos (p.e., lo que les cobran las calificadoras a los fondos, esos vienen más bien en el documento clave).

Las comisiones son implícitas, es decir, una vez que te dan el rendimiento ya se las restaron, las que veas no las tienes que volver a descontar, pero es importante saberlas para que no te vayas con la finta si hay una publicidad con rendimientos buenísimos pero para montos más altos de inversión. Otra razón es que las series pueden variar en las distintas instituciones de fondos, puede que dependiendo de cuánto inviertas te convenga más una que otra por las comisiones que manejen, aunque hayas elegido los mismos instrumentos.

Preguntas básicas

Si ya se emocionaron al leer los rendimientos y están conformes con lo que cobran, hay un elemento que no se nos debe pasar: el riesgo. Aunque hay diversos indicadores técnicos para medirlo (ver VAR en el Glosario), para Hugo Petricioli, quien lleva un par de décadas trabajando en fondos, hay tres preguntas básicas que un inversionista que empieza debe hacerle a su asesor:

1   ¿Cuánto tiempo lleva operando este fondo? Si es menos de cuatro años es difícil de analizar si en realidad lo llevan mal o bien, por lo que sería más recomendable optar por otros con mayor antigüedad, donde se pueda ver si hay rendimientos consistentes.

2   Si lleva más de cuatro años, la siguiente pregunta sería ¿en qué invierte el fondo, cuál es su objetivo y quién lo maneja? ¿Este perfil de fondo ha cambiado desde que inició? ¿El manejador ha sido el mismo? Acá te podrán decir los instrumentos, si es agresivo o no, qué tipo de instrumentos compra, cómo son los manejadores del fondo.

3   Y la pregunta más reveladora: ¿el fondo ha tenido meses negativos? Si es sí, ¿cuántos? ¿Hasta dónde bajó? ¿Cuál ha sido el peor mes? ¿Ha tenido años negativos? ¿Cuánto? Esta pregunta es muy básica porque en la mayoría de los fondos, excepto si son de muy corto plazo, vas a tener periodos negativos. Hay gente que no aguanta ni un mes así y hay otras personas que dicen "ok, el fondo ha tenido bajas de 2% en un mes, puedo vivir con eso; ¿7%?, aún me aguanto, pero 10% negativo en un mes, ¡ya es mi límite!" Con esos datos puedes dimensionar mejor si es un fondo con un riesgo adecuado para ti o buscas otras opciones.

Para cerrar...

Los fondos pueden ser una opción muy práctica para gente que tiene planes a mediano y largo plazo, y quiere diversificar o incluso ser una buena escuela para antes de las inversiones en directo (si es que para allá quieres moverte). Como en todas las inversiones hay que cazar bien los planes y nuestro perfil con los instrumentos, y seguirles la pista.

Espero que con esta información tengas para hacerle un interrogatorio marca llorarás al asesor de la operadora o distribuidora de fondos de inversión, y que encuentres el mejor portafolio, si este instrumento es por el que te decides.

ETF'S, LOS HÍBRIDOS DE ACCIONES Y FONDOS

¿Te gustaría estar invirtiendo en oro, petróleo o incluso en acciones sin tenerlas y comprar o vender cuando detectas un precio de oportunidad? Ése es el objetivo de los ETF's.

¿ET... qué? Un ETF o Exchange Traded Fund, podría traducirse como "Fondos operados en La Bolsa", pero en general se usa sólo su abreviatura. Si no les sonaban mucho que digamos, es porque se venden sólo a través de casas de Bolsa y apenas se empiezan a popularizar entre inversionistas que sean personas físicas.

Los ETF's son como un engendrito de una acción y un fondo de inversión. ¿Por qué les digo tan feo? Porque no es ni uno ni otro: cotizan en el Mercado de Valores (como la acción), pero no son de una sola empresa, sino que se compran varios valores para darle al inversionista los mismos resultados como si estuviera invirtiendo directo en ellos, pero sin tener que desembolsar tanto, porque lo que compra es una acción de quien los tiene (como los fondos).

211

Se dice que los ETF's "replican" el comportamiento de varios valores o índices, pero ¿qué es eso de replicar? Es simplemente que se muevan de forma idéntica o casi.

Si tú quieres "replicar" un índice de la Bolsa de Valores, compra las acciones en las mismas proporciones en las que están en ese índice, para que tengan el mismo peso, y si variara el índice, el tuyo fuera a la misma dirección.

¿Esto cómo funciona en los ETF's?

1 Un ETF compra ciertos valores que son los que van a "seguir" (un índice de la Bolsa, el precio del oro o del petróleo, etcétera).

2 Pone los valores en un fideicomiso con un depósito de dinero. Con eso se hace el fondo.

3 El fideicomiso los libera en el mercado en forma de títulos (como los que le compras de los fondos de inversión) y como coticen esos activos es lo que va a valer el ETF (el título).

4 Si alguien vende el ETF se hace la venta de activos que lo respaldan.

Pensemos en un ETF del precio del oro: el ETF compraría "x" número de lingotes, los pasaría a un fideicomiso que haría un número de acciones contra ese oro. La acción del ETF oro se empieza a vender y a comprar en el mercado, y cuando sí se vende el ETF también se vende un lingote (si cada lingote fuera una acción).

Para tener oro, no necesitas una bóveda en tu casa, pero si sube o baja de precio, también lo hace esa parte de tu portafolio.

¿Qué diferencias tienen con los fondos?

Que los ETF's se compran o venden a lo que estén en ese momento en el mercado, no exclusivamente a cómo queden en el cierre, que es lo que pasa con los fondos.

Imagínate que el IPC de la Bolsa va subiendo muy cañón, tú das la instrucción de venta a la 1:00 que cierra el fondo pero, ¡gran chasco!, a las 3:00 que cerró La Bolsa se cae y vendes a menos de lo que esperabas. Eso no pasaría con un ETF porque si lo quieres vender a las 12:47 a las 9:40 o cuando tenga buen precio para ti, a eso se queda. Si le atinas o luego aparece un precio mejor, eso es otra cosa, pero digamos que tienes más claridad de a qué precio "pacta". Es una ventaja, aunque también implica que las transacciones son más rápidas y vertiginosas en los ETF's.

¡Qué maravilla! ¡Entonces todo es color de rosa con los ETF's!

Pues, fíjense que no. También hay tipos de ETF's y el riesgo puede variar. Hay ETF's que sí compran la totalidad de acciones o activos en físico que replican, pero también hay otro tipo de ETF's que para ahorrarse una lana, adquieren una pequeña parte de acciones o activos y el resto lo "completan" con derivados, un *swap* por ejemplo (el que intercambia), lo cual implica mayores riesgos, sobre todo porque ¿qué pasa si quien te vendió los derivados no tiene los activos realmente o si quien maneja tu ETF quiebra?

Ésta es una de las consideraciones básicas a la hora de invertir en un ETF.

SEGUROS CON INVERSIÓN, ¿INVERSIÓN SEGURA?

Aunque el mero mole de las aseguradoras es la protección, también tienen algunas opciones para invertir, que combinan ambos propósitos. Eso suena bien, pero ¿implica que sea para todos y para todo? Mmm... Para que lo decidan ustedes, empecemos por entender cómo funcionan:

Cuando tú compras un seguro de inversión en realidad estás comprando dos productos:

- Un seguro de vida (donde tienes la muy recomendable opción de añadir coberturas como la de invalidez).
- Otro para tu meta de inversión.

Si para cuando se cumpla el plazo del seguro estás vivito y coleando, te pagan la suma asegurada que contrataste para la inversión; si fallecieras antes, le pagan la del seguro de vida a tus beneficiarios. Como son dos partes, no todo el dinero que deposites va a la inversión.

Seguros con componente de inversión

PRIMA (PAGO)
$$$$$$$$$$

Protección

Inversión

Seguro de vida

Rendimientos

214

Obviamente, si tu único propósito fueran los rendimientos, obtendrías mayores ganancias en otros instrumentos de inversión con el monto total que destinarías a este seguro; pero el atractivo de estos esquemas es que protegen tu meta estés o no estés allí para cumplirla: como tiene el seguro de vida, si llegaras a fallecer —tocamos madera—, se paga la suma asegurada de la cobertura de vida y, aunque no sigan las aportaciones, se conseguirían los recursos para tu meta. En cambio, si invirtieras por tu cuenta, sin tener seguro de vida, y murieras, sólo se les entregaría a tus beneficiarios lo que hayas alcanzado a reunir. Si fue mucho, ¡qué bueno!, pero si apenas habías abierto el contrato, puede que no alcance para tu meta. Esto aplica tanto para muerte como para casos de invalidez donde ya no podemos generar los mismos ingresos.

Puede que suene abstracto, pero piensa en un seguro de educación: tú vas pagando la prima para llegar a una suma asegurada "x" que pague la universidad, que es la que le darán al chavito o chavita cuando cumpla 18 años, pero si falleces o sufres invalidez permanente, el pago de su educación ya está garantizado, aunque tú sólo hayas abonado los primeros años del seguro.

Otros ejemplos de uso de estos seguros pueden ser financiar tu retiro —por cierto, si son para ese fin, los puedes deducir de impuestos o aprovechar estímulos fiscales—, la boda de los hijos (si les pensabas cooperar), y algunos incluso lo usan para comprar una casa o poner negocios familiares.

Pero, ¡ojo! Los seguros de inversión son para proteger metas de inversión y no cualquier meta: las de largo plazo. Si piensas dejar tu dinero tranquilito 10, 15 o 25 años, los rendimientos de un seguro pueden ser competitivos contra los de fondos de inversión o afores (dependiendo qué tan agresivo sea el que elijas), pero si es para tus vacaciones del próximo año, no es lo más adecuado, porque otras opciones te darían más en esos plazos.

A mi amiga Arelly le andaban vendiendo un dotal para que ahorrara para su boda y luego le siguiera metiendo para el retiro dorado con su amorcito corazón... pero ella se casaba en un año. Para el fiestón, que de momento era su prioridad, como que no aplicaba un seguro, ¿verdad? Puede que regresando de la luna de miel, ya con cabeza para pensar en el futuro, viniera al caso, pero no para el: "¡Sí, acepto!"

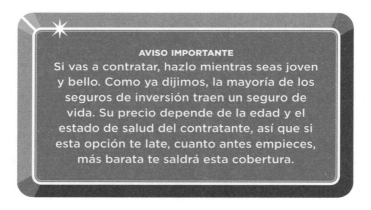

AVISO IMPORTANTE
Si vas a contratar, hazlo mientras seas joven y bello. Como ya dijimos, la mayoría de los seguros de inversión traen un seguro de vida. Su precio depende de la edad y el estado de salud del contratante, así que si esta opción te late, cuanto antes empieces, más barata te saldrá esta cobertura.

Si tengo una emergencia, ¿puedo retirar dinero de mi seguro?

Un tema importante antes de contratar es la liquidez. Hay seguros que te permiten hacer ciertos retiros al año sin penalización y hay agentes de seguros (más enjareta-productos, que agentes realmente) que lo promueven como un beneficio, PERO si le sacas a tu plan por "emergencias" o para "darte un gustito" le estás dando en todita la torre a tu inversión, porque tu suma asegurada se va achicando y necesitarías reponer lo que le sacaste MÁS intereses para mantenerla.

Un seguro no es una chequera ni un pagaré semanal, si quieres tener parte del dinero disponible para eso, requieres tener una cuenta aparte o una inversión más líquida, porque el chiste no es que estés ordeñando tu inversión, si no, será difícil que dé frutos. Ésta es también una de las razones por las que puede que un seguro sí tenga sentido con una parte de tu portafolio o metas que no quieras arriesgar, pero no con la totalidad de tu dinero.

¿Qué pasa si dejo de pagar el seguro?

A diferencia de la mayoría de las inversiones, donde si dejas de aportar por lo menos te quedas con lo que depositaste y sus rendimientos; en el seguro, o se cancela y pierdes lo que llevabas (aplica para los primeros años de la póliza), o las primas se van descontando de tu suma asegurada y recibirás menos al final. Por eso hay que hacer bien nuestros cálculos.

¿Qué puedes recuperar si lo quieres cancelar antes del plazo que contrataste? Aquí entra un concepto que es la "tabla de valores garantizados" que debe venir en tu póliza y te dice cuánto te regresarían dependiendo de cuándo quieras suspender tu contrato. En ella se desglosa cuánto correspondería a vida y cuánto a la inversión.

Eduardo Corona, uno de mis agentes favoritos, siempre les dice a sus clientes que tengan en cuenta que si cancelan su seguro durante los primeros dos años, no van a recuperar nada.

Abajo van a ver la tabla de valores garantizados de un seguro de inversión para el retiro a 25 años con una suma asegurada de

1 millón 40 mil pesos. Chequen la columna "Fondo total", que es lo que les regresarían dependiendo de los años que lleven:

Tabla de valores garantizados

Plan personal de retiro

Plazo de retiro: Edad alcanzada 65 años

Plazo de protección: Edad alcanzada 65 años

Edad de 40 años

Protección por supervicencia: 1,039,055.00

Protección por fallecimiento: 1,039,055.00

Prima y aportación anual pagada	Fondo de protección	Fondo del plan personal de retiro **	Fondo total
2	0.00	7,353.65	7,353.65
3	0.00	36,520.44	36,520.44
4	0.00	60,588.04	60,588.04
5	0.00	86,522.67	86,522.67
6	0.00	111,420.78	111,420.78
7	0.00	138,624.84	138,624.84
8	0.00	168,205.64	168,205.64
9	0.00	200,276.92	200,276.92
10	0.00	234,934.40	234,934.40
11	0.00	272,311.40	272,311.40
12	0.00	312,447.20	312,447.20
13	0.00	355,543.30	355,543.30
14	0.00	401,658.70	401,658.70
15	0.00	450,999.80	450,999.80
16	0.00	503,618.60	503,618.60
17	0.00	559,839.30	559,839.30
18	0.00	619,582.80	619,582.80

Prima y aportación anual pagada	Fondo de protección	Fondo del plan personal de retiro **	Fondo total
19	0.00	683,197.70	683,197.70
20	15,322.90	735,441.80	750,764.80
21	15,992.10	788,949.70	804,941.80
22	16,684.60	844,330.30	861,015.00
23	17,401.40	901,649.30	919,050.80
24	18,143.30	960,974.40	979,117.80
25	18,911.20	1,022,375.90	1,041,287.10

Fuente: Cotización de un caso real de Portento.mx

A veces ver metas de tan largo plazo puede ser difícil, pero si ya decidieron contratar un seguro, hagan bien sus cuentas y manténganse lo más constantes para sacarle el jugo que calcularon desde un inicio.

Para recapitular, ¿qué puntos debes considerar?

1 Si realmente te interesa la protección o no, y si éste es el esquema correcto para conseguirla.
2 Si realmente vas a dejar el dinero trabajando varios años y cómo vas a solucionar la parte de liquidez con otro instrumento.
3 Si los rendimientos son atractivos respecto a otras alternativas. Esta información se la tienes que pedir a la aseguradora.

Dotales pura sangre

Aunque la mayoría de los seguros de inversión que existen en el mercado llevan un seguro de vida, también existen los que son sólo inversión: los "dotales puros". El nombrecillo viene de "dote", como la cantidad que se daba en los matrimonios en la Antigüedad al casarse o comprometerse (ahora, ya ni en rifa salen). Y es muy sencillo: si al vencimiento del plazo la persona sigue viva, se le entrega la suma asegurada, si no, pues no.

Se podría decir que es un seguro de supervivencia, es "por si" llegas a cierta edad, no por si te mueres, como pasa con el seguro de vida.

Obviamente, es menos usado que el dotal mixto, pero también es más barato porque no estás pagando la cobertura de vida.

Más allá del análisis financiero y de conveniencia que tú solito hagas, es muy importante que estos productos sí los contrates con un agente de seguros, que te explique bien cómo funcionan, qué exclusiones tienen, por cuánto te protegen y demás detalles. Asegúrate de asegurarte bien, aunque sea pleonasmo.

¿Puedo usar mi afore para invertir?

¡Pero por supuesto! Desde 100 pesos ya te permiten entrarle a inversiones diversificadas y sofisticadas. Antes de seguir echándole flores y viendo para qué casos sí aplican, hagamos un micro repaso.

¿Qué son las afores? Las afores son las instituciones financieras que guardan e invierten el ahorro para el retiro de los asalariados, o sea, de los que sí están en nómina y cotizan a la seguridad social (IMSS o ISSSTE). El nombre y apellido de las afores es Administradoras de Fondos de Ahorro para el Retiro.

Las afores se manejan por "cuentas individuales", entonces nada de "¿dónde quedó la bolita?": cada quien tiene su dinero a su nombre y así haya estado activo toda su vida laboral, o sólo parte, puede reclamar lo que haya juntado cuando llegue a los 65 años. Es posible solicitarlos a partir de los 60, pero sólo si nos quedáramos sin chamba a esa edad (se llama cesantía en edad avanzada).

Evidentemente, si las afores sólo la hicieran de alcancía y nada más nos guardaran esos ahorros, para cuando nos retiráramos la inflación le habría dado un buen mordisco y no nos alcanzaría para nada. Por eso las afores ponen a chambear el dinero que reciben en fondos de inversión, que se llaman Sociedades de inversión especializadas en fondos de ahorro para el retiro (siefores).

Las siefores funcionan igual que los fondos de inversión que ya platicamos: reúnen el dinero de muchos trabajadores y compran instrumentos que individualmente cada uno no podría. La diferencia con un fondo de inversión común es que se invierten con la visión de que SON PARA EL RETIRO.

Ésa es una de las razones por las que las afores pueden ser una buena alternativa de inversión si tu capital es bajo pero quieres diversificación: puedes entrarle con un ahorro voluntario desde 100 pesos (en la ley dice que no hay mínimo, pero ni modo que deposites un peso en ventanilla o te tomes la molestia de hacer una transferencia por 50 centavos) y puedes tener acceso desde cetes y bolsa —de aquí o de otros países—, hasta inversiones en inmuebles (FIBRAS, ver capítulo 7). Chequen la tabla para que vean en qué invierten:

Composición de las Inversiones (Cifras porcentuales al cierre de mayo de 2013)		
Tipo de instrumento		**Total en todas** las SIEFORES
Renta Variable Nacional	Renta Variable Nacional	9.3
Renta Variable Internacional	América	11.9
	Asia	2.2
	Europa	1.0
	Oceanía	0.1
Mercancías	Mercancías	0.1

Composición de las Inversiones
(Cifras porcentuales al cierre de mayo de 2013)

Tipo de instrumento		Total en todas las SIEFORES
Deuda Privada Nacional	Alimentos	0.5
	Automotriz	0.1
	Banca de desarrollo	1.5
	Bancario	0.9
	Bebidas	0.8
	Cemento	0.1
	Centros comerciales	0.0
	Consumo	0.3
	Deuda CP	0.0
	Estados	0.8
	Europesos	2.3
	Grupos industriales	0.8
	Hoteles	0.0
	Infraestructura	1.5
	OTROS	0.6
	Papel	0.2
	Paraestatal	3.3
	Servicios financieros	0.2
	Siderúrgica	0.0
	Telecom	1.3
	Transporte	0.2
	Vivienda	2.9
Estructurado	Estructurados	3.9
Deuda internacional	Deuda internacional	2.1

Composición de las Inversiones (Cifras porcentuales al cierre de mayo de 2013)		
Tipo de instrumento		**Total en todas las SIEFORES**
Deuda gubernamental	BOND182	0.0
	BONDESD	0.9
	BONOS	19.4
	BPA182	0.9
	BPAS	0.0
	BPAT	0.0
	CBIC	4.8
	CETES	3.2
	DEPBMX	0.0
	UDIBONO	18.8
	UMS	1.6
	REPORTOS	1.6
	Total	100.0

Los porcentajes de cada tipo de instrumento son respecto a la cartera. Los límites del régimen de inversión se expresan en porcentajes de los activos netos de las siefores.

La suma de las cifras parciales puede no coincidir de manera exacta con el total por redondeo.

Fuente: Consar, www.consar.gob.mx.

¿Para qué plazos son buena opción las afores?

Como el retiro es un largo plazo en serio —20, 30, 40 años—, el dinero que entra a las afores está en instrumentos también con esta característica: toman más riesgo, para buscar mayores rendimientos y en algunos casos puede ser una inversión volátil.

Por esta razón, aunque el ahorro voluntario en tu afore lo puedes sacar cada dos o seis meses, dependiendo de las políticas

223

de la institución en la que estés (liquidez), es recomendable que si le entras, sea con la idea de dejarlo trabajando al menos tres años (horizonte de la inversión).

¿Qué pasa si quiero meter ahí la lana para mis vacaciones a la playa en tres meses? Te puede tocar una subida del mercado y alcanzarte para la suite presidencial, o bien, también podrías sacarlo en un mes malo y tener que conformarte con "Acapulco en la azotea". Por eso es recomendable que sean recursos que no vas a utilizar pronto ni para una emergencia, que si tienes una minusvalía, te puedas esperar a que se recupere y no tengas que asumir la pérdida.

Ojo: ésta es la liquidez del ahorro voluntario, o sea, el que tú pusiste de tu Bolsa. El ahorro obligatorio no se puede sacar antes de los 65 años, a menos que sea por desempleo o matrimonio. En el primer *Pequeño Cerdo Capitalista* se habla más del tema en "Lo que siempre quisiste saber y no te atreviste a preguntar de las afores y del retiro".

¿Por qué no puedo sacar el dinero de mi afore si es mío?

Un fotógrafo que trabajaba conmigo en un periódico me preguntaba por qué no podía sacar el dinero que le descontaban obligatoriamente para su afore antes del retiro, si era suyo.

Su propia actitud era la respuesta: si nos dieran a escoger, muchos saquearíamos ese fondo y al llegar a la edad en la que ya no generamos ingresos o no tenemos tanta fuerza para trabajar como antes, nos quedaríamos en la chilla. Así que mejor no organicen.

Una aclaración importante: el ahorro obligatorio que se va a las afores viene de tres partes: las contribuciones del patrón al IMSS, otra parte del gobierno (que pone más dinero a la cuenta de los trabajadores con menores salarios) y lo que le toca al trabajador. Eso es independiente de lo que quieras depositarle por tu parte, que es de lo que estamos hablando en este capítulo.

Los tipos de aportaciones que puedes hacer a tu afore

- **Aportaciones voluntarias de corto plazo.** Son las que puedes hacer en los montos que quieras y disponer de ellas cada dos o seis meses, dependiendo de la política de la afore. Pueden hacerse o no deducibles de impuestos, pero si las deduces y las sacas antes del retiro, te retienen 20% del monto que retires, para compensar los impuestos que te habían restado.
- **Aportaciones voluntarias de largo plazo.** Éstas tienen el beneficio fiscal de que si las dejas cinco años en la afore, pagas los impuestos que habría significado ese ingreso hasta que retires lo depositado, con la menor tasa de Impuesto Sobre la Renta (ISR) que se haya tenido en los últimos cinco años. Te difieren los impuestos y además los pagas con la mejor tasa del periodo. Mucha gente las usa en años donde le toca pagar un monto fuerte de impuestos. Su tope anual son 152,000 pesos.
- **Aportaciones complementarias para el retiro.** Éstas sí, una vez que entran, no las puedes tocar hasta que tengas 65 años, ni aunque vayas a bailar a Chalma. Puedes deducir por este concepto lo que resulte menor entre 10% de tus ingresos o cinco salarios mínimos generales elevados al año, de tu área geográfica. En 2013, esto equivalía a 117,895 pesos.

Es importante que antes de hacer las aportaciones te informes de los rendimientos que han dado.

¿Y yo puedo decidir en qué se invierte el dinero de mi afore?

No, las afores tienen manejadores profesionales que deciden en qué se invierten los recursos, pero no de tin-marín ni por su pantalones nada más, tienen que seguir ciertas reglas: las afores tienen un "régimen de inversión", que definen en qué y hasta cuánto pueden invertir, dependiendo de la edad del trabajador.

Por poner un ejemplo, el máximo, máximo, maximísimo que las afores pueden invertir en la Bolsa es 40% de todo el dinero de los trabajadores, y eso solamente para los más chavos.

¿Por qué es más agresivo el régimen de inversión para los más jóvenes? Porque les faltan varias décadas para llegar al retiro, pueden asumir más riesgo para generar más rendimientos.

Obviamente, las inversiones se vuelven más conservadoras conforme nos acercamos al retiro. Las siefores para mayores de 60 años sólo pueden invertir hasta 5% de la lana de los trabajadores en Bolsa, son casi pura deuda para ser más estables. El régimen de inversión lo puedes consultar en www.consar.gob.mx.

Siefore Básica **4**	Siefore Básica **3**	Siefore Básica **2**	Siefore Básica **1**
36 años y menores	entre 37 y 45 años	entre 46 y 56 años	entre 60 y mayores

Eso sí, aunque no puedes decidir exactamente a qué se va cada peso, lo que sí puedes hacer es escoger una afore con más o con menos riesgo, porque hay unas más conservadoras que otras (por cierto, si es lana del retiro, ser conservador no es taaaan buena idea, porque es una inversión de largo plazo).

¿Y los rendimientos apá?

Las afores han tenido un rendimiento histórico de 13% nominal, es decir, 6% real (ya quitando la inflación) desde que arrancaron en julio de 1997. Esto es un promedio, y en promedio sí le han ganado a otros instrumentos como cetes o pagarés.

La cosa con las afores es que no son un rendimiento constante ni garantizado, es decir, hubo años que les fue excelente y tenían rendimientos arriba de 15% anual y otros que se cayeron en picada y tuvieron minusvalías, como en la crisis de 2008. Ahí volvemos al tema de que son inversiones de largo plazo. De hecho, igualito que en los fondos de inversión, no es raro que las afores tengan meses en negativo, pero un mes o dos o seis no es su horizonte. Checando el rendimiento en periodos de tres años o más, la verdad les va bastante bien.

¡Ojo! Esto es lo general, pero hay que ver afore por afore, porque hay algunas con rendimientos buenos y otras de "gracias por participar". Hay meses en los que la mejor le puede sacar ocho puntos a la más patito, como pasó en algunos periodos de 2013 (por ejemplo, en las siefores de los más jóvenes, una dio 15% contra el 7% de la más rezagada, verídico).

¿Cómo las comparo?

En el tema del ahorro voluntario hay dos posibilidades:

1 Cuando tu afore sólo tiene siefores básicas (no tiene fondos específicos para las aportaciones voluntarias), va a meter el dinero que deposites a la siefore que te corresponda por tu grupo de edad. Hay opción de que lo pase a la de cualquier otro grupo de edad, pero tienes que solicitarlo.

En ese caso te conviene checar cuánto están pagando las siefores básicas de las distintas afores en tu grupo de edad. Hay algunas que pueden ser muy buenas en la siefore para los más chavillos y no tanto para los "maduritos", o viceversa.

¿Cómo puedes saberlo? La comisión que regula a las afores —la famosa Consar— construyó el "Indicador de rendimiento neto" que es una tabla que muestra el rendimiento promedio de los últimos 49 meses (para 2014 van a ser 60 meses) menos la comisión anual que cobran las afores. Esa misma tablita está diseñada para cada grupo de edad. Las afores que estén más arriba lógicamente son las que mejor pagan.

Yo les voy a poner el indicador de mayo de 2013 que aplica para los más chavos (36 años y menores), pero pueden checar el más actualizado de cualquier edad en www.consar.gob.mx. En la misma página pueden buscar los rendimientos a 12, 24 y 36 meses o los históricos si le dan click a la parte de "Información estadística".

A mayor rendimiento neto, mayor pensión.
SB 4 para personas de 36 años o menores.

Indicador de rendimiento neto	
AFORES	Rendimiento neto
Invercap	14.28%
SURA	14.07%
Profuturo GNP	13.39%
Banamex	13.38%
MetLife	13.25%
Principal	12.78%
XXI Banorte	12.70%
PensionISSTE	12.66%
Azteca	9.93%
Coppel	8.83%
Afirme Bajío	8.66%
Inbursa	6.45%
Promedio Simple	11.70%
Promedio ponderado*	12.71%

2   Si tu afore tiene siefores adicionales, tus aportaciones voluntarias se invierten ahí y te va a pagar lo que estén dando
esos fondos. Algunas afores tienen siefores adicionales de
corto y de largo plazo. Obvio, la de largo plazo es más volátil,
pero también paga más. La de corto es justamente la que le
puedes sacar cada dos meses.

Ahí les van los rendimientos a mayo 2013 de los últimos
12 meses y abajo la tabla a cinco años (a estos aún no les
descuentan comisiones):

Rendimientos de las siefores adicionales	
Rendimiento a últimos 12 meses, precios de Mercado Valores Nominales	
Periodicidad:	Mensual
Cifra:	Porcentaje anual
Unidad:	Porcentaje
Descripción del concepto	**Mayo de 2013**
Siefores adicionales	7.19
Banamex AV	6.11
Banamex AV Plus	11.42
Metlife MetA	3.28
Profuturo CP	3.99
Profuturo LP	14.14
SURA AV3	10.25
XXI Banorte SIAV	12.03
XXI Banorte 1	4.52
XXI Banorte 2	10.28
XXI Banorte 3	10.19
XXI Banorte 4	4.90
XXI Banorte 5	10.15
XXI Banorte 6	6.74
XXI Banorte 7	4.56
XXI Banorte 8	14.06
XXI Banorte 9	4.12
XXI Banorte 10	3.87

Fuente: Consar, información estadística, www.consar.gob.mx

Rendimientos de las siefores adicionales	
Rendimiento a últimos cinco años, precios de Gestión Valores Nominales	
Periodicidad:	Mensual
Cifra:	Porcentaje anual
Unidad:	Porcentaje
Descripción del concepto	Mayo de 2013
Siefores adicionales	6.54
Banamex AV	5.09
Banamex AV Plus	10.12
Metlife MetA	5.92
Profuturo CP	4.62
Profuturo LP	9.46
SURA AV3	9.73
XXI Banorte SIAV	9.99
XXI Banorte 6	5.03
XXI Banorte 7	5.35
XXI Banorte 8	10.61

Fuente: Consar, información estadística, www.consar.gob.mx

¿Entonces? ¿Las uso o no las uso para invertir?

La vocación principal de las afores es el retiro, pero sí puedes usarlas como opción de inversión a mediano o largo plazo, siempre que tengas claro que lo que metas lo vas a dejar por lo menos tres años —así que nada de mi lana para las emergencias o los regalos de Navidad—, entendiendo que puede haber meses negativos y seleccionando una que ofrezca buenos rendimientos.

Si el dinero que piensas invertir fuera para el retiro, tienes además la gran ventaja de que es deducible de impuestos. Obviamente, para aprovecharla tendrías que hacer declaración anual, si es que no te tocaba ya. A los que de todos modos tienen que presentarla —trabajadores independientes, quienes tienen más de un patrón o los asalariados que rebasan el tope de ingresos, etcétera—, les superconviene.

En resumen, las ventajas de las afores son que puedes invertir desde cualquier monto, tienes diversificación desde el primer peso que metas y si eliges una buena obtendrás rendimientos competitivos.

Sus desventajas son: no tienes el dinero tan disponible, no puedes tomar decisiones sobre cómo se invierte (esto es como cuando en fondos eliges un portafolio prefabricado en fondos de inversión), las variaciones pueden asustar a los novatos y, en general, no sería alternativa para inversiones a corto plazo.

Échale una pensada, a ver si cuadra con tus metas, tu perfil y tus necesidades de liquidez.

CAPÍTULO
No.
6
INVERSIONES PARA HIPPIES, YUPPIES Y BOHEMIOS

ORO, ¿EL SUEÑO DORADO DE LOS INVERSIONISTAS?

¿Qué tendrá el oro que a todos atrae? ¿Será su brillo? ¿Sus milenios de historia? No en balde cuando te va bien en los negocios dicen que tienes "el toque de Midas", el rey que todo lo convertía en oro... aunque luego se azotaba porque hasta a su hija volvió estatua dorada.

Aunque el oro entra en la categoría de los *commodities* (mercancías), de los que hablamos en el capítulo 4, se tiene más que merecida una sección propia porque se comporta muy distinto al petróleo o los granos, pero sobre todo por la gran obsesión en torno al metal amarillo que existe en muchos de los futuros inversionistas. Sin exagerar, creo que no hay mes que no llegue una consulta al blog o redes sociales del *Pequeño Cerdo Capitalista* sobre el oro.

Pero entonces, ¿qué tiene el oro para que llame tanto la atención? Ya siendo serios y financieros, este metal es históricamente la "moneda de cambio" más universal y para muchos es un refugio en las crisis, en especial si el dólar anda de capa caída.

Posiblemente, eso ya lo saben o sólo les haya tocado el consejo de los abuelos de "compra centenarios u onzas troy de plata que siempre suben de valor". Aunque eso no sea 100% cierto, o no el 100% de las veces, veamos qué dice la historia, los pros y los contras de invertir en ese metal.

DE LOS EGIPCIOS A LA CRISIS FINANCIERA GLOBAL DE 2008... EN 10 MINUTOS

El oro ya tiene sus añitos en esto de ser elemento asociado con la riqueza. En el antiguo Egipto se empezó a fundir por ahí del 3 600 a. de C., pero es en Anatolia donde comienza su historia monetaria: Heródoto, el historiador griego que a casi todos nos mencionaron en la secundaria, escribió que las primeras monedas de oro y plata se acuñaron en Lidia —lo que hoy sería Izmir y Manisa en Turquía— por ahí del año 630 a. de C.

Además, el Consejo Mundial del Oro dice que fue en esa misma zona, pero en el 564 a. de C. durante el reinado de Creso, donde se fabricaron las primeras monedas de oro válidas para el comercio internacional. ¿Cómo consiguieron esta aceptación? Desarrollaron una técnica para acuñar piezas estándar en cuanto a la cantidad del metal, y justo por esa uniformidad la gente podía intercambiarlas con mayor confianza.

Para que se den un quemón de la importancia de este metal precioso en la antigüedad, para el año 14 a. de C., al final del gobierno del emperador Augusto, las reservas de oro de los romanos ascendían a 14 000 toneladas, que son más o menos equivalentes a las que reportaron Estados Unidos y Alemania juntas al cierre de 2012, según cifras del Consejo Mundial del Oro.

Durante la Conquista, españoles e ingleses recorrieron América del Sur buscando "El Dorado", un lugar mítico en donde se creía que el oro era tan abundante que los caminos estaban pavimentados con él, y como había tanto, se le daba poca importancia y hasta se regalaba a manos llenas (sí, ¡cómo no!).

La "fiebre del oro" del siglo XIX también es bien conocida, en parte gracias a la sobreexplotación en películas hollywoodenses.

¿Cómo se inició? James W. Marshall descubrió pepitas de oro accidentalmente, mientras construía un aserradero para el general John A. Sutter en Coloma (California), con lo que muchos corrieron en desbandada al Oeste de Estados Unidos, buscando el metal amarillo.

México tuvo su propia ración de fiebre del oro, durante la Colonia y a principios del siglo pasado, cuando minas como Dos Estrellas, en Tlalpujahua Michoacán, o El Oro, en el Estado de México, llegaron a producciones récord y atrajeron migración de todo el mundo. Queda poco de sus instalaciones, pero ambas minas se pueden visitar todavía.

Ajá, pero, ¿cuándo se oficializa la importancia del oro? Después de algunas broncas con sus monedas de plata, a principios del siglo XIX Inglaterra decidió instaurar el patrón oro que implicaba que todas las monedas y los billetes del país tenían que estar respaldados y ser convertibles al metal áureo. La medida quedó plasmada en dos leyes: la Coinage Act de 1816, donde se daban las características de las monedas de oro y se limitaba el pago con monedas de plata a cantidades menores a 2 libras esterlinas, y la Act for the Resumption of Cash Payments de 1819, donde se restauraba la convertibilidad de los billetes del Banco de Inglaterra por oro. Alemania, Francia y Estados Unidos le siguieron la corriente y para finales del siglo XIX ya casi todos los países habían adoptado el patrón oro.

Todo bien, hasta que estalló la Primera Guerra Mundial y los países tuvieron que imprimir más billetes de los que estaban respaldados para financiar los gastos de la guerra, con lo que se rompió el patrón oro.

Después de la guerra se intentó retomar dicho patrón, pero vino la Gran Depresión a finales de los veinte, cuando muchos hubieran querido convertir sus billetes en oro, lo que habría sa-

237

queado las reservas de los países. Así que salieron con su "dice mi mamá que siempre no" y muchos países fueron abandonando el patrón oro.

¿Y luego? ¿Ya se quedaron por siempre las monedas sin respaldo? No, de hecho, viene lo interesante: cómo influyó el oro en que el dólar se convirtiera en la moneda reina en el mundo.

En 1944, al final de la Segunda Guerra Mundial, la ONU convocó una conferencia en Bretton Woods, New Hampshire, en la que se decidió que el dólar sería la referencia para el resto de las divisas del mundo: cada país tendría un tipo de cambio fijo frente al dólar y el dólar sería convertible a oro, con una equivalencia de 35 dólares = 1 onza de oro. Estas medidas eran parte de los planes de reconstrucción económica después de la guerra y buscaban facilitar el comercio.

Los gobiernos sólo podrían modificar el tipo de cambio frente al dólar (ejemplo ficticio: de 30 francos por dólar a 35 francos por dólar) para corregir severos desequilibrios económicos con la autorización del Fondo Monetario Internacional.

Al establecer tipos de cambio fijos de otras monedas con respecto al dólar, y que el dólar tuviera equivalencia en oro, se generó un patrón de oro global.

Después del acuerdo, el dólar ganó popularidad como reserva y los tipos de cambios fijos se mantuvieron durante varias décadas, pero ¿qué creen? Como en los sesenta el gasto de Estados Unidos empezó a crecer fuertemente y para sostenerlo imprimían mucho billetín verde —era el tiempo de la guerra de Vietnam—, los otros países empezaron a preocuparse y decidieron venderle a la Fed sus dólares para que les dieran lingotes de oro. Esto le generó una crisis a nuestro vecino del norte y en 1971 el presidente Nixon suspendió la convertibilidad de dólares a oro.

Por esta decisión se rompió el acuerdo de Bretton Woods y a partir de 1973 muchos países empezaron a adoptar tipos de cambio "flotantes" (es decir, que dependen del mercado, de la oferta y la demanda de esa particular divisa, no de un decreto del gobierno). En México, este cambió sucedió hasta 1994.

De finales de los ochenta a principios de este siglo el oro tuvo un periodo "opaco". Sé que todos me harán cara de "¿pero, cómo? ¡Si el oro es lo máximo y si compramos oro nos haremos ricos!" Pero fíjense que el super*boom* —que, por cierto se descalabró gacho en abril de 2013— ha sido cosa del 2000 para acá y muy especialmente después de la crisis global. Chequen la gráfica:

El precio del oro
(London PM Fix, enero 1975 - julio 2013)

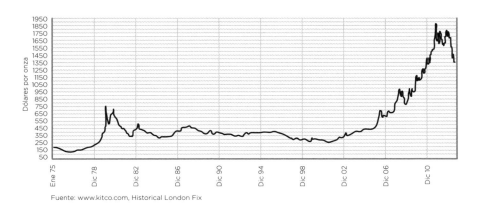

Fuente: www.kitco.com, Historical London Fix

Es posible que este descalabro sea parte de un ciclo, como los que viven todos los activos, pero como dice una canción de Manu Chao "no todo lo que es oro brilla" o al menos no todo el tiempo.

Bueno, ¿y por qué el oro tuvo un *boom* en la última década? Bueno, entre varias razones, porque es considerado un refugio ante las crisis y porque, a diferencia del dólar, no se puede imprimir más oro. El oro es un bien escaso y la cantidad disponible u oferta dependen de la minería, las ventas que hagan los bancos centrales y el "reciclaje" (oro de aparatos y joyería que se vuelve a fundir).

En las últimas décadas, conforme se han impreso más dólares —que valen menos porque más billetes los sustenta la misma economía—, el oro se ha ido fortaleciendo. Chequen este dibujo:

¿Qué pasa cuando se imprimen más billetes?

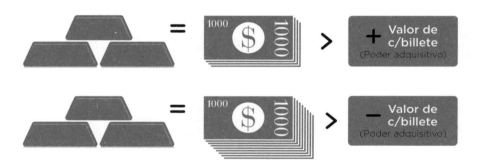

Como hay menos oro que respalde cada billete, el valor del billete se reduce; si cada billete vale menos, esto genera inflación porque se requiere más dinero para comprar los mismos artículos que antes. Pero este mismo tema tiene el resultado contrario en el oro: como todos los *commodities* se venden en dólares, si la moneda se debilita se requieren más dólares para comprar cada lingote y, al subir su precio, quienes invirtieron en oro obtienen atractivos rendimientos.

La crisis financiera global de 2008 fue un buen ejemplo. La Reserva Federal Estadounidense —la que tiene el monopolio de la maquinita de los dólares— inyectó muchos dólares a la economía al tener tasas de interés tan bajas, crédito barato, al fin y al cabo. Al haber más dólares por ahí, valían menos y sumando esto al nerviosismo de los inversionistas por la situación económica, el oro tuvo una subidota.

Hay otros "refugios" anticrisis, como los bonos del tesoro, pero el oro es más popular por algunas características que veremos en la siguiente sección.

Si quisiéramos resumir, el oro —y en cierta medida la plata— inició como material para objetos del deseo como las joyas, luego fue moneda, más tarde se convirtió en respaldo de moneda y después, pese a que ya no era ni lo uno ni lo otro, se ha mantenido como uno de los bienes más universalmente aceptados.

Esto le ha valido seguir siendo un activo de inversión y hasta refugio en las crisis, cuando el dinero de papel o las otras formas de inversión empiezan a valer menos por la inflación o la situación económica. Por eso la fiebre del oro no se ha acabado y resurge de tanto en tanto.

PROPIEDADES DEL "ORO"

Antes de que creas que nos vamos a ir a la tabla periódica de los elementos con la que te torturaron en la secundaria, aclaro cuáles serían las propiedades del oro en términos de inversión:

Anti-inflación. Al ser un activo tangible, mantiene su valor cuando cae el del dinero. De hecho, en años de baja inflación, el oro sólo ha tenido pequeños retornos, pero cuando se disparan los precios ha llegado a dar hasta 19.2% anual en términos reales.

Contrapeso a un dólar débil. Esto funciona también respecto a la economía de Estados Unidos, la más grande del mundo y de la que todos dependen. Cuando a nuestro vecino del norte no le va bien, el oro puede ser una respuesta. Esto se relaciona con la inflación porque como el oro es un activo que se negocia en dólares, cuando el billete verde pierde poder adquisitivo, el oro se fortalece, como ya lo explicamos.

Liquidez. Juan Montes, un corresponsal del Wall Street Journal que seguro en su otra vida fue analista financiero, me dijo que a él el oro le parecía más líquido que cualquier otra cosa, porque como la avidez del ser humano por este metal es universal, si llevas un lingote de oro te lo pueden comprar en la mitad del desierto en África, en Tailandia, en México o donde sea; pero si llevas un euro, tendrías que cambiarlo a la moneda local, incluso en algunos lugares perdidos te dirán ¿y eso qué?

La aceptación universal no es una característica de todos los activos, así que palomita para el oro. Eso sí: no hay que olvidarnos de que si lo vendemos en una urgencia, le podemos perder porque, como en todo, la prisa obliga a malbaratar.

Portabilidad. Aunque en sí uno no anda por la vida con un lingote o cargando centenarios por temas de seguridad y hasta de músculo, es claro que de todos los *commodities* el oro es de los más fáciles de guardar y transportar.

Roberto Charvel, inversionista profesional, me dio un ejemplo muy bueno: tal vez mucha gente quisiera invertir en acero en físico, pero para que en dinero equivaliera a un lingote de oro necesitarías llenar una bodega; tampoco es fácil almacenar granos porque son perecederos o tener petróleo porque sin refinar no es como que puedas salir a venderlos a cualquier esquina, cosa que sí puedes hacer con el oro.

El oro se comporta muy distinto a las acciones o los bonos: está en su mejor forma cuando hay crisis o los precios suben, y también se recurre a él cuando las tasas de los bonos están bajas. Tener algo que se mueva en la dirección inversa o casi inversa a otras inversiones, te protege si a éstas les va mal.

Para resumir, el oro es un activo de protección, en especial contra la inflación y contra las crisis, y como estas dos siempre van a existir, no es mala idea tener una parte dorada o de metales preciosos en general en tu portafolio.

¿De qué dependen los rendimientos del oro?

¿El oro siempre sube? Como ya dijimos, el precio de los commodities y sus rendimientos están ligados a los factores de la oferta y la demanda del producto en cuestión. Los factores de la demanda del oro son la joyería, los usos industriales y las inversiones.

En la joyería, los países más bling bling son la India, China y Turquía. Si les sorprendió quién encabeza la lista, no se preocupen, me pasó lo mismo la primera vez que lo supe; pero el caso es que en la India todavía está muy extendida la costumbre de dar "dote" para el matrimonio, y es en oro. Además, tienen ciertas festividades como el Diwali o Festival de las luces en octubre o noviembre donde se acostumbra regalar oro.

El dicho del oro debería ser "no hay cuarto malo", pues el último trimestre del año tiende a ser muy bueno para este metal. Su demanda aumenta en el sector de la joyería porque se junta la festividad del hinduismo que comentamos, parte de la temporada de bodas en la India y Navidad. También el Año Nuevo chino —celebrado a finales de enero o en febrero— tiene su peso en la demanda, aunque en menor medida que en la India.

En cuanto a los usos industriales, éstos van desde electrónicos hasta dentales. Como dato curioso, aunque sea muy de hip-hopperos, del viejo oeste o de maladrín, el tema del "diente de oro" es uno de los que sí influyen en el precio del metal amarillo:

los usos dentales del oro representaron 1% de la demanda mundial total en 2012, según el World Gold Council.

La parte de la demanda que corresponde a las inversiones la forman los lingotes y las monedas que adquieren los particulares, el oro para respaldar instrumentos financieros de inversión como los ETF's y las compras de los bancos centrales.

Si se acuerdan de la parte de la historia del oro, a mediados del siglo pasado los bancos centrales dejaron de respaldar sus billetes con él. Muchos empezaron a vender sus reservas metálicas con lo que eran parte de la oferta, pero a partir de 2004 la tendencia empezó a revertirse y sus adquisiciones de oro se intensificaron luego de la crisis de 2008. Ahora los bancos centrales compran más oro del que venden, lo que los convierte en parte de la demanda.

Mayores reservas de oro en el mundo			
Posición	¿Quién?	¿Quién?	% de sus reservas
1	Estados Unidos	8,133.5	76
2	Alemania	3,391.3	73
3	Fondo Monetario Internacional (FMI)	2,814.0	ND
4	Italia	2,451.8	72
5	Francia	2,435.4	71
6	China	1,054.1	2
7	Suiza	1,040.1	11
8	Rusia	957.8	9
9	Japón	765.2	3
10	Holanda	612.5	60
11	India	557.7	10
12	Banco Central Europeo	502.1	33

Mayores reservas de oro en el mundo			
Posición	¿Quién?	¿Quién?	% de sus reservas
13	Taiwán	423.6	6
14	Portugal	382.5	90
15	Venezuela	365.8	75
16	Turquía	359.6	16
17	Arabia Saudita	322.9	3
18	Reino Unido	310.3	16
19	Líbano	268.8	29
20	España	281.6	30
21	Austria	280.0	55
22	Bélgica	227.5	39
23	Filipinas	192.7	12
24	Algeria	173.6	5
25	Tailandia	152.4	4
26	Singapur	127.4	3
27	Suecia	125.7	13
28	Sudáfrica	125.1	13
29	México	124.5	4
30	Libia	116.6	5

Información a diciembre de 2012.
Fuente: FMI y Consejo Mundial del Oro (WGC).

La oferta del oro depende de tres partes:

- La producción minera.
- Las ventas de los bancos centrales (aunque compran, to-davía venden, en México es mediante la Casa de Moneda).
- Reciclaje, es decir, el oro que ya está en la superficie de la tierra —en joyas o aparatos, por ejemplo—, se vuelve a fundir y se pone en el mercado.

Ese último punto es interesante porque aunque el oro es un bien no renovable y finito —si no, pregúntenle a los alquimistas—, se podría considerar renovable porque se puede reutilizar en nuevas piezas y volver al mercado.

El oro facilito de extraer ya se acabó y para mantener la producción, las mineras le tienen que echar ganitas a la exploración. En los noventa, como cayó el precio del oro —pa' que no vean que siempre va para arriba esto—, muchas minas cerraron y varias de las que quedaron dejaron de invertir en exploración. En 2001 vieron las consecuencias: hubo pocos yacimientos descubiertos y cayó la extracción. Como subió astronómicamente el precio del oro, también regresó la inversión, pero no es que para mañana vayan a tener toneladas y toneladas de metal, esto va a ser "pian pianito" y como vimos, la producción minera podría volver a caer eventualmente.

Ya habíamos dicho que de momento a los bancos centrales les ha dado más por comprar que por sólo vender, así que ahí también hay un poco menos de oro disponible. Con una oferta más reducida y una demanda estable o mayor, el precio sube, pero hay que recordar que los factores de cualquier lado de la ecuación se pueden mover y cambiarnos la jugada rápidamente.

Ésta fue la distribución de la oferta y la demanda promedio de 2007 a 2011:

Componentes de la demanda
(Promedio de 2007 a 2011, en toneladas)

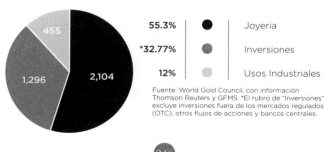

55.3% Joyería
*32.77% Inversiones
12% Usos Industriales

Fuente: World Gold Council, con información Thomson Reuters y GFMS. *El rubro de "Inversiones" excluye inversiones fuera de los mercados regulados (OTC), otros flujos de acciones y bancos centrales.

Componentes de la oferta

(Promedio de 2007 a 2011, en toneladas)

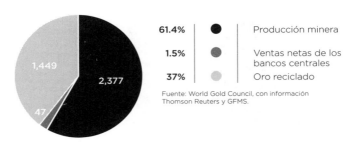

61.4%	●	Producción minera
1.5%	●	Ventas netas de los bancos centrales
37%	●	Oro reciclado

Fuente: World Gold Council, con información
Thomson Reuters y GFMS.

Del lado de la oferta, la minería aportaba más de la mitad y los bancos centrales todavía estaban vendiendo más de lo que compraban, aunque la diferencia ya era mínima. Del lado de la demanda, la joyería dominaba con su 55.3% y el resto estaba muy parejo entre inversiones y usos industriales.

Pero, como dijimos, esto no es estático. En 2012, los bancos centrales compraron más de lo que vendieron, con lo que ya no aportaron ni una tonelada a la oferta y se pasaron del lado de la demanda, y también de ese lado, las inversiones ganaron terreno a la joyería:

Componentes de la demanda

(Cifras preliminares al cierre de 2012, en toneladas)

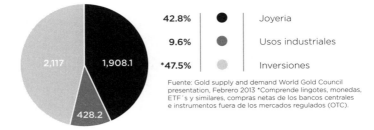

42.8%	●	Joyeria
9.6%	●	Usos industriales
***47.5%**	●	Inversiones

Fuente: Gold supply and demand World Gold Council
presentation, Febrero 2013 *Comprende lingotes, monedas,
ETF´s y similares, compras netas de los bancos centrales
e instrumentos fuera de los mercados regulados (OTC).

Componentes de la oferta
(Cifras preliminares al cierre de 2012, en toneladas)

63.5% ● Producción minera

36.5% ● Oro reciclado

Esta información es la que presenta el Consejo Mundial del Oro
sobre cómo se distribuye este metal en el mercado cada año.
Para conocer sus reportes puedes entrar a www.gold.org.

Esta información es la que presenta el Consejo Mundial del Oro sobre cómo se distribuye este metal en el mercado cada año. Para conocer sus reportes puedes entrar a www.gold.org.

¿Entonces es la gran inversión o no?

El oro es un activo muy valioso en tiempos de crisis, es escaso y se-guirá teniendo demanda de distintas fuentes —por ejemplo, cuando es mal año para la joyería, a veces la inversión compensa—, por lo que a la larga puede traer buenos rendimientos.

Pese a esto, ni se puede invertir únicamente en oro, porque la concentración es riesgosa sin importar qué tan bueno sea un activo, ni tanta maravilla se da de un día para otro: hay que tener paciencia para hacer buenas ganancias, sobre todo si la inversión es en oro físico.

Aunque tenga reputación de muy seguro, ya vimos que el oro puede tener mucha volatilidad (si no se han convencido, chequen periodos de cinco años en www.kitco.com). Los rendimientos no son siempre cuesta arriba, pese a la creencia popular. En los no-venta, como se dijo, muchas minas cerraron porque había bajado la demanda de oro y en abril de 2013 tuvo una caída fuerte que le dio un buen susto a varios.

"El mejor horizonte de inversión para el oro sería el de un bebé, que va a tardar muchos años en ser capaz de vender una pieza, en cambio, para alguien de 65 años invirtiendo a corto plazo no sería tan favorable", me explicó alguna vez Eduardo Padrón de la Casa de Moneda de México. Obviamente, a todas edades puedes invertir en oro, pero la recomendación es que sea para plazos de al menos cinco años y que no sea dinero para emergencias que tengas que utilizar con premura y vender en mal momento.

Al blog llegó el caso de una chica que se dio una buena descalabrada al comprar onzas de plata. No es idéntico que el oro, pero al final es un metal precioso y lo mismo podría pasarle a alguien más con su primo amarillo. Ahí les va el chisme: resulta que en 2011 esta chica había comprado ocho onzas de plata libertad, pero seis meses después se quedó sin trabajo. Cuando las quiso vender se las compraban a menos de lo que le habían costado y se llevó una buena desilusión. Decidió quedárselas para no malbaratarlas, pero si hubiera sido su única opción, sí le hubiera perdido. Para ella hubiera sido una decisión mucho mejor poner una parte de su dinero en metales y otra en algo de menor plazo como cetes, pagarés, fondos variaditos...

El tema con los metales en físico —onzas, lingotes— es que tienen un precio de compra y uno de venta, que se puede mover, como el dólar o cualquier divisa, por ejemplo. Para que valga la pena la inversión, espera a que suba a un precio que supere por bastante el de compra, que es el que te pagarán a ti. En las inversiones en oro a través de ETF's el tema es como en cualquier acción, analizar si estás comprando a un buen nivel.

¡Y vaya que se pueden mover los precios! En diciembre de 2012 escribí un post sobre regalos financieros, en el que estaban incluidas diferentes piezas de oro y plata —centenarios, Hidalgos y onzas—, y como lo publiqué hasta febrero, tuve que actualizar los precios, que habían bajado, cosa buena para el que iba a regalar, pero no tanto para el que los había comprado como inversión. Recuerdo que en diciembre el centenario estaba cotizando en 26,000 pesos y ya para febrero había caído a 24,000. Chequé en varias fuentes pensando que me había equivocado, pero no, esto se mueve así y, además, la racha a la baja siguió.

La inversión en oro es un buen componente de una estrategia, pero no puede ser la estrategia entera. El Consejo Mundial del Oro recomienda de 5 a 10% de oro en algunos portafolios simulados que presentan. Ya para este punto el tema de la concentración debería estar más que claro, pero por si no: no hay una sola cosa en el mundo que te vaya a generar una fortuna de la noche a la mañana, ni el oro siquiera. La riqueza sustentable se construye con tiempo y diferentes inversiones porque ni siquiera nuestro dorado amigo es siempre dadivoso en rendimientos.

Si los metales eran su esperanza de hacerse ricos en semanas, tendrán que buscar algo más, estilo "el genio de la lámpara maravillosa".

FORMAS DE INVERTIR EN LOS METALES

Metales en físico: se pueden comprar monedas en las oficinas autorizadas por el Banco Central de cada país. En el caso de México es la Casa de Moneda, que como dato curioso hasta tiene servicio a domicilio (www.cmm.gob.mx). También las venden en bancos, casas de Bolsa y algunas casas de cambio.

Los lingotes en físico se pueden adquirir abriendo una cuenta de oro en alguna institución de banca privada o una casa de Bolsa, aunque son menos accesibles que las monedas.

Yo no incluiría las joyas como inversión en físico, aunque algunos así lo consideran, porque están sujetos a otros factores de conservación y valuación que puede hacer que al venderlas te paguen menos de lo que te costaron. En muchos casos, sólo se paga el peso del metal y no se consideran ni las piedras ni el trabajo, o también se les puede rebajar el precio si se desgastaron por el uso.

Acciones de compañías mineras: es una forma indirecta de invertir en oro, pero debemos tener en cuenta que las acciones estarían sujetas a problemas de administración, deuda, huelgas, etcétera, o sea riesgos o factores adicionales a los que pueda tener el metal en sí.

Derivados: se pueden adquirir tanto contratos de futuros como opciones de oro. En ambos casos, el desembolso inicial es pequeño y se paga el resto en la entrega.

ETF's: hay muchos que invierten en oro, pero lo importante es que realmente tengan el metal que respalde sus títulos. Algunos ETF's trabajan con acciones de mineras o el fondo se compone con una parte de oro físico y otra de derivados para bajar los costos, pero eso también baja la seguridad y cambia tu exposición.

Monedas que valen más que su peso en oro

Los lingotes y muchas monedas valen su peso en oro, pero las que son de colección pueden tener un precio superior al establecido internacionalmente por sus gramos. Ahí estamos entrando al terreno de la numismática.

Cuando se trata de una moneda de colección, hay diversos factores que entran en su valor:

- Material
- Trabajo artístico
- Escasez (si la serie es de muchas o pocas monedas)
- Si ha ganado premios
- El Estado en que se ha conservado

En el caso de las monedas de colección, a la hora de la venta puede convenir más valuarla y vendérsela a un numismático, que ir a un banco y que pague únicamente su precio por peso a la cotización vigente.

No es por presumir, pero las monedas mexicanas han ganado numerosos premios internacionales, como el de la moneda más bella del mundo de 2010, que entrega la Conferencia Mundial de Directores de Casas de Monedas. La ganadora fue una moneda conmemorativa de la Revolución, en la que aparecen hombres armados en un ferrocarril.

CAPÍTULO · No. 7 · INVERSIONES PARA HIPPIES, YUPPIES Y BOHEMIOS

BIENES RAÍCES

LOS BIENES INMUEBLES, ¿ESTÁTICOS? ¡SÓLO DE NOMBRE!

Voy a confesar que contra el muy generalizado entusiasmo de la mayoría de la gente por las inversiones en bienes raíces, a mí en un principio me daban una flojera tremenda. Yo pensaba: "¡Qué aburrido eso de comprar una casa en preventa, dejar tu dinero estacionado ahí, rezar porque todos los meses tengas inquilino para sacar una renta que te genere entre 5 y 7% anual, y conservarlo a perpetuidad!" Francamente, para eso, mejor un fondo de inversión, al que además no tienes que arreglarle goteras, pintar o cambiar cortinas con cada nuevo inquilino.

El problema no eran las inversiones en bienes raíces en sí, sino mi enfoque de abuelita de "vivir de las rentas y luego heredar a los nietos los inmuebles", que es el que tiene la mayoría de la gente y es el menos dinámico y redituable del tema.

Pero una frase me cambió la perspectiva: "El negocio de bienes raíces está en los flujos, no en los ladrillos." Eso me lo dijo Jorge Castañares, quien dejó el mundo de los bancos hace una década para hacer más productivos los activos fijos de un consorcio cervezero, y hoy encabeza en México a un grupo de inversión y servicios inmobiliarios español con proyectos de millones de dólares.

¿A qué se refería con flujos, no ladrillos? A que para hacer ganancias interesantes con bienes raíces el chiste no es acumular propiedades y aferrarse a ellas hasta con las uñas, para heredárselas a los tataranietos. No. El dinero debe moverse para buscar oportunidades, producir más y evaluarse contra otras alternativas de inversión.

"Si un inmueble te está dando menos que el banco, ¡trúenalo! Es decir, véndelo y mejor te compras otro que genere más", me explicó Adrián Loustanou, quien empezó en bienes raíces ofreciendo casas en renta "con un celular y una lona", y hasta llegó a ser presidente de la Asociación Mexicana de Profesionales Inmobiliarios en Hermosillo, tras construir un amplio portafolio inmobiliario.

A diferencia del resto de las inversiones, donde el tema es generar rendimientos solamente, en las inmobiliarias es común que la gente se encariñe con inmuebles y no los quiera vender porque se los heredó el abuelo, padre, tío, o porque es la casa donde vivieron cuando se casaron.

Lo malo es que muchos de esos ladrillos viven de las viejas glorias y ya no generan rendimientos: sus rentas se estancaron o cayeron, o el inmueble en sí ya llegó al tope de su plusvalía. El colmo es cuando sólo implican gastos (impuesto predial, mantenimiento, etcétera), pero no entra ni un pesito.

Si lo vamos a tomar como inversión, hay que dejar a un lado los sentimentalismos y analizar qué nos dejaría más. Claro, si queremos tener ganancias. Si no, pues no.

También es común encontrarse con inmuebles improductivos que las familias tienen "parados" por años, por aquello de que "los bienes son para remediar los males" (o sea, para emergencias), porque no han aprendido a mover el dinero o porque tienen miedo a gastarse ese capital si los venden.

Esas prácticas son el equivalente de tener el dinero abajo del colchón, pero es un colchón de cemento. Podrían ganar mucho más si arman un fondo para emergencias y se consiguen inmuebles productivos, en lugar de arriesgarse a perderles a los que tienen "estacionados" en ventas apresuradas.

Para Jorge Castañares, las verdaderas inversiones inmobilia-rias no son muy diferentes a cualquier otra puramente financiera: "Es igual que con las acciones, hay que vender cuando están al alza, porque es falso que los bienes raíces nunca pierden valor: igual que en la Bolsa, también hay ciclos en el sector inmobiliario". Para él, el secreto es rentar y cuando alcance una determinada plusvalía, vender. El tema de nuevo: usar el dinero inteligentemen-te y buscar oportunidades.

Pros y contras

Como se habrán dado cuenta a estas alturas, las inversiones más atractivas no son como para irse a sentar en una mecedora. Hay que estudiarle y darle seguimiento.

Curiosamente, los inversionistas más pasivos y conservadores son los que más buscan los bienes raíces porque creen que son

opciones muy seguras, tranquilas y que no necesitan "invertirle mucho tiempo" para ir haciendo "un diner-*ito*". Pero los dinámicos son los que más ganan en este tipo de activo de inversión, porque mueven su capital, buscan oportunidades, remodelan o replantean el proyecto para que les dé no un diner-*ito*, sino diner-*ote*. Este tipo de inversiones puede ser tan demandante en tiempo, como uno quiera que reditúe a su cartera.

Voy a aclarar algo: aunque los bienes raíces se vean tradicionalmente como algo muy seguro, pueden tener más riesgo que un pagaré. Si es para rentas puede haber meses que no se ocupe y eso baje sus rendimientos anuales; si lo vas a vender y hay obras o broncas en la zona, se puede caer el valor de tu edificio o local, y un largo etcétera de calamidades. De eso hablaremos a profundidad más adelante, pero mientras veamos los pros y los contras de la inversión en el mercado inmobiliario.

Ventajas de las inversiones inmobiliarias

- Si se administran bien, generan un flujo de efectivo estable y puedes tener ingresos al vender.
- Puedes adquirir con crédito (para otros activos no hay) y puedes obtener beneficios fiscales o deducirlos como gastos, dependiendo del financiamiento que uses.
- Puedes hipotecar para obtener recursos para otros proyectos.
- Aunque hay muchos factores por los que pueden bajar de valor, es casi imposible que se reduzcan a cero (en el caso de las acciones, si la empresa quiebra, eso podría pasar).
- Normalmente soportan bien la inflación: cuando ésta sube, también los precios de los inmuebles suben.

- Fuerte demanda: los cambios económicos, demográficos y en los tipos de familias, han generado nuevas necesidades en términos de vivienda, sobre todo en el tema de mejorar su calidad y ofrecer nuevos tipos de espacios.

Del lado del comercio, con la formación de pymes y aumento del autoempleo, también puede haber más apetito por locales y oficinas, incluso cambios en los requerimientos de viviendas por el trabajo desde casa.

Desventajas de las inversiones inmobiliarias

- Falta de liquidez: los inmuebles tardan en venderse. Si tuvieras una emergencia, los tendrías que malbaratar para conseguir pronto el dinero. Tenerlo todo concentrado en ladrillos no es la mejor opción.
- Es falso que siempre suben de valor: factores como obras en la zona, crisis económicas, el envejecimiento del inmueble o simplemente que ya no sean la colonia de moda, pueden generar un estancamiento o caída en los valores.
- En el caso de las rentas, hay que considerar los meses en que pueden estar desocupados, a la hora de calcular el retorno.
- Los inmuebles requieren mantenimiento para conservar su valor. Hay que considerar estos gastos.
- Pueden requerir mayor capital inicial que otras inversiones como fondos, pagarés o cetes.
- Están sujetos a cambios en políticas públicas, obras, demografía, el entorno, etcétera.

El famoso déficit de vivienda...
¿Se requieren más casas o mejores casas?

Es posible que hayan escuchado que en México existe un "déficit de vivienda". Eso a simple vista podría parecer que se requiere construir más casas, pero no va por ahí: en la República Mexicana existen 30 millones de viviendas y el promedio de habitantes por casa son 3.9. Eso implicaría que hay suficientes para 117 millones de personas, cuando en el país somos 111 millones, según el INEGI.

¿Entonces dónde está el déficit? En la calidad de la vivienda, explican Horacio Urbano y Fernando Soto-Hay, expertos en el sector inmobiliario. Hay muchos inmuebles en condiciones pobres de mantenimiento y gente con nuevas necesidades.

La demanda desatendida en el tema de vivienda la componen tanto personas que han mejorado su nivel de ingresos y pueden comprar una mejor vivienda, como las nuevas estructuras familiares que ya no son el típico "mamá, papá e hijos": hay mamá o papá soltero, mamá o papá divorciado, parejas del mismo sexo, personas que se van a vivir solas o en pareja... y todas estas nuevas necesidades implican un mercado y oportunidades tanto para nuevos tipos de espacios, más adaptados a estas nuevas familias, como para remodelación de viviendas ya existentes.

El Monopoly y los riesgos en las
inversiones en bienes raíces

Los bienes raíces comparten un halo de seguridad con otras inversiones como el oro, y la creencia general es que siempre suben y nunca se pierde con ellos. Pero como ya vimos, nada es 100% seguro en esta vida, excepto la muerte. Les voy a contar la historia de cómo me fui a la bancarrota —virtualmente, no se espanten— con este tipo de inversiones.

El chacharero de #mihermanoesunchiste tiene como nueva fijación coleccionista los juegos de Nintendo... pero no de los nuevos, sino de los que salieron cuando éramos peques a principios de los noventa, de esos *cassettes* a los que había que soplarles el polvo para que funcionaran.

Bueno, el punto no es su amor a las chácharas o sus gustos "retro" en videojuegos, sino que entre sus adquisiciones estaba un juego de Monopoly, que el que día que lo estrenamos, aun después de varias atinadas decisiones de inversión y mucha suerte, ¡me quedé chiflando en la loma y perdí todo!

Un poco fue que no sabíamos muy bien para qué servía cada botón de los controles, pero otro poco es porque las inversiones inmobiliarias —las del Monopoly y las de la vida real— se caracterizan por su "riesgo de líquidez": son activos que es difícil transformar en *cash* si lo requieres y que si lo tienes que vender en un apuro, puedes perder lana. Por eso aunque muchos juren y perjuren que son las mejores inversiones, los bienes raíces deben ser UNA PARTE de tu portafolio de inversión, no la totalidad.

Regresando al juego, yo fui una churrera y caí en las tres casillas moradas y las tres casillas rojas. Para los que no han jugado Monopoly, se trata de ir comprando terrenos (casillas) y cobrar rentas al que caiga en ellas. Si tienes todos los de un color, puedes "construir" casas u hoteles y encajarte más que si sólo tienes el "terreno". Al tener esas dos parcelas, yo feliz de la vida me puse a poner casitas en las casillas moradas, tantas que, pese a que la renta original era una bicoca, ya con mis "inmuebles" mi pobre hermano hacía unos corajes enormes cada vez que caía allí por todo lo que le tocaba pagar.

Todo iba muy bien, y aunque él no lo reconozca, yo le estaba dando una arrastrada sabrosa en Monopoly,... hasta que caí en la casilla de los impuestos. Yo no tenía efectivo para pagarle al fisco porque había comprado demasiadas casitas. Esto se sumó a la confusión con los controles: tenía la opción de vender "mis propiedades" para tener efectivo y pagar los impuestos, pero me equivoqué y le piqué "NO". Entonces, mi deuda me hizo caer en bancarrota, pese a que el valor de mis bienes raíces superaban por muchísimo lo que Héctor tenía sumando sus propiedades y *cash*.

Si no me hubiera ido a la quiebra en esa ronda, de todos modos habría perdido dinero por tener el 100% de mis inversiones en ladrillos. Una de las reglas del Monopoly es que si te ves obligado a vender una casa al banco porque necesitas la lana, te dan la mitad del valor de la propiedad. Esto es igual en la vida real: no es lo mismo vender cuando TÚ lo eliges, el precio te conviene y tienes varios postores para escoger con quien negocias, que cuando estás ahorcado, con urgencia de la lana y tienes que rematar la casa.

Para que puedas hacer un buen negocio de los bienes raíces necesitas dos cosas: tiempo y una cuenta aparte en la que tengas dinero para las emergencias o que simplemente no te obligue a vender en un mal momento la casa, local, terreno o lo que sea que tengas como inversión inmobiliaria. El porcentaje cada quien lo decidirá, pero para que no sean ricos en ladrillos y quebrados en el banco, sí es importante que no toda su lana y patrimonio esté en un bien raíz.

¿Qué otros riesgos se tienen en los bienes raíces?

¿Los bienes raíces son la inversión más segura porque siempre suben de valor? ¡Falso! Mucha gente invierte en ellos, pensando que jamás le darán un sustito, pero Castañares dice que "los bienes inmuebles lo único que tienen de estático es el nombre y el activo que ahí está físicamente, pero son muy volátiles". Sí suben o bajan de valor, y muy importante: la plusvalía no es eterna.

La mayor parte de la gente cree que los inmuebles siempre suben de precio, pero normalmente llegan a un punto máximo y luego se estancan, en el mejor de los casos, o caen. Ésa es otra razón para evaluar y mover los inmuebles que tengamos en nuestro portafolio.

Una zona que hoy puede ser la de moda, en cinco años puede aburrirle a la gente y comienzan a mudarse, o te ponen un distribuidor vial frente a tu ventana y tu flamante departamento para rentar vale menos; si hay muchos predios abandonados cerca, también cae su valor, o imagínate que cambia la política de vivienda, como en este sexenio pasó: quienes tenían invertido su dinero en "reservas territoriales" para construir casas en las afueras de las ciudades, hoy se están jalando los pelos, porque los apoyos van a ir para quienes hagan vivienda vertical (edificios) en las ciudades.

Además, en los inmuebles para rentar, los rendimientos dependen de cuánto tiempo al año estén ocupados. Si se va el inquilino son meses que no ganas ¿cuánto tiempo te tardas en conseguir otro para volver a tener esos ingresos? ¿O cómo te cubres si hay inquilino, pero no te paga? Para prevenir, puedes comprar un seguro de rentas (pero hay que integrarlo en los costos) o si no lo tenías ¿cuánto te va a costar el juicio para sacarlo y que te dé lo que te debe? Hay que prever estas posibilidades.

De nuevo, como en otros tipos de inversión, también el riesgo es distinto, dependiendo del bien específico en el que se vaya a invertir: si pones el dinero en el que caiga, sin estudiarlo, ¡pérdida segura!

Por todos estos factores, ni a los que se dedican a esto de tiempo completo les recomendarían concentrar todas las inversiones en este sector. Los rendimientos dependen del manejo y en muchos casos sí pueden ser más bajos que en otras inversiones como La Bolsa o los negocios.

COMPRAR CASA, ¿PATRIMONIO O INVERSIÓN?

En México, es común la idea de que comprar una casa para vivir "es la mejor inversión que puedes hacer". Eso es construir patrimonio pero no necesariamente una inversión, si por inversión entendemos generar una utilidad de tus recursos.

Al comprar una casa propia formas PATRIMONIO porque tu casa se puede considerar un ahorro (aunque no genera flujos ni intereses), incluso ser un recurso para emergencias (pero ya el último recurso, porque si la hipotecas tiene un costo, y si la vendes apurado, le pierdes). Una casa propia es PATRIMONIO porque te da cierta protección y estabilidad económica, se la puedes heredar a tus hijos, con ella puedes mejorar tu calidad de vida, etcétera.

Y justo por eso, una casa propia NO ES INVERSIÓN. Para que lo fuera, su objetivo principal tendría que ser generar rendimientos. Muchos alegan que la casa propia genera plusvalía, pero si tú vives en ella, ¿cómo la pones en tu bolsillo? Así que no mezclemos.

La única forma de convertir tu casa propia en INVERSIÓN sería que la vendieras con el objetivo de poner a trabajar ese capital en algún otro activo que pueda producir una utilidad. Para esto tendrías que cambiarte a una más chica (que no sería inversión porque vives en ella) o rentar.

La diferencia entre patrimonio e inversión inmobiliaria la resume muy bien Isela Muñoz de elpesonuestro.com: "No es lo mismo vivir EN la casa, que vivir DE la casa."

264

Querer formar patrimonio está bien, pero como el enfoque de inversión implica riesgo y está totalmente enfocado a generar rendimientos y no sólo estabilidad o calidad de vida, hay que entender las diferencias.

Tomarlos como sinónimos nos puede llevar a gastar más de lo que podemos pagar en una casa propia, por justificarla como inversión, o perder nuestro patrimonio por arriesgarlo de más.

Patrimonios eficientes

Si tu objetivo es optimizar tu PA-TRI-MO-NIO, puedes hacer lo que en el sector inmobiliario se conoce como "escalera de la vivienda", que es administrar el capital de la casa que tenemos, ya sea para dar el salto hacia mejores viviendas o para convertirlo en efectivo, según lo vayamos necesitando en la vida.

Éste sería el resumen gráfico, ahorita se los explico:

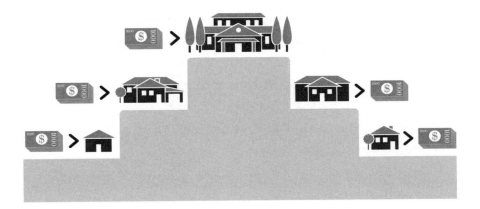

La mayoría cree que entre más grande sea la casa que compremos, ¡mejor!, y que una vez que tengamos la de nuestros sueños, ya con esa nos quedemos para toda la vida. Pequeño detalle, eso no tiene sentido financieramente ni en cuanto a necesidades de espacio o instalaciones. Adquiriríamos deudones locos a edades tempranas para pagar una casota que nos limitaría otras metas financieras y ¡ni modo que cuando lleguemos a viejitos convirtamos todos los cuartos que no se usan en pista de patinaje! ¿Entonces? ¡Fácil! Hay que cambiar de casa y administrar el dinero que le metemos, conforme lo vayamos requiriendo.

Como dato cultural, hoy en día en México las personas viven en promedio ocho años en cada casa, por los cambios en sus circunstancias familiares, económicas y de vida: porque se casan o se van a vivir con su pareja, porque tienen hijos, porque incrementan sus ingresos o se reducen, porque se divorcian, porque cambian de ciudad, porque los hijos se van a vivir solos, etcétera.

¿Cómo sería una escalera de la vivienda típica?

- Empiezas con un departamento chiquito cuando eres soltero o recién casado.
- Terminas de pagar el departamentito, o al menos buena parte, tienes a tus primeros hijos (o simplemente quieres más espacio) y cuando ya tienes más ingresos, usas el capital que formaste con esa propiedad como enganche para comprar una casa.
- Si la familia crece y tus ingresos siguen subiendo, puede que de nuevo busques algo más grande y uses tu segunda casa como capital para pagar parte de la tercera.

Pero, ¿qué pasa cuando los hijos ya están grandes? Ahí vamos para abajo en la escalera:

- Vendes la casotototota en la que pareces chícharo en bandeja, que ya ganó plusvalía. Con una parte de la utilidad compras una casa más pequeña y el resto lo inviertes o lo usas para tus gastos en el retiro.

- Puede que incluso esa siguiente casa llegue en un momento en el que sea muy grande y que tú requieras una vivienda de una sola planta para no estar sube y baje escaleras. Entonces, la vendes y compras algo más chico, así tienes un nuevo extra de efectivo.

En ese supuesto, tu casa, que es tu patrimonio, te sirvió tanto para disfrutarla cuando quisiste, como para sacarle efectivo para tus inversiones o gastos cuando te fue "quedando grande".

El problema es que mucha gente se estaciona en lo más alto de la escalera, nunca la agarra de bajada y se queda con caserones que le cuesta un dineral mantener, cuando con esa lana podría mejorar su calidad de vida, viajar o hacer muchas otras cosas (acuérdense de don Poncho y su caserón de Tecamachalco del primer libro).

Evidentemente, ésta es una planeación que debes hacer cuando estás joven y no cuando llevas 60 años en una casa y te da toda la nostalgia del mundo dejarla, porque nunca pensaste siquiera en la posibilidad; pero a todas luces es una forma de mantener tu calidad de vida, usando más inteligentemente tus recursos.

¿La casa de tus sueños o de tus pesadillas?

Ya que mencionamos esto de los bienes inmuebles para fines patrimoniales, algo importante para que en realidad construyamos valor es hacer una compra inteligente. ¿Esto qué implica? Que la casa sea adecuada a nuestras necesidades, capacidad de pago y, con el crédito, que nos permita ser más dueños de nuestra casa cada mes, y no con una "hipoteca milagrosa" que acabe siendo dolor de cabeza, como les llama Fernando Soto-Hay, especialista hipotecario.

¿En qué nos debemos fijar?

1. Para que sea una casa que realmente puedas pagar, te debe alcanzar con 30% de tu ingreso para la mensualidad de un crédito a 15 años máximo.

   Si el plazo del crédito es mayor, te puedes estar sobreendeudando por estirar mucho tu capacidad de compra y vas a pagar más intereses.

   Tampoco vale la pena querer "apretarse" y subir el porcentaje de tu ingreso que destinarás al pago del crédito para conseguir una casa más grande o lujosa, porque te vas a tener que limitar mucho en otras áreas por muchos años (todos los que dure el financiamiento) y cualquier imprevisto hará que tengas problemas de pago.

2. Al momento de adquirir la casa debes tener al menos 20% del valor del inmueble ahorrado, entre enganche y gastos de escrituración. Entre más enganche des, mejores condiciones puedes recibir y menos intereses pagas.

3. El crédito debe ser en pesos y a tasa fija. Una deuda en los esquemas en Unidades de Inversión (Udis) o Veces Salario Mínimo (VSM) van creciendo con el tiempo y pueden llegar momentos en que la deuda sea mayor que el valor de la casa. Si la quisieras vender antes de acabar de pagar el crédito, el valor comercial no te alcanzaría para saldarla.

4. Compara tasa y comisiones pero también la "amortización": ¿a dónde se van los pagos desde el principio: a capital o puros intereses? Si no es a lo primero, no te estás volviendo más dueño de la casa cada mes y puedes pagar un dineral. Pide las

tablas de amortización, que es donde viene cuánto pagas de interés y capital mes por mes, porque a veces los créditos "baratos" en tasa, salen caros por cómo se aplican los intereses.

¿Las rentas son tirar el dinero a la basura?

En nuestra mexicanísima cultura de amor a los ladrillos y pensar que la casa es la mejor inversión (ya discutimos que no necesariamente), ¿quién no ha escuchado aquello de que "rentar es tirar el dinero a la basura"? Creo que a todos los que ya están llegando a sus treintas y viven solos les ha tocado el respectivo sermón de los papás, al menos una vez, para que se apuren a comprar una casa y a "hacerse de un patrimonio".

Pues, ¡oh, *shock* máximo! Hay algunos casos en los que rentar te conviene más. Sí, dejen de tallarse los ojos para ver si leyeron bien, repito: hay casos y perfiles de inversión para los que conviene rentar, en lugar de comprar un bien inmueble para habitar.

Una de las cosas que la mayoría de la gente no toma en cuenta es que comprar un bien inmueble en el que vas a vivir implica tener cierto capital inmovilizado (mínimo el enganche o el total del precio del inmueble, si lo compraste al *chaz chaz*). Si tienes alternativas de inversión que con ese monto te generen rendimientos considerablemente superiores a la renta, como un negocio o incluso otros bienes inmuebles, es posible que te convenga pagar alquiler, en lugar de descapitalizarte adquiriendo una vivienda. Es un poco volver al costo de oportunidad, ¿dónde te va a dar más ese dinero? ¿Cómo afecta el rendimiento el uso que le das?

Aquí entra un miedo muy comprensible que es "¿pero si mi inversión o negocio sale mal? En ese caso mejor tener al menos

269

casa, en lugar de quedarme en la calle". Y por eso también decía al principio que depende del perfil: alguien que tenga un perfil más conservador, para quien la idea de rentar sea contra sus prioridades o que sus inversiones tengan microrendimientos, no lo va a hacer; en cambio, a alguien más agresivo que tiene alternativas más rentables de inversión, esto no le preocupa porque al final siempre sacará para vivienda con sus inversiones y negocios.

Jorge Castañares se dedica a las inversiones inmobiliarias pero no tiene casa propia porque prefiere tener ese capital en movimiento y por su perfil de riesgo: es aventado el muchacho, tiene una visión financiera de la eficiencia del capital y mucha experiencia, ¡un novatazo no va a vender su casa para meterse a La Bolsa o poner un negocio y perderla enterita! Ahí sí, mejor dejar el dinero para tener un techo.

Puede o no ser una alternativa para ti, pero es interesante verlo desde puntos de vistas menos tradicionales y más financieros.

Eso es por el lado de la inversión, pero ¿a nivel patrimonial hay casos en los que convenga alquilar en lugar de comprar? Sí: te puede convenir rentar en lo que ahorras para un mayor enganche de una casa (y así mejoran las condiciones de su crédito); si te cambiaste de ciudad y necesitas familiarizarte con ella antes de comprar; si la casa donde vivías con toda la familia les queda grande, se la puedes rentar a terceros en un monto más alto del que te costará a ti rentar en otro lado (te quedas con la diferencia). Puede haber más ejemplos, pero éstos son los principales.

¿Y los números, apá?

En México, las rentas son normalmente más baratas que las mensualidades de un crédito hipotecario para un mismo tipo de inmueble (aunque puede depender del enganche y otros factores). Puede haber excepciones, pero para que no nos digan y no nos cuenten, acá les hice un ejercicio con anuncios de un portal de inmuebles y el simulador de la Condusef:

Precio promedio del inmueble (departamento en la Colonia del Valle 70 m^2 con un estacionamiento)	1,300,000
Renta mensual promedio (el rango anda entre 7 500 y 8 500 para esas características)	8,000
Mensualidad promedio de crédito hipotecario a 15 años con enganche de 20% (260 000 pesos)	12,044
Diferencia entre mensualidad de crédito y renta	4,044

Fuente: Portales de bienes raíces y el simulador de crédito hipotecario a tasa fija de la Condusef a junio del 2013.

Obviamente, en este ejemplo lo interesante sería cómo puedes aprovechar mejor tus 260,000 pesos de enganche y los 4,044 pesos de diferencia entre la renta mensual y el crédito.

¿Cuándo, sí estás tirando el dinero a la basura con una renta?

- Cuando alquilas algo que absorbe todo tu capital y te quedas sin posibilidad de ahorrar. Recuerden la frase de Roberto Morán (@ElRobertDinero): "Los departamentos gigantes y lujosos de *yuppie* ochentero sólo aplican para las películas ochenteras." Si ya dijimos que 30% de tu ingreso es lo máximo que podrías usar para un crédito hipotecario, si quieres que la renta sea correcta para tu capacidad de pago, debería de ser menos de este porcentaje para que te quede una parte para invertir.

- Cuando rentas y te gastas lo que te queda libre en chucherías o en aumentar artificialmente tu nivel de vida, en lugar de ponerlo a trabajar más (si te estás gastando el potencial dinero de una casa en pura ropa, muebles, juegos o equipos de sonido, ¡pésimo negocio!).

Como verán, el tema de las rentas es controversial porque se tiende a mezclar el enfoque patrimonial con el de inversión. Decidir si es una opción para nosotros depende de con cuál lo estemos viendo, pero sobre todo con cómo se ajusta a nuestra planeación, nuestra estrategia, nuestro plan de vida y a nuestro perfil de inversión.

Se necesita capital para iniciar a invertir... pero tampoco millones

Una de las desventajas de los bienes raíces es que el monto de entrada es más alto que el de otras inversiones como pagarés o fondos, pero tampoco es necesario ser millonario para entrarle. Hay gente que ha comenzado con el dinero de un coche. Ahí les va un caso:

Gerardo Tapia le echó el ojo a su primera inversión inmobiliaria cuando aún no terminaba la carrera en 1986 y lo único que tenía era el Dart último modelo que le habían regalado sus papás.

Él había visto terrenos en jardines del sur en el Distrito Federal, cuando todavía estaban sembrados de maíz. Una de las tantas veces que pasó preguntó cuánto costaban. El precio era menor que el de su coche, por lo que les dijo a sus papás que lo vendería para invertir.

Su papá se empanteró porque "él era de relojes y coches" y no le gustaban las inversiones, pero su mamá lo apoyó. Ellos se pelearon, pero Gerardo se salió con la suya y a los 21 años consiguió su primera propiedad.

Seis meses después decidió ponerlo a la venta y su mamá le dijo que ¡cómo se atrevía, después de que el pleito que había tenido con su papá casi le causaba el divorcio! Gerardo le aseguró que en el largo plazo se iba a comprar un coche aún mejor que el que le habían regalado. Y así fue: el terreno estaba al lado de un kínder y, como necesitaban ampliarlo, los dueños le pagaron el doble de lo que él había dado por él.

Con 45,000 pesos de la ganancia —nótese que valía más el dinero en ese entonces— compró otro terreno cerca del Estadio Azteca, que después fue adquirido por una escuela. Él recuerda que el director de la preparatoria le llamaba cada mes para hacerle ofertas porque necesitaban construir instalaciones deportivas. En un principio le había ofrecido 50,000 pesos, pero como él no tenía necesidad de venderlo no le dio el sí hasta que la oferta llegó a 120,000 pesos.

Volvió a comprar terrenos, pero esta vez para construir una casa en Tlalpan que le costó 140,000 pesos, que después vendió en 2 millones y medio. Desde entonces ha continuado construyendo, habitando y vendiendo casas, como una actividad paralela y más redituable que su trabajo diario.

Puede que esos tiempos de gangas para ser "banquero de tierra" o comerciar con reservas territoriales ya hayan pasado para la Ciudad de México. Además de que la política del gobierno está girando hacia construir vivienda vertical (edificios) en las ciudades y evitar que la gente haga chorro mil horas a su trabajo o queden abandonadas esos desarro-

273

llos de miles de casas a las afueras. Pero eso no significa que ya no existan oportunidades.

En todos lados siempre hay algún terreno, departamento o local, con potencial interesante. Posiblemente en el D.F. ya no es como en los cincuenta cuando se estaba construyendo la Villa Olímpica y creció todo el sur de la ciudad. "Ese tiempo ya pasó aquí y en todas las ciudades medianas o cualquiera con más de un millón de habitantes", me dijo un día Jorge Castañares, pero con medio millón sí se pueden conseguir terrenos para construir departamentos en la capital o incluso en zonas de otros estados con alto crecimiento como Zibatá, en Querétaro: el presupuesto puede ser de la mitad y cuando empiecen las construcciones, se duplicará su valor. Puede que quien lea este libro en unos años ya le haya tocado ese ejemplo con todo construido, pero habrá otros en el futuro. En todos los estados de la República, y en el mundo en general, siempre hay diversas oportunidades porque la demanda de inmuebles no está completamente cubierta ni para personas o familias, ni para comercios.

¿Y si se me sigue haciendo mucho dinero?

Hay otras dos opciones más. ¿Recuerdan a Adrian Loustanau, el que decía que si un inmueble no te da más que el banco, "trúenalo"? Bueno, como ya les dije, él llegó a ser presidente de la Asociación Mexicana de Profesionales Inmobiliarios en Hermosillo y hoy maneja un portafolio de propiedades de muchísimos ceros, pero cuenta que empezó en el sector inmobiliario ofreciendo casas en renta "con un celular y una lona". Su "inversión inicial" seguramente no rebasó los 2,000 pesos entre ambos insumos.

¿Por qué se los cuento? Porque justamente otra forma de entrar a las inversiones inmobiliarias cuando no se tiene el capital es con tu chamba: detectando propiedades interesantes y cobrar una comisión a clientes particulares o *brokers* inmobiliarios. Ahí aplica aquello de que es mejor tener 5% de algo que 0% de nada. Al encontrar inmuebles interesantes se tienen dos ganancias: ir generando un capital para las inversiones propias y el conocimiento para potencializarlas lo más posible.

Otra opción para invertir en bienes raíces con poco capital son los Fideicomisos de Bienes Raíces, mejor conocidos como FIBRAS. Vamos a hablar del tema al final del capítulo, pero en resumen son certificados que cotizan en la Bolsa Mexicana de Valores que te permiten tener las rentas y la plusvalía de un inmueble en tu portafolio, sin tener que comprar un edificio o departamento. Para adquirirlos, requieres cientos o miles de pesos, pero no millones. Acuérdate bien del término porque es una alternativa para diversificarte en bienes inmuebles sin que absorban la mayor parte de tu capital para invertir.

Más que casas

Si les pidiera que dibujaran "inversión en bienes raíces", casi seguro todos trazarían una casa con chimenea, su jardín y un arbolito. Es la que más traemos en la cabeza y la más tradicional, pero ni la única ni la mejor, necesariamente. En muchos casos generan menores ganancias que los inmuebles comerciales y los inquilinos son más latosos. Especialistas como Adrián Loustanau, autor del libro *Más dinero*, recomiendan mil veces más los terrenos, las bodegas y los locales comerciales. Obviamente, como dice Isela Muñoz, esto depende de la situación económica

275

de cada ciudad, pero el tema es entender que las viviendas no son el único mercado.

Algunas de las razones que me dio Adrián para analizar inmuebles comerciales es que en general en el sector residencial hay mayores gastos de mantenimiento, tienen más periodos en los que no se rentan y mayores riesgos en cuanto a vandalismo u ocupación ilegal.

Me acuerdo mucho que me puso el ejemplo de los que compran casas "por no desaprovechar su Infonavit" y que luego es un trabajal rentarlas y ahí la hipoteca que parecía barata, deja de serlo. Además, en teoría es ilegal arrendar casas de Infonavit, se prohíbe en el contrato y puede ser causa de cancelación anticipada del crédito. Mucha gente se aprovecha de esto para quedarse los años sin pagar alquiler.

> **Aclaración:** si realmente no necesitas una casa para habitarla, es mejor "no aprovechar" tu Infonavit y que el dinero de tus subcuenta de vivienda se quede invertido, generando rendimientos y se sume al dinero para tu jubilación.
>
> Acuérdate que cuando pides un crédito, lo que tengas en la subcuenta de vivienda de tu afore será para pagar la casa, pero de tu salario te van a descontar las mensualidades. El Infonavit da créditos, no casas. Si no necesitas otra vivienda estás contrayendo una deuda y dándole en la torre al dinero de tu retiro. Para más info puedes checar en www.infonavit.org.mx o www.consar.gob.mx.
>
> *Fin del comunicado.*

El sector residencial tiene un gran potencial, pero en el periodo de arrendamiento es importante evaluar cuidadosamente a los inquilinos, no rentarle al primero que llega con el dinero y analizar tanto la solvencia económica como moral, para evitar problemas. Es muy recomendable solicitar su historial crediticio, porque para Isela de @ElPesoNuestro "la gente que anda en malos pasos no tiene historial para no dejar rastro, y si tu inquilino tiene y se le anda escapando a otros acreedores ahí lo puedes ver".

Gerardo Tapia, el que invertía desde los 21 y quien ha generado la mayoría de su patrimonio con bienes raíces, afirma que nunca ha tenido un problema con un inquilino gracias a tener un buen contrato y requisitos como solicitar aval o fiador, letras de cambio por doce meses y no rentarle a la misma persona más de tres años, porque después de este periodo generan derechos.

Algo que puede aumentar una inversión inmobiliaria es el potencial de expansión del inmueble. ¿Qué tal que compras una casa, pero puedes tirarla y convertirla en departamentos, locales o hasta en un hotel? Obviamente, esto depende de cuestiones como el uso de suelo y el costo-beneficio, pero ver más posibilidades que los ladrillos actuales puede potencializar la inversión.

Sin importar si les da por el giro del "hogar, dulce hogar", o prefieren terrenos, naves industriales, locales, oficinas o incluso inmuebles para hoteles o convenciones, el chiste es profundizar los conocimientos del segmento que elijan, conocer cómo anda la competencia, qué factores externos le afecta, incluso especializarse en una zona y rango de valor, para medir mejor la inversión contra otros inmuebles.

¿Cómo evaluar un bien raíz?

Como en todas las inversiones, antes de invertir hay que conocer el valor de nuestro activo y saber qué lo hace ganar o perder. ¿Cómo se generan las ganancias de los bienes raíces? Por tres caminos: *1)* plusvalía, que es el aumento del valor de un inmueble en el tiempo respecto al precio que pagamos inicialmente, por mejoras a éste, en la zona o algún otro factor. Importante: sólo es real al momento de la venta, el resto son ganancias o pérdidas contables, o mera especulación; *2)* flujos provenientes de rentas, y *3)* la combinación de ambas.

Puede sonar muy obvio, pero muchas veces la gente hace sus "inversiones" por corazonadas, en lugar de recabar información para construir escenarios y hacer una planeación de acuerdo con lo que estén buscando. ¡Y luego se sorprenden de que no les salga la jugada!

Lo ideal es elegir un sector (residencial o comercial) y luego analizar con la "técnica de la cebolla", ir por capas de afuera hacia dentro.

1   Macrotendencias. ¿Qué cambios demográficos importantes hay? ¿Aumenta la natalidad, cambian los tipos de familia, hay migración, más divorcios o matrimonios, se tienen menos hijos, más gente vive sola, parejas del mismo sexo, etcétera? ¿Se incrementa o reduce la cantidad de gente que requiera el tipo de inmueble en el que piensas invertir? ¿Cuáles ciudades se están desarrollando más?

2   Políticas públicas. ¿Cuál es la prioridad de desarrollo de vivienda o espacios comerciales? ¿Habrá cambios en el uso de suelo? ¿Se quiere desarrollar o cambiar el perfil de determinada zona? ¿Qué estímulos para viviendas o negocios se planean ofrecer? ¿Qué obras se van a hacer en la zona? ¿Su impacto es positivo o negativo para tu mercado? ¿Hay políticas nuevas en torno al turismo?

3   Cambios coyunturales. ¿Hay una nueva industria o empresa llegando? ¿Hubo algún tipo de desastre natural o fenómeno que implique cambios al entorno? ¿Hay alguna moda respecto a los tipos de construcciones o las mismas zonas?

4   La zona. ¿Qué hay en la zona? ¿Es residencial o comercial? ¿Tiene servicios? ¿Está en crecimiento, con potencial futuro o ya llegó a su pico? ¿Hay espacios urbanos de convivencia? ¿Tiene buena conectividad? ¿Se pude ir caminando a los lugares o implica un gran gasto en transporte? Herramientas como el *streetview* de google maps pueden ser útiles para conocer el entorno, aunque en etapas más avanzadas de análisis, nada como caminarlas.Éste puede que sea el punto, o de los puntos clave, a la hora de hacer la compra. Todos los expertos en el tema coinciden en que para elegir un inmueble es "ubicación, ubicación y ubicación". Si algo debes privilegiar respecto a tu análisis y presupuesto, que sea esto.

5   El mercado potencial. ¿A quién le vas a rentar o vender? ¿Cuáles son sus necesidades? ¿Bajo qué condiciones y qué requisitos pedirás? ¿Cuál será tu precio de venta si después de rentar quieren adquirir el inmueble?

6   El inmueble en sí. ¿Hay características que sustenten un aumento de su valor, como los servicios o las vías de comunicación aledañas? ¿En cuánto se ha rentado o vendido en el pasado? ¿En cuánto se puede rentar o vender? ¿Cuál es su situación legal? ¿Cuál es el uso de suelo? ¿Se puede ampliar o cambiar el proyecto actual? ¿Tiene adeudos o se requieren erogar gastos de mantenimiento? ¿Cumple con las características que debe tener de acuerdo con el mercado que se quiere atacar? Por ejemplo, si es para

familias, requiere al menos tres recámaras o si es un local no debe tener recovecos para que se aproveche el espacio. ¿Qué características tiene la construcción? ¿La firma del arquitecto tiene un peso? ¿Es un inmueble deteriorado o inadecuado donde lo único que vale es el terreno?

7   La competencia. ¿Cómo se compara con otros inmuebles de la zona? ¿Tiene ventajas que justifiquen a ojos del cliente —no tuyos ni de tus socios— un mayor precio? En esta parte, por lo general, se trabaja por "corredores" y es importante conocer la renta promedio o el precio por metro cuadrado promedio de la zona.

8   La planeación financiera. ¿Voy a tener la liquidez para esperar el tiempo que requiere para ganar la plusvalía que me interesa? ¿Voy a usar mi capital, pedir financiamiento o incluir socios? ¿Puedo pagarlo en el plazo convenido? ¿Cómo impacta el costo del crédito a mi utilidad? Si es para rentas o remodelación, ¿en qué gastos voy a incurrir? ¿Hay posibilidad de que tenga que pagar alguna penalización por los tiempos de entrega o algo por el estilo? ¿Qué impuestos aplican a mi inversión?

Aunque tu presupuesto y planeación financiera aparecen en esta lista como el último punto, tienen que estar presentes en todo el proceso y volver a echar números una vez que encontraste el inmueble o terreno específico en el que quieras invertir. Más vale ser un poco pesimista, porque los bienes raíces es de los mercados con más atrasos e imprevistos, y mejor que la sorpresa sea que obtuviste mayores ganancias o que la entrega fue más rápida, a que sea una que te obligue a malbaratar el proyecto.

280

Errores comunes:

1 No verificar la situación jurídica y de adeudos del inmueble. Antes de firmar el contrato y sobre todo de pagar es muy importante obtener:

- Certificado de libertad de gravámenes.
- Copia del folio real (es la historia del inmueble).
- Boleta predial y de agua de por lo menos cinco años (aunque algunos recomiendan diez años porque luego los adeudos son enormes y hasta te pueden embargar por eso).
- IFE del vendedor y obviamente que la propiedad esté en el Registro Público de la Propiedad a su nombre.
- Copia del acta de matrimonio de quien va a vender (para acreditar el régimen y que no esté vendiendo algo que no puede). Otro error común en lo legal es adquirir el inmueble sin la posesión, o que haya riesgo de invasión. Esto es especialmente importante en los remates hipotecarios porque muchas propiedades se ponen a la venta cuando aún están habitadas.

2 Comprar por arriba del valor de mercado o sin una valuación adecuada. Hay que informarse.

3 Planeación incorrecta de nuestra liquidez. ¿Realmente podré tener invertido mi capital hasta que se acabe y venda el proyecto? ¿O a los tres meses de que compré voy a necesitar el dinero y por vender con prisa le perderé?

4 Encariñarse con el inmueble y no venderlo por esto o querer cobrarle a los clientes su valor sentimental, en lugar de comercial.

5 Comprar el inmueble en el que a ti te gustaría vivir o tener tu empresa. Tiene que ser algo funcional para el mercado, no "bonito" a tus ojos.

6 Comprar "elefantes blancos". Así le llama Fernando Soto-Hay a los inmuebles que no corresponden por tamaño, acabados, amenidades u otras características a los demás inmuebles de la zona, que se compran por capricho y es complicado vender al precio que queremos, o peor aún, al que originalmente pagamos. Un ejemplo puede ser construir una mansión en una zona de interés social. Sí, puede que la casa esté hermosa y grandísima, pero si el promedio son 70 metros cuadrados, nadie te pagará tus 200 metros extra. Esto es muy común con los acabados de lujo: si no es en zona *premium*, ni le metas, no te los van a pagar.

7 Querer empezar con el inmueble de tus sueños. Éste es muy de novatos: mucha gente le quiere echar el ojo a la casononona o el edificio en la superubicación para su primera inversión, aunque no pueda pagarlo o tenga que sobreendeudarse para hacerlo, y lo acaban rematando. Hay que empezar por algo comercializable y en zonas con potencial para crecer, no las consolidadas. Como ejemplo Castañares ponía "Juriquilla, no Querétaro; Zapopan, no Guadalajara o Ciudad Satélite, no el Distrito Federal". Obviamente, con el tiempo estas zonas cambian, pero el tema es pensar que esto es una escalera y que hay que irla caminando.

8 Gastarse las utilidades. Lo que ganas en una transacción debe ser para recapitalizarte y volver a invertir, no para irte a Las Vegas. Si te gastas las ganancias no crecerán

tus inversiones. Puede que dejes algo para tus gastos, pero un porcentaje, no todo. Si te quema el dinero en las manos, ponlo en un instrumento a corto plazo en lo que encuentras una nueva oportunidad.

9 Olvidar los impuestos. Muchos creen que en bienes raíces no se pagan o que son bajitos y a la hora de la hora por no calcularos sus ganancias se vuelven microscópicas, se van tablas, o ¡hasta pierden! Si obtuviste ganancias de capital porque compraste un inmueble barato o por debajo de su valor comercial, debes considerar el Impuesto Sobre la Renta (ISR), que en 2013 tenían una tasa de 29%, ahí nomás. Si se trata de construcción, también pagas IVA (aunque luego lo puedas acreditar, es lana que sale del flujo), y el impuesto por adquisición de activos que es municipal y ronda entre 3 y 5% del valor de la operación.

Aunque no son impuestos sino derechos, también se deben considerar los gastos de escrituración o cualquier otro requerimiento legal para la venta. Hay que estar al tanto de los cambios fiscales.

10 Hacer remodelaciones, renovaciones o ampliaciones gigantescas sin tomar en cuenta la vida útil del inmueble y la plusvalía real que puede generar, o hacerlas cuando se adquirió a crédito y todavía se está pagando, si entra como causal de cancelación anticipada del financiamiento. A leer el contrato.

11 Acelerarse o desesperarse. Para encontrar la inversión ideal no puedes comprar la primera cosa que veas, pero si no llevas prisa y analizas puedes encontrar una buena oferta. Mucha gente se acelera y los vendedores son buenos para hacerte sentir que estás dejando ir el negociazo. El merca-

do se va moviendo, y para los que buscan, siempre hay una próxima gran oportunidad, coinciden todos los expertos.

¿Y si vas a poner en renta tus inmuebles?

Las rentas pueden ser un flujo constante a tu cartera, incluso alimentar nuevos proyectos. Para que sean productivas y no dolores de cabeza, algunos consejos de los expertos son:

- Evalúa la solvencia de tu inquilino y pide garantías. El historial crediticio es básico, sea persona física o moral. Si se trata de una empresa también es importante que conozcas su situación porque si dura poco en tu local, puede adquirir fama de ser una ubicación "salada".
- Además de la solvencia financiera, importa la moral. Investiga bien a quién vas a rentarle y a qué se dedica, porque existe la figura de "extinción de dominio" por utilizar un inmueble para cometer ilícitos. Si los comete y tú no puedes probar que no sabías, te pueden quitar la propiedad.
- Considera contratar un seguro para las rentas. Por un lado, aseguras tu ingreso y por otro, si llegas a tener problemas con tu inquilino, la aseguradora se encarga de cobrar o sacarlo.
- Pide depósito. Mantenlo unos meses después de que se haya ido el inquilino, hasta que lleguen todos los recibos y no permitas que se usen para pago de rentas. Finalmente, son los recursos para cualquier desperfecto, si se van con él ¡a ver cuándo se los cobras!

- Ten una reserva para el mantenimiento. Si no le inviertes al inmueble, tarde o temprano te va afectar el precio de la renta.

- Si vas a ofrecer la propiedad con un *broker* o agencia, incluye en los cálculos de tus gastos la comisión; normalmente, cobran un mes de renta por el primer año y medio mes por cada año adicional o un porcentaje, comúnmente es 5%, por contratos de largo plazo. Lo mismo aplica si requieres un administrador.

¿Dónde "cazar" oportunidades?

La información es la clave. Para comprender el entorno hay que buscar consejo de expertos en el medio —analistas, inversionistas y constructores exitosos, no vendedores que les urge enjaretarte algo— y estar al tanto de los reportes del sector.

En México, tanto Softec como los grupos financieros publican reportes con tendencias del mercado, cambios en políticas y demás factores que impacten los bienes raíces. También hay que seguir las noticias del sector inmobiliario y las industrias relacionadas.

¿Y los proyectos en sí? Las mejores oportunidades no se promocionan tanto en medios de comunicación o canales tradicionales. Ahí, tanto los asesores y corredores como los bancos que embargaron a deudores, administradoras de cartera, pueden darte información valiosa. Además, las mejores oportunidades también tienen que ver con las tendencias (regresar al punto de entender el entorno y no sólo el inmueble).

Adrián Loustanau —el que empezó con una lona e hizo millones— recomienda no descartar la contratación de un *broker* con buena información porque así "le pagas la comisión de 5% pero te quedas con 95% o más dependiendo de la utilidad que genere". Eso sí: siempre es importante sopesar los factores objetivos de la oportunidad de negocio contra el interés de venta del *broker*.

No ser "el último pescado en la cadena" es básico para los rendimientos. Hay que tratar de encontrar la propiedad con los menos intermediarios o compradores anteriores posibles, pues la ganancia de cada uno es un costo adicional para el último cliente o, en su caso, aprovechar cuando baja de precio por los ciclos económicos o las circunstancias como los embargos, o que simplemente el dueño no le ve el valor al inmueble.

Un buen tip de Isela Muñoz es entrar a asociaciones inmobiliarias como la AMPI (Asociación Mexicana de Profesionales Inmobiliarios), que cobran cuotas de aproximadamente $550 pesos por año por ser "miembro no socio", pero ahí te enteras de información de primera mano.

El negocio de 100 a 1

En una entrevista que me tocó hacerle a Robert Kiyosaki —el famoso y controvertido autor de *Padre Rico, Padre Pobre*— comentó que él seguía ganando dinero antes, durante y después de la crisis inmobiliaria porque compraba distinto que la mayoría de la gente. Su secreto era que él no veía una casa, sino mil casas, analizaba todas y de esas mil sólo elegía una que fuera una verdadera inversión.

Esto puede o no ser literal, pero cualquiera que quiera entrarle al mundo de las inversiones inmobiliarias tiene que tener paciencia y unos zapatos con suela de hule vulcanizado, para visitar y visitar inmuebles, porque las buenas inversiones no se encuentran a la primera, sino comparando, para también entender el mercado contra el que compiten.

Tengo una amiga que se llama Marisa y su *hobby* es visitar departamentos. Empezó por su zona. Llamaba a los que tenían carteles para acordar la cita, iba, platicaba con los propietarios desde el costo del recibo de la luz hasta la edad del inmueble, se enteraba de precios de venta y renta, y de las condiciones para los contratos. Poco a poco fue expandiendo sus visitas a otras colonias, lo que le dio un rango de comparación y se volvió experta consejera para sus amigos más cercanos.

Si bien es curioso como pasatiempo, Marisa ha logrado obtener una gran cantidad de conocimiento de los inmuebles. Cualquier persona que de verdad quiera invertir en bienes raíces, por ahí tiene que empezar: buscar y visitar inmuebles o terreno. Ése es el primer paso para ser inversionista inmobiliario, no reunir el dinero para adquirirlos, como muchos pensarían.

Así como no puedes invertir en acciones en directo sin analizar las empresas, tampoco debes adquirir inmuebles sin entender de primera mano cómo funcionan, cuáles son las diferencias, contra qué compiten, qué opciones hay en esa misma zona o para qué clientes. Si no, sería completamente insensato y riesgoso.

Puede que algunos, como los inmuebles de embargos, no se puedan visitar o sólo en una fase muy adelantada de la negociación, pero entonces hay que tratar de tener toda la información posible para limitar las posibilidades de que nos den gato por liebre.

Fuentes para analizar oportunidades

1. Anuncios en los periódicos o páginas de internet. Son los tradicionales, pero de vez en cuando sí puedes encontrar cosas interesantes.

2. Bolsas inmobiliarias. Las Asociaciones Inmobiliarias tienen listados de propiedades en venta, que pueden incluir desde preventas hasta remates. Puede que se guarden los mejores para sí mismas, pero también puedes inscribirte como "miembro no socio" y tener acceso a la información por una cuota baja. Hay Bolsas nacionales y de cada estado.

3. Llamar a las agencias para conocer los precios de las zonas. Un consejo de Fernando Soto-Hay es que si vas a consultar a alguien del sector, procura que inicialmente sea el dueño de la franquicia ya que seguramente será quien más experiencia tenga para asesorarte.

4. *Brokers* inmobiliarios independientes.

5. Expertos del sector: analistas, valuadores, desarrolladores, personas en entidades de crédito.

6. Listas de remates bancarios y administradoras de cartera.

7. Páginas de bienes adjudicados de los bancos.

8. Base de datos del Servicio de Administración y Enajenación de Bienes (SAE) de la Secretaría de Hacienda.

Los famosos embargos

Para muchos es un buen negocio comprar inmuebles que están en remate por incumplimiento de los pagos o porque tuvieron algún problema legal (los que se incautan, por ejemplo) porque les bajan el precio. Para otros puede ser un dolor de cabeza, porque en

288

muchos casos llegan a tener problemas legales. La diferencia entre una y otra visión varía de caso a caso y con los conocimientos que se tengan en el tema.

¿Comprar un departamento de 1.2 millones en 600,000 pesos, más 100 000 para remodelar, te parece buen negocio? Posiblemente sí, pero si tienes que esperar cuatro años entre que se acaba el juicio y se sale la persona que lo estaba ocupando, puede que ya no lo sea tanto.

Ése es uno de los riesgos que puede ocurrir con este tipo de inmuebles. Para Fernando Soto-Hay, pueden ser una opción de inversión para personas dispuestas a sentarse a esperar a que concluya un juicio o invertirle a un litigio. Además, los pagos son de contado, no a crédito.

Aún en esto hay diferentes categorías, puedes adquirir:

- Derechos litigiosos: el acreedor original te cede los derechos del juicio hipotecario (no el inmueble), con lo que te conviertes en el nuevo acreedor. Una vez concluido el juicio el inmueble se le adjudica y puede quedárselo y venderlo. Pequeño detalle: el juicio puede tardar años o también existe la posibilidad de que se pierda.
- Remates: cuando se cierra un juicio y los deudores definitivamente no pagan, los juzgados ponen en venta los inmuebles a un costo menor de su valor comercial —entre 30 a 40% menos que su avalúo— para que el acreedor (banco o institución de crédito) recupere parte de lo que prestó. Normalmente, hay varias personas con ofertas por los inmuebles y pueden subir su precio, que sólo se pueden ver por fuera y en algunos casos hay personas que viven ahí y se tiene que seguir un juicio de desalojo.

- Bienes adjudicados: son inmuebles de deudores que ya concluyeron el juicio, ya están desalojados y que los bancos o instituciones de crédito ponen a la venta. Su valor es muy cercano al comercial y hay que negociar con ellos para tener una ganancia. El margen es menor que remates o derechos litigiosos, pero ya existe certeza de la propiedad.

Dos cosas adicionales a considerar:

1. Si compras 9% o más por debajo del valor comercial, se consideran ganancias de capital y tienes que pagar impuestos.
2. Debes ver cuántos inmuebles con problemas hay en la zona. Si todos están en embargo o vendiéndose por abajo del avalúo comercial, vas a tener que esperar al menos ocho años para recuperar la plusvalía.

¿Endeudarse para invertir?

Usar dinero de otros para nuestras inversiones inmobiliarias además de ser una opción cuando no tenemos el capital, puede agilizar cómo movemos el dinero o generar mayores rendimientos sobre lo que sí pusimos de nuestra Bolsa, pero como en cualquier préstamo o deuda hay que echar numeritos y usar el esquema adecuado.

Muchos tienen la idea de solicitar un crédito para comprar un bien raíz y que éste se pague con las rentas. Aunque en general está cañón y son pocos los casos, para Jorge Castañares sí es posible hacerlo, pero hay que hacer las corridas financieras, calcular la tasa de cuánto requeriría cobrar para que se desquite el financiamiento y si está en mercado, cuál es el apalancamiento correcto (cuánto pongo de mi dinero y cuánto pido) y elegir el tipo de crédito adecuado: "Ya no estamos en los cincuenta, cuando las rentas podían equivaler a 1% del valor del inmueble, ahora andan en 0.6 o 0.7%."

Él considera que un crédito hipotecario es adecuado si se trata de formar patrimonio —en este esquema, la garantía es el mismo bien y quien se apalanca es el futuro propietario—, pero no para inversión.

Para invertir, Castañares recomienda hacer un precontrato de renta y contra éste solicitar un crédito con garantía real, que es más caro que un hipotecario —tienen tasas de 14%, en lugar de 9-12%—, pero tiene la ventaja de que el préstamo no se da contra la capacidad de pago del solicitante, sino estudiando el flujo de efectivo de la inversión —las rentas del inmueble— y es un "apalancamiento inteligente".

"No es el típico 'pido un hipotecario por 65% y pongo 35% y a ver cuánto puedo cobrar de rentas', al revés: mido la capacidad del inmueble para generar en rentas y ver cuántos años tendría que tener el financiamiento para que funcione, también pensando en tener un colchón por si se va el inquilino", recomienda este inversionista.

Idealmente, habría que buscar créditos que se paguen con 85% de la renta, pues es necesario reservar otro 15% para mantenimiento.

Eso funciona a lo mejor para personas físicas que quieran meterse al negocio de las rentas, pero ¿y si me interesa construir o comprar a mayor escala? Para eso existen los famosos "créditos puente".

Un crédito puente es un financiamiento a mediano plazo, típicamente a 24 o 36 meses —yo llegué a encontrar hasta de 49, pero es la excepción—, para construcción, equipamiento comercial o mejoramiento de grupos de vivienda. Los otorgan bancos e instituciones de crédito (sofomes, por ejemplo), pero normalmente son para empresas que tengan por lo menos tres años en el negocio o que al año construyan un determinado número de casas (100 por lo menos). La verdad es que esto es por ciclos: cuando andan muy "accesibles" para otorgar crédito, puede que no se pongan tan roñas con eso, pero como justo ahora venimos de años complicados para los desarrolladores de vivienda, suben la vara. Nada se pierde con armar una buena carpeta del proyecto e intentar.

Normalmente, estos créditos prestan entre 60 y hasta 75% del proyecto (sí, tú tienes que tener mínimo, mínimo, mínimo, 25% del capital, si no, no) y la lana se va soltando conforme avanza el proyecto.

Sus tasas son un poco "dependiendo el sapo, la pedrada", no se anuncian en páginas de internet y cotizan por proyecto, pero los especialistas hablan de rangos de entre TIIE + 3 puntos (en 2012 habría sido una tasa de 7.84% anual) y hasta TIIE + 10 (14.84% anual), aunque Horacio Urbano dice que el costo del crédito puente es "TIIE + 3 para las empresas buenas, TIIE + 5.5 para las promedio, pero que para las malas no hay".

Y A TODO ESTO, ¿CON QUÉ SE COME ESO DE TIIE?

La TIIE es la Tasa de Interés Interbancaria, y es el costo al que el Banco de México le presta dinero a los bancos, así que la puedes encontrar en su página de internet. La TIIE puede ser muy volátil en periodos largos. En marzo de 2013, la TIIE de 28 días andaba en 4.3, pero el primer día de este siglo estaba en 18.76%.

TIIE a 28 días
(Niveles al primer día habíl de cada año, Banxico)

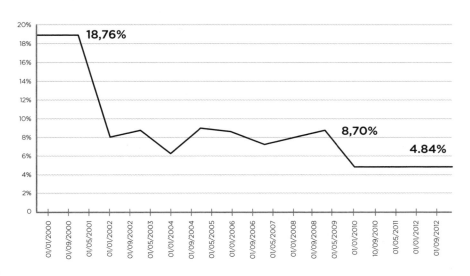

El crédito puente es de menos tiempo que un hipotecario porque en teoría construyes y vendes en dos años, o chance en tres. Si ésa es tu idea, te puede convenir. Sus costos dependen de los puntos extra a la TIIE que te pongan o si se dispara la tasa, pero puedes deducirlo de impuestos al ser un gasto de tu proyecto.

Independientemente del tipo de financiamiento que contratemos, hay que tener cuidado con las cuentas alegres. La cosa truena cuando nos ponemos en "modus Las Vegas" y "le apostamos" a una oportunidad para llevarnos el premio gordo, sin saber si va a resultar en el tiempo y forma que necesitamos para pagar el financiamiento.

Si vas a pedir crédito hipotecario, se calcula contra tu capacidad de pago: no debes destinar a deudas más de 30% de tus ingresos. Si ya estás pensando más en términos de proyecto, te pedirán una garantía y ahí también tienes que analizar tus costos, tu inversión (ya sea dinero o bienes físicos como el terreno), los flujos del proyecto y

293

una reserva para cualquier imprevisto. Un ejemplo muy común son las licencias y el permiso: muchos se confían de que "a ellos" se la van a dar bien rápido, y luego pasa un mes, dos, tres, y todo eso son costos adicionales para el proyecto, ya sea en forma de penalizaciones o porque aún no se puede construir y no entra dinero.

Aunque las instituciones de crédito deben tener prácticas responsables, al final de cuentas el que tiene que tener más claro si puede pagar o si van a salir los flujos, eres tú. El que perdería el proyecto o se iría a la bancarrota por una deuda no es el joven del escritorio que te lo autorizó. Abuzado.

LOS FIBRAS: FORMAS NO FÍSICAS DE INVERTIR EN BIENES RAÍCES

Así como hay quienes adoran los ladrillos, otros mueren de pereza por administrarlos, les huyen por falta de liquidez o simplemente no quieren tener tanto capital en una sola inversión. Pero, ¿y si pudieras tener los beneficios de una inversión en bienes raíces sin tener que lidiar con inquilinos y pudieras vender como cualquier acción o fondo de inversión? Bueno, pues sí se puede. Les presento a los Fideicomisos de Bienes Raíces, los muy sonados FIBRAS, un nuevo instrumento que se colocó en la Bolsa Mexicana de Valores por primera vez en marzo del 2011.

Los FIBRAS son un tipo de título con el que puedes invertir en bienes raíces, con la gran ventaja de que requieres mucho menos dinero del que se necesita para comprar un inmueble. Puedes incluirlo en tu portafolio sin que sea casi todo o la mayoría —si compras un inmueble, salvo que tengas millones y millones, abarcaría una parte choncha—, así que puede ser una buena forma de entrarle a esta categoría sin sacrificar diversificación.

¿Cómo funcionan? Se los explico por pasos:

1   Un grupo de gente se junta para constituir un proyecto inmobiliario con el fin de arrendarlo; por ejemplo, varios cen-
tros comerciales que rentan locales. Puede que ya tengan
los bienes y los pongan para ese fin o que los construyan,
pero el chiste es que sean para rentar.

2   El grupo forma un fideicomiso con los inmuebles. Un fideicomiso es un contrato en el que una persona o personas le
entregan ciertos bienes o derechos a una institución para
que los administre a favor de otra persona. En este caso, los
bienes inmuebles se los entregan a profesionales del sector
para que busquen las mejores estrategias para arrendarlos.

3   Una parte de este fideicomiso se coloca en la Bolsa, en forma de "certificados de participación" para que los adquieran
los inversionistas. La primera que se colocó fue FIBRA1. Con
el dinero que se consiga se construye o, si ya estaban los inmuebles, se les hace el pago a los dueños de los inmuebles.
También se pueden comprar más.

4   Los inmuebles se administran y van pagando rentas. También puede ser que suban de valor y esto se refleja en el
precio de los certificados en Bolsa (los que compraste en
el punto anterior).

5   El fideicomiso hace pagos periódicos a los inversionistas
con lo que consiguieron de las rentas. Los pagos tienen
que ser al menos una vez al año y repartir mínimo 95% de
la utilidad que haya reportado.

¿Cómo funcionan los Fideicomisos de Bienes Raíces?

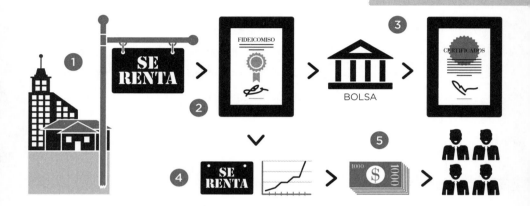

Chance ya se lo imaginen, pero para que esté más clarito, ahí van las dos fuentes de las ganancias de los inversionistas con los FIBRAS:

1. Los pagos que vienen de las rentas.
2. La plusvalía de los inmuebles, que se ve reflejado en el precio del título: como los FIBRAS cotizan en La Bolsa por medio de certificados, si sus inmuebles suben de valor, también se incrementa el precio del título (y si bajara, lo mismo, no crean que es pura felicidad).

¿Cómo se puede invertir en FIBRAS?

A través de casas de Bolsa y pronto a través de sociedades de inversión. Como ya lo habíamos platicado en otros capítulos, hay dos tipos de casa de Bolsa:

- Las que te ponen un asesor y para acceder a sus servicios requieres una cuenta con 1.5 millones de pesos como mínimo de apertura.

- Las casas de Bolsa en línea, donde puedes abrir una cuenta con 100,000 pesos pero no tienes asesor, operas tú solito la plataforma (sí te dan tutoriales y acceso a análisis, pero nadie te va a llamar para sugerirte vender o comprar tal o cual).

Los 100,000 pesos de la cuenta los puedes dividir en los instrumentos que quieras (acciones, deuda, cobertura, etcétera), pero el monto mínimo para FIBRAS en junio de 2013 eran 190 títulos, que serían más o menos 5,000 pesos.

Para los que no tienen cuenta en casa de Bolsa, la opción sería las sociedades de inversión. Para junio de 2013, ya había algunos fondos de inversión en empresas de infraestructura que tenían una parte de su cartera en FIBRAS y seguramente los fondos sólo de FIBRAS no tardarán en popularizarse. El monto mínimo para abrir un contrato con una sociedad de inversión puede ser de 10,000 hasta 100,000 pesos, dependiendo de la política de la institución.

Las FIBRAS engloban los beneficios de "vivir de las rentas" de un departamento, con la diferencia de que es a través de un instrumento financiero que puedes comprar y vender más fácilmente, requiere menos capital y los inmuebles los administran profesionales.

¡A moverse para sacarle a los inmuebles!

Las inversiones inmobiliarias son la máxima expresión de que los rendimientos que podamos tener son directamente proporcionales a qué tan activos seamos como inversionistas y qué tan informados estemos. Puedes entrar con capital o sólo con tus habilidades; puedes administrar pequeños proyectos o que sólo sean el trampolín para buscar otros mucho más grandes. El tema es que nuestro dinero y conocimientos estén en movimiento constante.

CAPÍTULO

No.

8

INVERSIONES PARA HIPPIES, YUPPIES Y BOHEMIOS

INVERTIR EN NEGOCIOS

Lo curioso de la inversión en negocios es que los principios aplican igual para los más profesionales y sofisticados que buscan sacar una empresa a La Bolsa, o para un changarro de malteadas en el que te asociaste con tus cuates. Les cuento por qué.

Tamara y su novio Wookie le entraron como socios a una postrería donde vendían delicias como galletas de crema de cacahuate con arándanos, un afamado pastel de limón y excéntricas malteadas de aguacate con romero, que aunque no suenen muy apetitosas, lo están.

Éste era el segundo negocio de un trío compuesto por un periodista, un chef y el muy necesario cuate que sí le sabe a los números, que eran amigos de Tamara y Wookie. Su primera idea fue poner un carrito de hamburguesas vegetarianas en la colonia Roma, que por complicaciones logísticas, en lugar de puesto, terminó en restaurante en un local muy pequeñito. "No vas a extrañar la carne de lo bueno que está" era su propuesta de valor y las reseñas de sus clientes aseguran que lo cumplen. La inversión inicial fueron 40,000 pesos. A los tres meses ya sacaban sus costos y a los seis ya habían recuperado su inversión, así que algo le sabían a los changarros de comida.

Tras ese exitazo, empezaron a pensar en arrancar un nuevo proyecto, pero dulce. A Wookie y Tamara, que son los más postreros, les sonaba como el negocio ideal para invertir. Les encantaba el concepto, a los fundadores ya les había ido bien en el mismo giro y, de pilón, parte de su responsabilidad como socios era encontrar nombres locochones para las bebidas.

Ellos me contaron esto mientras yo le daba un sorbo a una malteada de plátano con cardamomo. De entrada, sonaba linda la historia: invertir en algo que te gusta mucho, que crees que es bueno que exista para el mundo (palabras textuales de Wookie) y que se vuelve un éxito. Pero como negocios son negocios, y no sólo de azúcar vive el hombre, Tamara me preguntó si era una buena inversión.

Le dije "depende de lo que me contestes". Ella se sacó de onda, pero así empezó el interrogatorio de las tres partes principales que tienes que ver en una inversión en negocios.

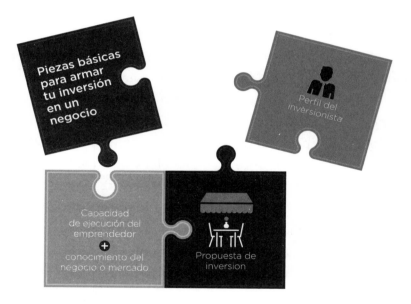

Primera parte: como el restaurante vegetariano servía de aval de la experiencia de los operadores, me salté ese punto, pero "capacidad de ejecución" es el primer elemento para evaluar un negocio y aplica desde el localito de comida de tu cuate, hasta para un fondo de capital privado que le va a meter 100 millones de dólares a un proyecto.

Fernando Lelo de Larrea, del fondo Venture Partners, cuenta que cuando estaban levantando capital los fundadores de Carrot, la empresa que alquila coches por hora, ellos condicionaron los fondos: "Tienes que tener al menos tres coches operando, no me importa si para conseguirlos le pides a tu abuelita o si los pagas con tarjeta (nota: a mí casi me da el patatús con lo del tarjetazo), pero cuando ya estén en la calle circulando, ponemos el dinero."

El chavo se podría haber amachado con que ese modelo a fuerza necesitaba 50 coches para ser rentable y hasta que no encontrara el financiamiento completo no se aventaba. Pero no. Optó por "empiezo con estos tres coches para obtener fondos y que mi idea no se quede en papel". Obviamente, consiguió la inyección de capital. Fernando dice que eso es lo que quieren ver los que analizan inversiones en negocios de varios millones: que los de la brillante idea no sólo escriban planes de negocios muy bonitos, ¡que resuelvan!, porque es lo que te va a dar posibilidades reales de que el proyecto prospere.

Puede ser que ese ejemplo suene muy elevado, pero Jorge Madrigal, fundador de Aventura Capital (empresa que fomenta el emprendimiento tecnológico), me platicó otro que me encanta. Si quieres poner una tortería, no necesitas un local para probar que puedes operarla. Puedes comenzar vendiendo tortas en una kermés o en reuniones familiares y que la gente vaya reconociendo tu marca. Así, cuando el inversionista te pregunte, ya puedes decirle que tu experiencia es que has vendido más de 1,000 o 2,000 o las tortas que sean, y que es un producto "probado con los consumidores".

Y es que aun la idea más innovadora requiere por lo menos un prototipo. A Pablo Kohan, director de Verdek, le tomó cuatro años encontrar a sus actuales inversionistas para su proyecto de reciclaje de envases de tetrapak. Él está seguro de que si hubiera tenido aunque sea una maquinita a escala que demostrara cómo funcionaba su tecnología con un bote de leche, hubiera conseguido el capital más rápido.

Si le estás echando el ojo a una idea de negocios, ¿a ti qué te demostraría la capacidad del emprendedor para sacarlo adelante? Si no tienes la respuesta, ni te molestes en ver los números.

Obviamente, si pasa ese filtro, hay que checar si en realidad existe un mercado suficiente y si los emprendedores lo conocen (no el de los miles de millones que creen que está allá afuera, sino al que de verdad le podrían llegar y vender), pedir los números básicos de qué esperan en cuanto a ingresos, costos y ganancias, cuánto requieren y en qué etapas, cuándo piensan recuperar la inversión, etcétera.

Aunque Tamara y Wookie no son los más fans de las "mates", al menos él ya le había echado un ojo a las finanzas básicas del potencial emporio de glucosa y endorfinas.

La segunda parte era evaluarlos como inversionistas, en especial en cuanto a riesgo, tiempo de permanencia y expectativas. Así lo platicamos:

—¿Por cuánto tiempo piensan dejar su dinero invertido en el negocio? —pregunté.

—No sé, varios años, ¿por? —contestó Wookie.

—¿Pero sí más de cinco o siete años? Porque es extremadamente raro que los negocios salgan tablas antes de un año, más bien empiezan a generar ganancias bastante después. De hecho, la vida de un fondo que invierte en negocios puede ir de cinco a diez años porque es lo que tarda una empresa en despegar o crecer. No van a ver ganancias antes de eso —les neceé.

—¡Ah, claro! Esto no lo estamos haciendo para salirnos en seis meses, lo podríamos dejar cinco o seis años o no sacarlo y que nos sigan pagando utilidades cuando ya genere ganancias —coincidieron ambos.

—Menos mal, porque algunos sí creen que es como tener un pagaré, un cete o un fondo de inversión normalito, y pues no. Hablando de eso, ¿sí están conscientes de que es una inversión más riesgosa que eso? Es decir, que hay una posibilidad de que no funcione —dije lo menos alarmante que pude.

—¡No lo digas ni de broma! —dijo Tamara medio tocando madera y medio carcajeándose. Bueno, sí sabemos que existe el riesgo, pero esperamos que funcione —dijo todavía con la sonrisa.

Podía ser su primera inversión en este tipo de activos, pero no andaban tan perdidos, sí habían hecho su tarea, que es lo que le falta a la gente que mete la pata en esta categoría. Bueno, eso y ser unos ilusos y pensar que nos vamos a hacer millonarios con el primer trato que hagamos, o que somos muy listos y eso de que en lo que invertimos quiebre "a nosotros no nos va a pasar".

La tercera parte era analizar las condiciones de la inversión. Para Hernán Fernández, del club de inversionistas Angel Ventures México, no es lo mismo que te lleven un plan de negocios, que una propuesta de inversión.

El plan es importante porque te muestra cuál es la idea de negocios de los emprendedores, cómo lo quieren hacer, qué mercado tienen, para qué se va a usar el dinero que están levantando, cómo creen que se darán los números. Pero a ti como inversionista te importa lo segundo, que es lo que obtendrás a cambio de tu inversión: si es un porcentaje de la empresa o sólo una tasa por tu dinero, qué derechos de voz y voto tienes, cuánto piensan pagar y qué opciones de salida podrías tener (¿van a vender la empresa en el futuro?, ¿la quieren colocar en la Bolsa?, ¿te recomprarían tu parte?). Si abarca eso, ya estamos hablando de una propuesta de inversión.

Al respecto las preguntas para Tamara y Wookie eran muy básicas:

- ¿Sabían para qué se iba a usar el dinero?
- ¿Sabían si era un préstamo a su cuate o su aportación era capital y les daba un porcentaje de la tienda, y por tanto de las utilidades? Ellos contestaron que era capital y les iban a dar el 20 por ciento.
- ¿Ese 20% era para toda la marca o sólo para la sucursal con la que entraron? ¿Si entraban más socios qué iba a pasar? ¿Su participación se iba a diluir o tenían alguna preferencia por ser los primeros que entraron?
- ¿Cómo se iba a contar el trabajo de los socios que sí operaban? ¿Iban a partes iguales con el capital y ellos tenían sueldo, o podían poner menos capital que los que no le chambeaban, pero en el futuro recibirían acciones en pago para tener la misma porción de la empresa? ¿Era otro tipo de acuerdo? Optaron por la segunda opción.
- ¿Había una "estrategia de salida" para los inversionistas? ¿Qué pasaba si ellos querían vender su participación? ¿Se podía vender a terceros o sólo a los mismos dueños de la empresa?

Que tuvieran claro estas condiciones de inversión era un gran avance, porque mucha gente les da el dinero a sus cuates con la bendición y cruzando los dedos para que no pase nada malo. Eso sí, a ellos les faltaba ponerlo en papel. Ya estaban en proceso, pero aunque estaban más que platicados los acuerdos, esto aún no "constaba en actas" y cualquier bronca, ¡agárrense!

Hacer un contrato de inversión no tiene que ser la cosa más complicada del mundo. En realidad, la sofisticación del documento es proporcional a la del negocio, el tamaño de la inversión, tu tipo de participación y las posibilidades de expansión. Pero muchos emprendedores le zacatean a hacer aunque sea uno mínimo porque creen que les va a traer más problemas, cuando en realidad está hecho para evitarlos o resolverlos.

Uno de mis grandes amigos de escuela, Jorge San Martín, es un picudazo en derecho corporativo y fiscal. Le pregunté qué le parecía más importante de los contratos al invertir en negocios. Juré que él, que ve transacciones desde fideicomisos, Fibras, salidas a Bolsa o entradas a fondos de capital privado, me iba a contestar algo supersofisticado, complejo y fuera de los alcances de los mortales, pero chequen lo que respondió:

"Si quieres cuidar tus intereses, es tan simple como que todo lo que se acuerde quede documentado y cheques si lo que vas a firmar corresponde a lo que esperas o no. Eso no significa que tengas que hacer una bola de trámites complicados, sino que esté en papel y claro para todos."

Jorge dice que mucha gente y hasta algunos colegas creen que los abogados nada más quieren "guamearse por guamearse" con el de enfrente y tratar de que pague más dinero, cuando el verdadero trabajo de un abogado debe ser evitar problemas a sus clientes, dejando las cosas en claro y poniéndolas en un lenguaje jurídico.

Para él se resume en esto: "Mi chamba no es que el de enfrente pague mil pesos más, ¡a mí qué me importa! Mi chamba es que si pactamos mil, sea eso lo que te den."

Más adelante, cuando veamos la diferencia entre prestar y meter capital vamos a especificar qué debe venir en el contrato, dependiendo de cómo le entramos al negocio, pero por muy cuates y por muy inicial que sea el negocio, si le vas a invertir, hay que insistir en ponerlo todo por escrito.

Regresando al negocio de postres y malteadas, aunque les faltaba el importantísimo paso de formalizar, Tamara y Wookie en la postrería sí habían respetado muchos de los principios para aumentar las posibilidades de éxito de la inversión en un negocio.

Ya entrados en gastos y viendo que se habían aplicado, aunque chance fuera por chiripa, los tórtolos decidieron confesarme su verdadero sueño de inversión empresarial, que era la antítesis de lo que hicieron bien en la tienda de malteadas: poner un bar con sus mejores amigos.

Esa "idea de negocios" nos ha pasado a muchos veintetreintañeros por la cabeza, ¿cierto? Entonces, ¿por qué hay tan pocos casos de éxito de poner restaurantes o bares con los amigos? Porque los cuates son normalmente como los Tamara y Wookie:

- Sin experiencia en el ramo.
- Unas natas para los números, para el negocio o para administrar. A veces coincide en que todos o la mayoría fueron de "área IV" en la prepa, la que es para humanidades y llevaba menos matemáticas de todas, o que nadie ha puesto ni un carrito de paletas.
- Muy entusiastas con la idea, pero con poco tiempo real para operar el negocio. Al principio, todo el mundo dice bien emocionado que le entra pero ¿quién lo va a atender o administrar? ¿Quién va a ver qué rollo con los permisos o los proveedores? La mayoría seguro chambeaba en otras cosas, que por supuesto tendrían más prioridad que ese emprendimiento. El tiempo disponible y la experiencia posiblemente son la mayor diferencia entre la idea del bar con la de las malteadas: allá sí

había alguien a cargo dedicado por completo al negocio, que además ya había atendido giros similares.

- Y la cereza en el pastel: con una fuerte posibilidad de que algunos de los socios se bebieran los insumos del lugar.

Es la prueba perfecta de que no te puedes saltar lo básico aunque ya te haya ido bien en un negocio, es más, no deberías ni aunque seas un experto.

Robert Okabe, un experimentado ángel inversionista del Angel Resource Institute, en sus talleres muestra la foto de una silla con 25 000 dólares escrito encima y otra imagen de una caja elegante de champaña con la misma cantidad. La foto del primer caso es lo único que quedó de una empresa en la que invirtió y tronó, y la segunda era en realidad el regalo que le dieron con las acciones de una empresa que fue un hitazo. En ambas había invertido la misma cantidad y tal vez había pasado el mismo tiempo estudiándolas, pero los resultados fueron diametralmente opuestos. Dice que le gusta guardar esas fotos para recordar que no es tan listo como cree. Y si él, que es experto, no se puede tirar a la hamaca aunque sepa mucho, nadie puede confiarse de más en la inversión en negocios.

Recapitulando, ¿cuáles son los tres básicos para considerar invertir en un negocio?

1 Que como inversionista tengas el perfil, la tolerancia al riesgo y un horizonte de inversión acorde al proyecto.
2 Que los emprendedores o empresarios tengan capacidad de ejecución, conozcan bien su negocio y su mercado, y ambos tengan expectativas claras y compartidas. Lo ideal sería que tengas bases sustentadas para creer que va a funcionar, pero esto pue-

de ser difícil si estás en negocios en etapa muy temprana o en un sector completamente nuevo, ahí lo que importa es que el potencial rendimiento compense el riesgo.

3 Que las condiciones de la inversión estén claras, por escrito, que prevengan casos futuros y todos estén de acuerdo.

Los negocios son la opción de inversión donde más juega el tema de la confianza, tanto que una de las metáforas más usadas en el sector es que "te casas con el emprendedor" o "te casas con el inversionista", según sea tu posición en la ecuación.

El problema es que la definición que tenemos de la palabra es bastante disfuncional. Creemos que "confianza" significa "no te pregunto nada, porque vas a pensar que dudo de ti", cuando en realidad es "me siento lo suficientemente cómodo para hacerte todas las preguntas necesarias y así estar completamente informado y seguro de mi decisión".

Es una pésima práctica darle tu lana a un negocio sin ver nada y sólo rezar para que no truene, no sea un fraude, o que no te pelees con el emprendedor o con los otros socios más adelante.

Conoce bien al emprendedor. En serio, pasar tiempo juntos importa. Pide información, bases y pruebas suficientes para saber que tu dinero está en el lugar correcto. Debes tener la claridad suficiente de las condiciones en que estás invirtiendo, que las personas de verdad tienen la capacidad de hacer lo que han dicho que van a hacer y si existe o puede existir un mercado para el producto o servicio. Platica largo y tendido de lo que pueda salir mal y qué pasará si sucede. Pon todo por escrito y sólo invierte en personas y negocios en los que justificadamente —y no ciegamente o a lo tarugo— confíes.

ALTO RIESGO, ALTOS RENDIMIENTOS

Hasta aquí todo suena muy idílico y emocionante, pero ¿cuál es el riesgo de invertir en negocios?

Es muy conocida la estadística de mortalidad en las pymes. Algunos hablan de datos en los que 43% de las pequeñas y medianas empresas desaparece en su primer año de operación por problemas administrativos (CEPAL, 2011), o que en países como España y México, 80% cierra antes de cumplir su quinto año de vida.

Esto ya es un indicio del altísimo riesgo de esta categoría, pero ¿cómo le va a los que invierten profesionalmente en negocios?

En un seminario de inversión ángel, Michael Cain, un abogado adorable como de 70 y varios años, contó que con su red de cuatachos ex emprendedores y billetudos había invertido en 19 proyectos:

- 2 habían sido un *home run*.
- 12 todavía estaban en etapa de inversión.
- 3 habían sido un rotundísimo chasco.

Con todo, tres fracasos de 19 no es un mal récord, sobre todo si tuviste dos hitazos que compensan en valor. Pero, ojo: Michael es un inversionista con callo y estómago para el riesgo, que en su vida laboral creó desde franquicias de comida hasta compañías de ventas de *software*, y ahora es ni más ni menos que el presidente del Angel Resource Institute, que se encarga de investigar sobre la inversión de particulares en negocios, los famosos ángeles inversionistas. ¿Tú estarías dispuesto a correr estos riesgos?

La diferencia de un inversionista que elige otros activos y el que le entra a negocios es que debe tener no sólo tolerancia al riesgo, sino al fracaso, que es uno de los escenarios más posibles en esto. "Estar consciente y alerta ante la posibilidad del fracaso es lo que más puede ayudar a evitarla", le escuché decir a Heberto Taracena, emprendedor que creó metroscubicos.com, luego lo vendió y ahora invierte en negocios. Aunque le ha ido muy bien, dice que también ha tenido bastantes tropiezos y recomienda invertir siempre bajo los supuestos del peor escenario.

El riesgo es una de las razones por las que Michael advierte que nunca debes meter toda tu lana disponible para invertir en un solo negocio ni de una sola vez.

El primer punto implica que en los negocios debes diversificar para bajar tu riesgo y aumentar tus posibilidades de ganancias, aunque claro, para esto necesitarás más capital que en un portafolio de fondos en sociedades de inversión, por ejemplo.

El segundo punto confirma que las empresas que arrancan necesitan que les metan lana más de una vez para seguir creciendo, las famosas "rondas" de capital: si reservas un poco, puedes seguir invirtiendo y mantener tu porcentaje inicial de la empresa. Ya hablaremos más del tema cuando lleguemos a "valuación" y a "dilución".

César Salazar de 500 startups recomienda que si te encanta el giro de restaurantes, aunque suene muy tradicional, es riesgoso. Entonces, en lugar de entrar con todo a un solo local, divide tu inversión en cinco e inviértelo en cinco lugares distintos. Lo mismo aplica si quieres meterte a biotecnología o apps.

¿Y el rendimiento? No hay muchas estadísticas sobre los negocios entre cuates, pero en las inversiones más sofisticadas en negocios —los fondos de venture capital y private equity— han dado a los inversionistas tasas de retorno de entre 8 y 10% anual, y además cuando se vende el negocio se reparte la ganancia 80% para ti y 20% para quien manejó el fondo. Para los inversionistas ángeles, un retorno de 20-27% anual es más o menos lo esperado.

Además, muchos de los que se dedican a métricas de negocio los miden por "x": 2x, 3x, 4x..., que son las veces que un negocio se multiplica de tamaño. Obviamente, esto debe considerar en cuánto tiempo: no es igual de atractivo un negocio que puede duplicarse en dos años que en treinta.

Pero ahí está el tema. ¿Para ti es adecuada esta categoría de alto rendimiento, eso sí, con alto riesgo?

En abril de 2012, impartí un taller de finanzas personales a los franquiciatarios de una cadena de lencería. En el camino de regreso, Adrián, uno de los que había asistido, me dijo en seco: "Yo no entiendo por qué alguien se conformaría con 4% anual de cetes, si en un negocio puedes ganar mucho más." Él, aparte de dos tiendas de lencería, tiene una casa de empeños y estaba por abrir una pizzería. ¿Bussinero? ¡No! ¿Cómo creen? La plática se puso buena.

Él estuvo de acuerdo con que el riesgo de los negocios es más alto que el de muchas inversiones financieras, incluso a veces que la Bolsa, y que los conocimientos del sector y el tiempo que le puedas dedicar son requisitos indispensables.

Bien aconseja Warren Buffet, uno de los hombres más ricos del mundo según Forbes: "Nunca inviertas en un negocio que no entiendas."

Hay que ser claro. Aunque potencialmente puedas ganar mucho más poniendo o invirtiendo en un negocio, si no sale, ¡también puedes perder algo, mucho, todo, o hasta acabar endeudado si quiebras!

Eso implica mucho más riesgo del que corres con un cete. En un instrumento de deuda pueden no pagarte los intereses si el emisor está en problemas, incluso parte de tu capital, pero es un caso bastante extremo que pierdas el 100%. Es bastante más común que los negocios no salgan y le cantes las golondrinas a tu inversión completa. La inversión en negocios se debe hacer por supuesto con la intención de ganar, pero con dinero que puedes darte el lujo de perder.

Además hay que estar monitoreando, porque los negocios cambian rápido. Puede que hoy seas el rey, pero si mañana entra un nuevo competidor, hay una nueva política, una nueva tecnología, el consumidor cambia de hábitos... y te quedes más obsoleto que un fonógrafo. Debes tener claro qué parámetros internos y externos debes vigilar.

Muchos recomiendan la inversión en negocios sólo para personas que ya tienen sus necesidades financieras resueltas (o al menos estables) y un portafolio diversificado —uno no puede andar arriesgando en esto la colegiatura de los niños o la hipoteca— y que esta parte sea algo que si pierdes, de verdad no te deje en la chilla. Si no es tu caso pero quieres entrarle, lo importante es que sepas los riesgos que estás asumiendo.

La liquidez es uno de los temas claves aquí: si le entras a un fondo, un seguro o tu afore, si requieres retirar tu dinero lo puedas hacer, aun si aplica una penalización por no respetar el horizonte de inversión. En la inversión en negocios no es así: si te vuelves socio de una empresa privada (o sea, que no está en la Bolsa), tienes tus acciones, pero si a los tres meses decides que siempre no te latió, no puedes salir a venderlas con tanta facilidad. Tienes que esperarte a que un tercero adquiera toda la empresa, a que te las puedan recomprar los dueños o a que la compañía se coloque en la Bolsa (los famosos "eventos de liquidez"). Y esto es más complicado entre más joven sea el negocio o si apenas empezó la etapa de reestructura para la que se metió la inversión a la compañía.

Por último, como bien dice este dicho que me encanta, "al ojo del amo es buena la mula". Si no lo puedes vigilar —incluso si es franquicia—, si no puedes dedicarle tiempo ni para entenderlo, analizarlo y darle seguimiento —si eres socio capitalista—, la verdad es que más que inversión, será atolladero seguro.

Aviso de ocasión

Se solicita inversionista en negocios:

- Que conozca los riesgos y esté consciente de que puede llegar a perder una parte o toda su inversión;
- Con alguna experiencia en negocios o en el sector al que va a entrar. Ex emprendeables, altamente deseables;
- Que pueda permanecer por lo menos cinco años en la inversión y de preferencia hasta siete o diez años;
- Con algo más que ofrecer que dinero (experiencia, conocimientos, contactos);
- Que tenga empatía con los emprendedores con los que piensa invertir.

Interesados, seguir leyendo y buscar
su modalidad preferida.

Un detector de quiebras humano

Hablando del riesgo, así como hay detectores de humo o de mentiras, hace poco conocí a alguien que bien podría ser de quiebras. Sí, un detector de quiebras humano. Su nombre es Ana Sarez —aclaro que Sarez es su nombre artístico por su firma fiscal, su verdadero apellido es Ramírez— y supe de su fama mucho antes de conocerla.

Ana es contadora y amiga de mi amigo Abraham. Una vez lo llamó para quedar a comer y sugirió un lugar. Él dijo que no podía porque se iba de viaje y Ana muy apurada le preguntó: "¿Cuándo regresas? Está muy rico, no sé si dure y quiero que lo pruebes antes de que cierre." Dicho y hecho: el restaurante tronó al poco tiempo.

Uno podría pensar que Ana conocía a los socios y le habían pasado el chisme o algo similar, pero fíjense que no. Lo único que había hecho era observar el negocio. Abraham cuenta que no fue la única vez que "vaticinó" la bancarrota de un lugar con sólo ver la carta. Hasta le decía a Abraham en broma que si quería comer en tal o cual restaurante para ver si iba a quebrar. ¿Sería vidente?... Sí, pero financiera.

Le pedí que me describiera su método y esto es lo que hace:

1. Al entrar al restaurante ve a los clientes para detectar el sector o *target* del negocio. Eso le da una idea de cuánto deberían costar los platillos.

2. Se fija en los meseros, porque son los vendedores; en la calidad del servicio están los rendimientos del negocio. Por ejemplo, si un mesero ve que tomas agua, te ofrece vino en lugar de refresco porque no estás consumiendo lo que más margen le da a los restaurantes, que son las bebidas.

   En los lugares que quiebran, es común que los meseros estén sentadotes o no sugieran cosas para abombar la cuenta. "Dejan al cliente desatendido, cuando deberían buscar que le dé hambre, quiera algo de beber, algo le pique...", dice Ana.

3. Ve la cara y las actitudes del dueño, y checa si hay gerente. Si el dueño está ansioso y él mismo te atiende —en lugar de sólo supervisar— no ha sacado ni sus costos, o está desesperado por sacarlos.

4. Al ordenar abre la carta y ve qué proponen y a qué costo. Lo compara con otros lugares similares y determina si están en precio, si se están excediendo, si su tirada es margen o apuesta

al volumen, y si es congruente. Ejemplo: no puedes abrir un lugar de comida muy especializada con poca tropicalización que busque volumen, porque los clientes irán una o dos veces al año, pero no en masa.

5 Luego desmenuza los costos: cuánto cuesta la renta del lugar, cuántos meseros hay, si tiene gerente, los costos de los ingredientes y checa qué proporción tienen los costos fijos contra los variables.

6 Checa la capacidad del lugar, si el número de mesas cambia en hora pico, si los comensales de un día normal realmente cubren al menos los costos fijos y cuánto tiempo se tardarían en llegar al punto de equilibrio.

7 El veredicto "se cocina en su cabeza".

Negocios de comida no son lo único que analiza Ana, pero son un ejemplo perfecto porque todo el mundo tiene la GRAN idea de poner una taquería o changarro alimenticio similar.

De hecho, también me puso un ejemplo de cómo los tamales pueden ser un hitazo o un camino a la quiebra: a una olla le inviertes 900 pesos, y ya contando el "salario" de alguien que los haga, puedes sacar 2 000 pesos con la mano en la cintura. ¿Entonces todos ponemos tamalerías y nos hacemos ricos? ¡Fíjense que no! El problema de los tamales, y de muchos negocios, llega justamente cuando se le agregan "costos fijos" al carrito de tamales: la renta de un local, el encargado, los uniformes, el logo, los *flyers* (o cualquier cosa que uses de publicidad), productos de limpieza, etcétera, etcétera y más etcétera.

Esos son datos que debes conocer para saber si eso que suena a negociazo tiene posibilidades de serlo como los emprendedores lo quieren poner.

Ana ha podido refinar su método después de observar muchos casos y aclara que no necesitas desarrollar la sobrehumana habilidad de hacer multiplicaciones mentales de seis cifras, pero sí pedir datos y afinar un poco de olfato, ya que tu principal chamba de inversionista en negocios es la de analizar. Recuerda que si los números no salen en el papel, ¡menos en la vida real donde sí hay emergencias! Así que a revisar que no estén tan volados, por lo menos.

Pasos para evaluar un negocio al que vas a invertirle

Curiosamente, cuando yo era un moconete, mi papá era analista de una empresa de capital de riesgo. Buscaban proyectos que tuvieran potencial para crecer, pero que les faltara capital o asesoría. Y allí entraban ellos: invertían y buscaban cómo generar más valor, con la idea de vender su participación en la empresa unos años después por un buen billete, ya sea a la misma empresa, a otras o colocándola en La Bolsa. Aclaro, el de los millones no era él, solamente analizaba los negocios.

Pero como las inversiones eran fuertes, no las hacían de "tín marín", sino el famoso *due diligence*. Aunque suene muy elegante, *due diligence* es sólo una forma técnica de decir "hacer las preguntas correctas para conocer el valor de la compañía, su viabilidad, qué tan buena inversión puede ser, y luego comprobar que los datos que te dicen sean ciertos". Si quisiéramos ser muy literales, podríamos traducirlo como "hacer el trabajo que es debido, con esmero, en forma diligente o con cuidado", o simplemente hacer tu tarea al invertir en una compañía. Esto no es muy diferente de lo que hace Ana-detectora-de-quiebras como *hobby* cuando va a los restaurantes, pero tiene su chiste y metodología.

316

Una pequeña advertencia: el *due diligence* es una auditoría muy completa y detallada, la realizan los profesionales cuando el negocio a analizar ya pasó por los filtros básicos y tiene cara de que sí califica para inversión.

Puede que en un principio no hagas un análisis tan profundo para invertir en la taquería de tu primo porque te llevaría mucho tiempo y recursos, pero la idea general de este capítulo es que conozcas cómo lo hacen los profesionales, que entiendas la lógica del tema y los conceptos, para que puedas incorporarlos si tienes una oportunidad enfrente. El nivel de sofisticación del *due diligence* puede ir aumentando conforme se incremente el de tus inversiones o el tipo de negocios en los que participes.

Ahora sí, ¿qué era lo que mi papá y la gente en capital de riesgo estudiaban de un negocio? Digamos que va por etapas. En el primer filtro:

El equipo y en especial el líder

- Las capacidades para dirigir ese negocio en particular.
- Su experiencia en el sector en una posición similar (que el líder del proyecto tenga algún antecedente de director ayuda mucho), sus conocimientos y habilidades.
- Honestidad y solidez moral. No hay que meterse con meque-trefes que en una reunión hasta te cuentan cómo se fregaron a su socio anterior. Tampoco con presta-nombres, hay que averiguar con quién estás haciendo negocios en realidad.
- Su reputación en el sector, con sus competidores y ex socios, ex jefes (si los tuvo), con la gente que trabaja en su proyecto y ¡hasta con su equipo cercano! Ya si ni ellos lo estiman, la amolamos.

- Integridad, dedicación, compromiso y pasión por lo que hacen. Si no muere de amor por su proyecto y no te lo puede vender, ¿cómo se lo va a vender a los clientes?
- Sus fracasos anteriores (y si aprendieron de ellos).
- Su visión.
- Liderazgo. Puede que tengas al mejor técnico del mundo, pero si no puede llevar al equipo, no llegarán muy lejos.
- Flexibilidad, capacidad de escuchar y recibir críticas.
- Curiosidad y hambre de aprender. Nadie lo sabe todo, pero si está dispuesto a averiguarlo, vamos de gane.

El mercado

- Tamaño y crecimiento del mercado. Ojo, aquí no es el mercado jugoso e hipotético de millones que "si mi abuelita tuviera ruedas seríamos los distribuidores más grandes de bicicletas", sino al que de verdad puedes llegar contando las restricciones regulatorias, con el capital que tienes, los competidores, las estructuras monopólicas, los hábitos de la gente...
- Concentración. ¿Es de pocos y grandes jugadores o hay muchos de diversos tamaños? ¿Quién tiene la mayor parte y por qué?
- Barreras de entrada.
- Cómo se generan y distribuyen las ganancias en ese sector.
- Quiénes son sus competidores y qué tan temprano o tarde llegó al tema.
- Los clientes y el segmento al que va dirigido. Si ya está operando o al menos tiene un prototipo que hayan probado con clientes, mucho mejor, porque salen menos sorpresitas y hay retroalimentación que reduce la posibilidad de fracaso.

El negocio

- De qué se trata. Si no le entiendes, no le inviertas. Repito: si no le entiendes, no le inviertas. Un maestro decía que si no puedes explicarlo en 25 palabras, no hay negocio. Si se enredan mucho, ini ellos saben bien qué hacen!

- La propuesta de valor. Qué hacen mejor, más rápido o más barato que sus competidores y qué le otorgan al cliente. Algo muy importante: valor no es lo que la mamá del emprendedor diga, iqué bonito!, sino las prioridades del cliente y por lo que está dispuesto a pagar.

- El producto o servicio ¿es original e innovador? ¿Tienen alguna tecnología única? ¿Cambiaron la forma en que cobran? ¿Se trajeron la idea de otro lado? ¿Cómo la tropicalizaron o qué aportaron?

- El tamaño y tipo de empresa. Algunos requieren empresas medianas o grandes porque se llevan un porcentaje; si la inversión es pequeña, no les compensa el tiempo o dinero que les cuesta estudiarlas. Otros eligen sólo ciertos sectores. Unos prefieren las de etapas tempranas, otros cuando ya arrancaron y algunos más las empresas en expansión. Esto depende de los objetivos del inversionista.

- La distribución y las ventas. Puedes tener el mejor producto del mundo, pero si no sabes cómo se lo vas a poner en las manos al cliente, mala tarde.

- Su estrategia de crecimiento.

- El servicio, luego servicio y más servicio. Si maltratas al cliente, no va a regresar. Y servicio se requiere en todo: si eres mayorista, a las empresotas; si eres un *call center*, al que llama. Hagas lo que hagas el servicio a cliente es clave. iAh! Y "servicio" es todo el personal de la empresa, no sólo el chavito o chavita del mostrador. Esto es alrededor de la empresa, dentro de la empresa y entre la empresa. Todos tienen que estar capacitados.

El equipo y el líder, el mercado y el negocio son el primer filtro. Si no te checan, mejor no sigas, porque por mucho que sean unos magos con los números, si las bases no son sólidas, nomás no va a salir (además de que hacer un *due diligence* completo toma tiempo y en muchos casos dinero, que no vale la pena gastar si no está claro que haya potencial de negocios).

Y al revés: no porque te hayas enamorado de la idea o el emprendedor sea un tipazo, ya le entras de inmediato. Sigue investigando para conocer lo que obtendrás por tu dinero y hasta bajar riesgos.

Sus números

- Proyecciones de ingresos y gastos. Pregunten el muy básico "¿y de dónde sacaste ese número?" El sustento o los supuestos son lo más importante para que tengan algo que ver con la realidad. Los emprendedores por naturaleza son del "club de los optimistas", si no, no se aventarían a hacer nuevas cosas, pero ahí tu chamba como inversionista es pasar sus proyecciones por tu filtro de realidad.
- Su estructura de costos. ¿Qué requieren para operar? ¿De quién dependen? ¿Cuáles son sus mayores costos? ¿Qué factores afectan sus costos (clima, importaciones, etcétera)?
- Margen: cuánto sacan después de cubrir sus costos.
- La situación actual de la empresa. ¿Van empezando o ya tienen ingresos? ¿Están endeudados?, etcétera.

320

- Estados financieros y en especial el flujo de efectivo. Puede que no sean los más profesionales y no tengan el balance y estado de resultados, en especial si son empresas en etapas tempranas, pero mínimo hay que tener en papel cómo está entrando y saliendo el dinero, o si aún no opera, cuáles son las variables claves del negocio.

Para muchos de los analistas de inversiones en negocios el flujo es lo que importa porque mientras tengas dinero, puedes seguir operando, además es de lo que más te hablan de las empresas. Chance en el estado de resultados retienes pagos a proveedores para que salgas bien en la foto, pero dinero es dinero.

- El salario que se quieren pagar los que van a estar en el negocio. Es lógico que deban tener uno, pero si van arrancando, que no sea de CEO de empresa trasnacional.
- El porcentaje de la compañía que van a tener los dueños y cómo puede ir cambiando a través del tiempo.

El "papelito habla" o temas legales

- Acta constitutiva de la empresa, para que no inviertas en "el fantasmita feliz S.A. de C.V." y te apliquen la de "nadie sabe, nadie supo".
- Si están en regla en lo fiscal, cumplen con las normas de salubridad, tienen los permisos para operar. Cualquier cosa chueca puede poner en riesgo el negocio —por ende, tu inversión— o hasta meterte en problemas.
- Averiguar si hay algún juicio en curso o problema legal anexo, y de ser posible solicitar "declaraciones" o *reps and warranties*.

321

Como la información del *due diligence* que usas es la que te dan los del negocio, muchos de los inversionistas solicitan declaraciones de que la empresa no tiene adeudos o problemas legales o fiscales que no haya revelado, los que en caso de presentarse deben indemnizar al inversionista. Esto se usa más bien en adquisiciones de empresas grandes, pero podrías pedirlo en cualquiera.

- El documento que va a respaldar tu inversión. Esto puede ser un convenio, un contrato de la inversión, una nota convertible (empiezas invirtiendo como deuda, pero cuando a llega un fondo o recaudan más capital, la puedes transformar en acciones)...

Para transacciones más sofisticadas, primero te darán un *term sheet* que sería como la "cotización", porque incluye todas las condiciones de la inversión; y ya si llegan a un acuerdo, se trabaja en el contrato.

También existe la otra cara de la moneda. En el ambiente de los *start-ups,* en especial los que pasaron algún tiempo en Estados Unidos, muchos usan cartas de intención o "memorándum de entendimiento" (MoU, Memorandum of Understanding), que son documentos donde las partes muestran su voluntad de llegar a una transacción o negocio, pero que a diferencia del contrato, puede ser vinculante (obligatorio) en todo o sólo en parte. Ejemplo: puede no ser obligatoria la compra de la empresa, pero sí respetar temas de confidencialidad y "no competencia".

Obviamente, la sofisticación de los documentos legales que te vayan a dar depende mucho de la etapa y el tamaño de la empresa. Si apenas andan arrancando no se van a gastar todo su dinero en esta parte, pero lo que sí es importante es tener todo por escrito e ir formalizando conforme crezca el proyecto.

Es muy recomendable que te asesores sobre cuáles son los derechos, las obligaciones y los riesgos legales que tiene tu inversión, tanto para tu patrimonio como a nivel personal, y cómo te puedes proteger mejor. Es muy importante separar legalmente a la persona física de la persona de la empresa, y proteger a todos los involucrados. Los inversionistas más sofisticados suelen tener varias entidades intermedias entre su persona y sus negocios para evitar afectaciones.

Los dineros

- Estrategia de financiamiento. ¿Todo va a ser capital? ¿Piensan pedir un préstamo? ¿Van a emitir deuda? ¿Ya tienen dinero de sus propios ahorros, familiares y amigos? ¿Hay otros accionistas?
- Requisitos de capital. ¿Cuánto necesitan y para qué? ¿Los supuestos son realistas o se van a quedar a medias sin lana? Esto puede llegar a tronar un buen negocio, así que a revisar con lupa.
- Hay un concepto conocido como "valle de la muerte", porque para los emprendedores puede ser fácil conseguir los recursos para el arranque, ya sea de sus ahorros o con familia, amigos y conocidos, pero donde se atoran muchos es cuando van a crecer y requieren inyecciones de millones. Si desde el principio no ven cómo conseguirlos, es mejor replantear su plan de negocios con los recursos que se tienen, que "torturarlo" para que a fuerza salgan los números, o aplicar la de "lo vemos sobre la marcha", porque la falta de recursos sí puede ser una seria amenaza. Puede que en el mejor de los casos sólo se estanquen, pero es común que desaparezca la empresa.
- Propuesta de inversión. ¿Qué te ofrecen? ¿Cuánto tienes que poner y a cambio de qué? ¿Cuál será la valuación de la empresa?

323

- Estrategia de salida de la inversión. ¿Hay reglas para vender tus acciones? ¿Desde cuándo puedes vender tus acciones, a quién y cómo se va a determinar el precio? ¿Se piensa vender la empresa a terceros, a los dueños originales o colocarla en la Bolsa? Si es deuda, ¿cuándo y cuánto te pagan?

Es posible que la parte financiera o de estructura sea en la que el emprendedor necesita que más lo complemente el inversionista con sus conocimientos. No todos son unas hachas para los números, más bien son pocos; puede ser que tú sí y así los resuelvan. Pero lo que es un hecho es que debe tener cierta claridad de las variables para ir midiendo su éxito.

El mundo real

- Visitas a la empresa en un día normal para que sepas cómo funciona. Si trabajan en su garaje, a su casa.
- Pláticas con trabajadores, equipo o hasta familiares y amigos. Quienes invierten en empresas de etapas muy tempranas a veces platican hasta con los papás de los emprendedores porque eso puede darles información interesante de cómo manejan ciertas situaciones complicadas.
- Sondeo con los clientes para saber qué opinan del producto o servicio y ver qué se puede mejorar.

Otros riesgos y acuerdos

- Si falleciera o se invalidara el emprendedor, ¿quién tomaría las riendas? ¿Está asegurado?
- ¿Quién responde por fraudes o responsabilidades del negocio?

- ¿Qué políticas de contratación habrá? ¿Cuál es la postura respecto a que los familiares trabajen en la empresa?

Toda esta información no es algo que necesariamente pueda cubrir un inversionista individual, es lo que hacen equipos enteros en algunos casos. Pero sí es importante reflexionar en estos puntos y familiarizarte bien tanto con el emprendedor como con la empresa.

Como notita al pie: así como tú, inversionista, evalúas al emprendedor, el emprendedor también puede y debe evaluarte. Es parte del proceso de análisis y negociación.

Aun si son muy novatazos o vas a invertir en un changarro, la mínima información que te deben dar es:

- Una explicación de su negocio y de cómo van a hacer dinero.
- A quién le piensan vender.
- Una corrida, aunque sea elemental, de sus gastos e ingresos.
- Un pequeño listado de cómo piensan medir cómo va el negocio.
- Cuándo te regresan tu dinero y cuánto van a pagarte por él (interés) si estás prestando; si estás entrando como socio, qué porcentaje de la empresa tendrás, qué derechos o control y cómo se cuenta tu inversión para expansiones futuras. De nuevo, esto debe ir por escrito.

Puede que el emprendedor (o tu pariente, cuate o anexo) te vea con cara de "eres un pequeño cerdo capitalista", pero como dice Robert, el ángel inversionista que en una de sus inversiones por 25 000 dólares sólo recibió una silla: "¡Claro que es bueno que ayudes a tu familia y amigos! Pero también tienes que agregar algo de principios de negocios, no para destruir su sueño, sino para aumentar las posibilidades de que tengan éxito y lo cumplan."

¿Vas a prestar o vas a ser socio?

Hay dos modalidades para la inversión en negocios:

- Con deuda, que es simplemente prestarle el dinero a la empresa por un cierto tiempo, a cambio de una tasa de interés (y de preferencia contra garantías, aunque no es lo más común).
- Entrarle con capital, pones lana y lo que tienes es un cacho de la empresa.

Algo a considerar es que con la deuda tienes cierta garantía de que puedes recuperar esa lana, la empresa a la que le prestaste tiene una obligación contigo, pero eso sí: no hay propiedad ni tienes ninguna injerencia sobre la empresa.

En cambio, si aportas capital, te vuelves socio y sí hay propiedad (aunque el porcentaje dependerá de la aportación, los derechos y del tipo de acciones que tengas), pero también si la empresa truena. Como legalmente tu lana es parte de la garantía para pagar a los acreedores, eres de los últimos que recupera... si es que quedó algo.

El imaginario mexicano tiende a mezclar la gimnasia con la magnesia y luego creemos que la deuda nos da propiedad o que el capital es como tener un pagaré, y no.

Roberto Charvel, fundador de Vander Capital, cuenta que en México, y en los países latinos, lo que abunda para invertir en empresas es el concepto de "deuda", porque venimos de la tradición francesa donde es lo único que existe; pero hay lugares donde el "capital" y el concepto de ser socio está más desarrollado, como en Estados Unidos.

La diferencia entre deuda y capital en una empresa es importante para saber qué función tendrá nuestro dinero, qué derechos y qué riesgos, pero también para elegir cuál conviene por tipo de negocio: hay empresas donde embona perfecto entrarle con deuda y el capital ni al caso, y viceversa.

Si prestas dinero, lo que más te importa es que esa empresa sea capaz de pagarte, que sea sólida o tenga garantías para cubrir con su obligación. Puede no tener un crecimiento espectacular o no ser la superlíder de su sector, pero si está operando y tiene flujos, casi que ya está, porque tu agobio es que no se vaya a la quiebra o no que ande tan corto que no te regrese el principal, lo que prestaste con los intereses. En situaciones muy críticas las empresas pueden no pagar los intereses, pagar sólo parte del capital, renegociar los plazos de pago o caer en *default*.

Si la empresa aún no tiene ingresos, está un poco complicado prestarle porque en realidad no sabes si va a generar el dinero para pagarte. Es por eso que para las empresas que van a arrancar apenas o tienen poco es tan complicado conseguir créditos o tienen que tener bienes personales para poner en garantía.

En cambio, si vas a ser socio capitalista, lo que importa es el potencial del negocio para crecer, porque tú tienes un porcentaje y si el pastel completo no vale más, tu pedazo tampoco, te quedas con lo mismo que entraste, y si se encoge, ¡con menos!

Por eso, con deuda puedes entrar a casi cualquier empresa con capacidad de pago, pero con capital sólo a las que de verdad se puedan duplicar, triplicar, cuadruplicar... o mínimo, tener un crecimiento fuerte.

Por poner un ejemplo: si la papelería de la esquina qui-siera que le invirtieras, la verdad sería más candidata para deuda, porque puede que lo use para ampliar el local y eso le dé algo más de ventas, pero no necesariamente un crecimiento exponencial. En cambio, si cuando Google era un proyecto te hubieran dado a elegir, en lugar de prestar, lo ideal habría sido entrar con capital y tener un 1%, que si te costó 10 en aquellos ayeres, a los pocos años sería 100 o 1,000, o lo que sea que haya crecido.

¿Cuándo van a regresarme mi inversión? Si entró como deuda, debe tener un plazo en el que sea exigible; si entró como capital, realmente no sabes cuándo vas a volver a ver tu lana porque de-pende de que la empresa tenga éxito para que obtengas parte de sus utilidades, o si quieres salirte necesitarías esperar un "evento de liquidez", es decir, que la empresa se venda a un tercero y se le pague su parte a todos los socios, que los fundadores u otros accionistas compren tu parte o si es un hitazo, que se coloque en La Bolsa de Valores.

Otro tema más es qué pasa con tu dinero si la empresa quie-bra. Si lo que invertiste es deuda, eres uno de sus acreedores y te tienen que pagar (claro, hasta donde alcance y tu preferencia por cobrar depende del tipo de documento que ampare la deuda y las garantías). Si eres socio, se usa TU capital para pagar a los acreedores, entonces recuperarías sólo si después de pagarles a todos queda algo. Si eres socio, la estructura legal y tus respon-sabilidades deben quedar claras porque en un caso extremo, si no está bien armado, incluso puede afectar tu patrimonio y no sólo lo que invertiste en esa empresa.

Y de nuevo todo debe estar por escrito. Si vas a entrarle a un negocio, lo que debe quedar muy claro en un contrato es:

Si es préstamo:

- cuánto estás prestando;
- a qué tasa de interés;
- la exigibilidad (cuándo puedes cobrar);
- las garantías contra las que puedes cobrar si no te pagan.

Si le vas a entrar con capital:

- ahí tienes una parte, pero parte de qué, ¿del negocio entero y las ampliaciones? ¿Sólo de la sucursal que están abriendo? ¿De qué? ¿Qué va a pasar cuando se requiera más capital: le puedes entrar, tienes alguna preferencia?;
- cuando entras con capital tienes derecho a una parte de las utilidades, no a tasa de interés, entonces, ¿cuánto va a ser (esto se fija de acuerdo con el porcentaje de la empresa que tienes)? Cuando se pagan los dividendos, ¿te toca ser de los primeros o los del final?;
- ¿Qué derechos tendrás (voto, por ejemplo)? De esta última parte hablaremos más detalladamente un poco después.

Costo del dinero

A una persona que adoro, que llamaremos Mr. G de Generoso, su cuate de toda la vida le pidió lana para abrir una tienda de guacamayas y otras aves. Juro que ése era el giro, no lo estoy adornando. Total que Mr. G, más que como inversión lo hizo por ayudar y ser compinche del sueño de su cuate y soltó la lana.

Cuando andaban viendo cuánto le iba a pagar, el amigo le preguntó cuánto le daba el pagaré bancario donde tenía su dinero. Mr. G, muy campechano, le contestó que 6% anual y el otro bien concha le dijo: "Ah, pues eso te pago por lo que me prestaste cuando te lo regrese."

Para empezar, le debía pagar un premio sobre la opción bancaria porque las probabilidades de que truene Banco Walmart (que es donde tenía su pagaré en el momento) son infinitamente menores a que la tienda de guacamayas quedara completamente desplumada. Y para seguir, de seguro si el amigo hubiera querido sacar un crédito formal, le hubieran cobrado tres o cuatro veces más.

Cuando hablamos de tasas de interés en el capítulo 2, comentamos que usar todos los bienes y servicios en este mundo tiene un costo y que el dinero no es la excepción. Si alguien va a usar tu dinero, puedes cobrarle un precio por él.

¿Pero cuál es el adecuado? Esto depende de varias cosas:

- Cuánto puede ganar el inversionista metiendo su lana en otras opciones de igual o menor riesgo (por eso el amigo debería pagar más que el pagaré), y por ende cuánto sería aceptable recibir a cambio de su dinero ahí.
- Cuál es el costo del financiamiento para el negocio si pidiera un crédito a una institución bancaria.
- El tiempo que lo vas a prestar o invertir. No es lo mismo que te regresen 5 000 pesos por tus 4 000 en un año, que en diez.

Entre más fácil y barato sea para un emprendedor pedir crédito, menos estará dispuesto a pagar a los inversionistas, y viceversa.

El chiste no es que uno se avorace y el otro pierda, sino llegar a un precio que convenga a ambos. Esto puede aplicar tanto a la tasa de interés, si sólo les estás prestando, como a los dividendos, si entraste con capital.

Si el objetivo hubiera sido 100% inversión, yo le habría dado dos vueltas de pescuezo a Mr. G por haber hecho las cosas justo al contrario de como se deben: por prestar a un costo que nada tenía que ver con el riesgo que corría y por no poner las condiciones por escrito. Ahí entramos en el terreno de "¿es préstamo de cuates o es inversión?" Si su opción es la segunda, hay que ser congruentes con eso.

Por fortuna, la tienda de guacamayas fue todo un éxito y le regresaron su capital con intereses, bajos, pero intereses, pero ¿y si hubiera tronado? ¿Y si uno hubiera entendido que era deuda y el otro capital? ¿Si se hubiera retrasado con el pago? Muy probablemente se habría quedado sin lana o peor: sin lana y sin amigo.

Por esta razón, la próxima vez que "El Tuercas" te quiera buscar como inversionista de su taller, dile muy políticamente que de lengua te comes un taco y que hagan un pequeño contrato en el que quede claro si es deuda o capital, tasas o porcentaje, etcétera, a menos que lo estés pensando más cómo regalo.

"DE A CÓMO NO" O LA FAMOSA VALUACIÓN

"Yo le meto 200 000 a tu empresa y ahí luego vemos cómo nos repartimos"... Ajá, pero ¿eso me hace dueño de qué porcentaje? ¿Qué va a pasar si entran nuevos socios? Si la empresa ya creció, ¿ahora a cuánto equivale mi parte si quisiera venderla? Por esas y otras importantes interrogantes existenciales que se presentan en los negocios es tan relevante la famosa "valuación".

Aunque suene a pleonasmo, valuación es estimar el valor de un activo. En el caso de una empresa es estimar a cuánto ascienden las cosas tangibles (el capital que le metieron los socios, las ventas, el local, los muebles) y las intangibles (cuánto vale la patente, el mercado, el trabajo o expertise de los fundadores, etcétera) que la forman.

Bien decía Oscar Wilde: "Todo el mundo conoce el precio de todo y el valor de nada." En las inversiones en negocios no podría ser más cierto. Definir el valor de una empresa puede ser uno de los puntos de más jaloneo.

Si es un supercuete valuar cuando la empresa ya arrancó, si tiene flujos y medio puedes compararla con otras de su sector (si les interesa profundizar en el tema, investiguen sobre "valuación por comparables" o múltiplos), ahora ¡imagínense cuando es una empresa nueva, de algo muy innovador y poco conocido! Ahí sí las cosas se ponen color de hormiga. Claramente, no es lo mismo valuar emprendimientos de tecnología que de tacos.

En el naciente ambiente de *start-ups* mexicano (los emprendimientos de alto valor e innovación) hay mucha polémica en los métodos de valuación y en cómo se definen los porcentajes. No hay en sí un estándar, pero ahí les van las tres técnicas que más se usan:

1   **Comparando con el promedio de la industria.** Algunos valúan con una "boleta de calificación", donde se compara a una empresa con el promedio de su sector y se le da un puntaje en aspectos clave como el equipo que lo manejará, la oportunidad de negocio, el producto, la competencia, sus canales de ventas, si tiene o no propiedad intelectual, etcétera.

   Si en la mayoría de los aspectos sale con una mejor calificación, su valor es mayor que el del promedio de la industria. Si su calificación es más baja, su valor es menor que el de las empresas promedio de la industria. Este método se llama *scorecard*.

2   **Por probabilidades y tamaño de la oportunidad.** Puede que una empresa esté en algo muy nuevo y en realidad no sabes

si le va a pegar, pero si lo logra, será un hitazo. Esta técnica de valuación parte un poco de eso y calcula a partir del tamaño de la oportunidad (el mercado, las ventas a las que pueden llegar, etcétera), las posibilidades de éxito de la empresa, según datos históricos de su sector. Obviamente, entre más joven es una empresa, más riesgo de que no lo logre, y conforme va avanzando, pues ya puedes tener más certeza de cuáles serán sus resultados y si sobrevivirá.

Por ejemplo: si se cree que la empresa puede llegar a valer 100 millones en tres años, pero ahorita está arrancando y las empresas de su sector que inician sólo tienen 10% de probabilidades de tener éxito, entonces en ese momento la empresa vale 10 millones (el 10% de 100 millones es 10 millones).

3 **Por resultados futuros.** Hay algunos inversionistas o fondos que invierten en negocios que cuando recién arranca un proyecto no valúan la empresa ni fijan los porcentajes, pero en cambio acuerdan una tablita de metas y conforme los fundadores lleguen a ellas se les da un mayor porcentaje de la empresa. Es decir, se reparte cuando ya hay algo que repartir, pero los parámetros para hacerlo se fijan desde antes.

Todos tienen sus pros y contras. Algunos métodos son más amigables con el emprendedor, otros buscan proteger más al inversionista. Incluso pueden existir otras técnicas diferentes, pero éstas son las que usan inversionistas y fondos que en la actualidad están operando como los de Heberto Taracena (Inventmx, fundador de metroscubicos), César Salazar (500 *startups*) o el Angel Resource Institute. El chiste es que tengas idea de qué te puedes encontrar si te da por invertir en un negocio así. Si quieres ver más de estos métodos, puedes checar información en el anexo 5.

Como verás, la valuación está lejos de ser una ciencia exacta. Además de las técnicas que se usen, pueden entrar otros factores que las crezcan o las castiguen como la cantidad de proyectos buscando inversión y los inversionistas con capital dispuestos a entrarle (oferta y demanda, una vez más).

Lo importante es que haya criterios claros y que emprendedor e inversionista lleguen a un punto de acuerdo, ya que la valuación y los porcentajes son también parte de la negociación de las condiciones de la inversión. De hecho, la valuación sólo se hace a empresas que además de que pasaron el primer filtro, ya pasaron el *due diligence* o una etapa de prueba.

Valuación antes y después de invertir

¿Crees que un negocio al que le invirtieron capital para crecer vale más que uno que anda corto de lana? Pues los inversionistas y los emprendedores también. Por eso, las valuaciones de una empresa cambian cada vez que recibe inversiones y hasta tienen nombre dependiendo del momento:

- *Pre-money valuation* o la valuación que la empresa tiene antes de que le aporten nuevo capital.
- *Post-money valuation* o la valuación que la empresa alcanzó ya contando la entrada de nuevo capital.

Cuando se está negociando una inversión, hay que precisar de cuál estamos hablando. La que se esté usando afecta a cuánto tenemos de la empresa.

Por ejemplo: pensemos en una compañía que vale 2 millones y le quieren invertir 500,000. Ok, ¿entonces con cuánto se queda cada quién? Depende de si valía los 2 millones antes de la inversión o ya contando la inversión.

Si los 2 millones fueran *pre-money*:

¿Quién?	Valor	Porcentaje
Emprendedor	2,000,000	80%
Inversionista	500,000	20%
Total	2,500,000	100%

Si los 2 millones fueran *post-money*

¿Quién?	Valor	Porcentaje
Emprendedor	1500,000	75%
Inversionista	500,000	25%
Total	2,000,000	100%

Estos temas son técnicos, pueden ir mucho al detalle, pero si empiezas a hacer inversiones en negocios más sofisticadas (en empresas más estructuradas o a través de clubes de inversionistas y fondos), se vuelven muy relevantes.

¿Cuánto vale el trabajo de los que operan el negocio?

Al blog me llegó en distintas versiones la siguiente pregunta:

Hola, voy a abrir una pastelería con un socio. Yo voy a hacer el trabajo y él nada más va a poner el dinero ¡y quiere 50% de las ganancias! ¿Cómo deberíamos dividirlo?

335

Ésta es la eterna discusión. El que trabaja se pone en actitud de "el otro no hace nada, sólo puso dinero", y el que pone el dinero "yo lo pagué todo, sin mi capital el negocio no arrancaría". Aquí es claro que no están viendo que trabajan para el mismo fin, ni tampoco dimensionan de forma justa la aportación de cada quien.

Es humano sobrevalorar lo que doy e infravalorar lo que me dan (hasta estudios hay al respecto).

Es muy fácil que el valor de lo que pone cada quien se vuelva una conversación completamente subjetiva. ¿Cómo se le puede llevar a un plano más objetivo? ¡Poniéndole numeritos!

Todo en la vida tiene un valor y se puede cuantificar, o al menos hacer una aproximación. El tiempo y el trabajo no son la excepción.

La mayoría de las veces el emprendedor sacrifica sueldo (el del mercado de ese puesto y el que podría ganar chambeando en otra cosa) en aras de que el negocio arranque. Y de todos modos, si él no hiciera esas labores, tendrían que contratar a alguien. ¿Cuánto está dejando de ganar? ¿Cuánto vale la hora de trabajo en el mercado de alguien así de calificado?

Esa aportación en trabajo y *expertise* se puede cuantificar y tomar en cuenta tanto para valuar, como para repartir las acciones de la empresa. De hecho, en Estados Unidos se le llama "sweat capital" (textual, sería "capital de sudor", o bien, que andamos sudando la gota gorda para sacar adelante el negocio y que eso vale).

También pueden entrar otros temas como el valor de la idea y la propiedad intelectual, pero de entrada es un factor que se debe poner sobre la mesa para llegar al acuerdo y que los inversionistas deben tener claro.

Y también los emprendedores tienen que entender el valor de la inversión. En primera, porque si el dinero se lo tuvieran que pedir al banco, pagarían un interés y eso si les dan el crédito. Y en segunda, porque los socios aportan o deberían aportar más que capital (conocimientos, relaciones, etcétera). Si no le ven valor a su socio o creen que "nada más va a poner dinero", una de dos: o ese socio no es el correcto o ustedes no están listos para tener un socio.

Hay que echarle una pensada, porque si estamos en alguno de esos casos, no habrá acuerdo que nos parezca justo, por mucho que negociemos.

Dilución, una razón para valuar

¿Por qué ponerse tan necio con saber cuánto vale la empresa y el pedazo que tengo? Porque las empresas normalmente requieren más de una ronda o inyección de capital para fondearse o crecer. El tema es que si el pastel tiene que repartirse entre más personas, ya no te vas a quedar con el mismo porcentaje, pero ¿cuánto menos es lo que te deberías quedar?

"Dilución" es el nombre técnico de que tu porcentaje de la empresa se reduzca cuando entra más capital. Así como cuando le echan más agua a las cosas baja la concentración, igualito, pero con tu participación.

**¿Qué pasa con tu parte de la empresa
cuando entran nuevos socios con capital?**

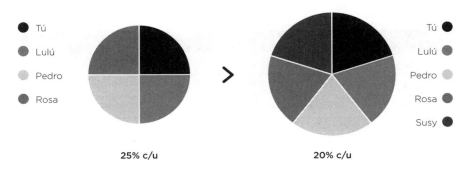

Ese es el concepto básico, si con eso ya te quedó más que claro, puedes saltarte al siguiente subtítulo "¿Quién tiene el control de la empresa?"; pero si quieres entenderle un poco más, puedes leer el ejemplo de ferretería "El tuercas flojas", en el que los fundadores que tenían 25% de la compañía al principio, terminan con porcentajes mucho más bajos por la entrada de nuevos accionistas. Pero eso sí, con más lana en total.

No se hagan demasiadas bolas con los números, vayan siguiendo el ejemplo, fíjense en qué deciden los participantes, observen bien las gráficas (el cambio de tamaño es a propósito) y cómo queda al final.

Importante: este ejemplo es una simplificación y no toma en cuenta el valor de los intangibles (marca, patentes, etcétera), que en la práctica sí se consideran en las valuaciones, pero es con ánimo de hacerlo más comprensible.

El comienzo de la ferretería "El tuercas flojas"

Cuando los cuatro socios fundadores abrieron el negocio, la ferretería "El tuercas flojas" valía 100,000 pesos. Acordaron emitir 100 acciones y repartir en partes iguales, con lo que cada acción valdría 1,000 pesos (100,000 pesos / 1000 pesos = 100 acciones; 100 acciones / 4 = 25 acciones por cabeza).

Socio	Número de acciones	Porcentaje de la compañía
Juan	25	25%
Lulú	25	25%
Pedro	25	25%
Rosa	25	25%
Total	100	100%

Así se veía la ferretería al inicio:

Valor de la compañía	$ 100,000
Número de acciones	100
Precio por acción	$ 1,000

25% c/u

El cierre del primer año

La ferretería tiene un muy buen primer año, ¡y hasta consiguen 50 000 pesos de utilidades!

Como deciden reinvertir las utilidades, en lugar de que su empresa valga 100,000 pesos, ahora vale 150,000. Esto también hace que la acción suba de 1,000 a 1,500 pesos (150,000 pesos / 100 acciones = 1,500 pesos).

Valor de la compañía	$ 150,000
Número de acciones	100
Precio por acción	$ 1,500

Segunda aportación de capital

Con todo y sus buenos resultados del primer año, para ampliarse necesitan más capital. Juan dice que él le entra con 25,000 pesos, pero Lulú, Pedro y Rosa dicen que ahorita tienen muchos gastos y no pueden.

Como esa lana no va a ser suficiente para expandirse, invitan a nuevos socios: Susy y Héctor invierten 25,000 pesos cada uno y Elsa pone 30,000 pesos.

339

Con las aportaciones de Juan, Susy, Héctor y Elsa, la compañía recibe 105,000 pesos, equivalente a 70 nuevas acciones (105,000 pesos / 1,500 pesos que es el precio por acción = 70 acciones). Con este aumento de capital, el nuevo valor de la ferretería "El tuercas flojas" es de 255,000 pesos.

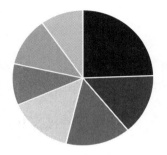

Ahora la compañía se ve así:
Juan mantuvo su porcentaje porque le entró con dinero. Lulú, Pedro y Rosa no, entonces bajó a 15% su participación. Se empezaron a diluir con la entrada de nuevos socios.

25%	●	Juan
15%	●	Lulú
15%	●	Pedro
15%	●	Rosa
10%	●	Susy
12%	●	Elsa
10%	●	Hector

Cierre del segundo año

La ferretería "El tuercas flojas" va de maravilla, cierra el año con utilidades de 80 000 pesos, por lo que ahora la compañía vale 335,000 pesos (255,000 + 80,000 = 335,000).

iBuenas noticias para los inversionistas! Su acción ahora está en 1,971 pesos (335,000 pesos / 170 acciones).

Valor de la compañía	$ 335,000
Número de acciones	170
Precio por acción	$ 1,971

Tercera aportación

Como estos muchachos no son conformistas y quieren abrir sucursales en otros estados, de nuevo van a necesitar dinero.

Calculan que con 200,000 pesos la arman. ¿Quién le entra y con cuánto?

Fundadores:

Juan – 25,000 pesos

Lulú – 0

Pedro – 0

Rosa – 50,000 pesos

(para emparejarse un poquito)

Socios desde la segunda ronda:

Susy – 25,000 pesos

Elsa – 25,000 pesos

Héctor – 25,000 pesos

E invitan a otros dos socios:

Sofía – 25,000 pesos

Alonso – 25,000 pesos

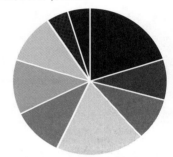

Aportación total: 200,000 pesos

Valor de la compañía tras la aportación: 535,000 pesos (335,000 + aportación a capital de 200,000)

20%	●	Juan
9%	●	Lulú
9%	●	Pedro
19%	●	Rosa
11%	●	Susy
12%	●	Elsa
11%	●	Hector
5%	●	Sofia
5%	●	Alonso

¿Eso cómo los deja?Con esta última aportación, Juan baja su porcentaje, pero como siempre le entró es el que más tiene; le sigue Rosa, que se saltó una ronda, pero en la tercera se puso guapa y metió el doble que todos; Lulú y Pedro se quedaron sólo con el número de acciones del inicio, que ahora representan únicamente 9% de la compañía (pero no se agüiten, ahorita vemos que en dinero salen ganones); los socios de la segunda ronda se quedaron con 11, 11 y 12%, respectivamente, y los últimos en entrar, con 5 por ciento.

Como pueden ver, el porcentaje de los accionistas originales se fueron diluyendo con la entrada de nuevos accionistas, pero también fue creciendo la empresa, entonces ese porcentaje valía más, ahorita van a ver cuánto.

Resultados del tercer año

Los resultados del tercer año fueron también positivos. La ferretería consiguió una utilidad de 120,000 pesos, lo que deja a la compañía en un valor de 665,000 pesos.

Para que vean que no estaban nada tarugos los fundadores al aceptar más capital, vamos a ver cuánto aportó cada quien y con cuánto se quedó al final:

Socio	Total de acciones	% de la empresa*	Aportaciones totales	Valor final de sus acciones	Ganancia (valor final- aportaciones)
Juan	54	20%	$75,000.00	$131,132.03	$56,132.03
Lulú	25	9%	$25,000.00	$60,314.73	$35,314.73
Pedro	25	9%	$25,000.00	$60,314.73	$35,314.73
Rosa	50	19%	$75,000.00	$121,529.69	$46,529.69
Susy	29	11%	$50,000.00	$70,817.30	$20,817.30
Elsa	33	12%	$55,000.00	$78,859.26	$23,859.26
Héctor	29	11%	$50,000.00	$70,817.30	$20,817.30
Sofía	13	5%	$25,000.00	$30,607.48	$5,607.48
Alonso	13	5%	$25,000.00	$30,607.48	$5,607.48
Total	271	100%	$405,000.00	$655,000.00	$250,000.00

* Los porcentajes están redondeados a fin de simplificar la visualización del ejemplo.

Aunque está interesante ver caso por caso, puede que los más ilustrativos son los de Juan, los dos inversionistas del principio que ya no siguieron aportando y los de los últimos accionistas en entrar. A pesar de que Juan siguió aportando todas las rondas, su porcentaje bajó de 25% que tenía al principio, a 20% al final, pero sus 75,000 pesos terminaron en 131,132 pesos.

Lulú y Alonso invirtieron el mismo monto, pero como ella entró en la primera ronda, cuando la acción era más barata, al final sí se diluyó (de 25 a 9%), pero su posición valía más que la de él. Aquí pueden entrar consideraciones del valor del dinero en el tiempo, porque los 25,000 pesos de Lulú al ser de dos años antes valían más que los 25,000 pesos de Alonso, pero para fines de este ejemplo, lo que importa es ver qué pasa con las entradas de capital.

En este ejemplo aplica aquello de ¿qué prefieres, 100% de 10,000 o 10% de un millón?

Si quieren ver con lupa este jolgorio, les dejo los números del ejemplo:

Tabla de capitalización de la

| Socio | Aportación inicial | | | | Segunda | |
	Aportación ($1,000 / acción)	# de acciones	% de la compañía	Cierre del año	Aportación ($1500 / acción)	# de acciones adquiridas
Juan	25,000	25	25%		25,000	17
Lulú	25,000	25	25%			0
Pedro	25,000	25	25%			0
Rosa	25,000	25	25%			0
Susy					25,000	17
Elsa					30,000	20
Héctor					25,000	17
Sofía						
Alonso						
Total	100,000	100	100%		105,000	70
Utilidades al cierre del año				$50,000		
Valor de la compañía pre-aportación					$150,000	
Valor de la compañía post-aportación					$255,000	
Valor de la compañía al cierre del año				$150,000		

ferretería "El tuercas flojas"

aportación			Tercera aportación				
# de acciones acumuladas	% de la compañía	Cierre del año	Aportación (1971 / acción)	# de acciones adquiridas	# de acciones acumuladas	% de la compañía	Cierre del año
42	25%		25,000	13	54	20.0%	
25	15%				25	9.2%	
25	15%				25	9.2%	
25	15%		50,000	25	50	18.6%	
17	10%		25,000	13	29	10.8%	
20	12%		25,000	13	33	12.0%	
17	10%		25,000	13	29	10.8%	
			25,000	13	13	4.7%	
			25,000	13	13	4.7%	
170	100%		200,000	101	271	100%	
		$80,000					$120,000
			$335,000				
			$535,000				
		$335,000					$665,000

El lado oscuro de la dilución

La ferretería "El tuercas flojas" era un caso idílico donde el pastel se hace más grande, y aunque técnicamente nuestro cacho es menor (%), al final nos quedaríamos con más: al incrementarse el valor de la empresa, también nuestras acciones suben.

Pero no todo es color de rosa ni en el desempeño de las empresas ni en las relaciones entre inversionistas. Muchas empresas pueden tener años malos, donde se den un tropezón y en vez de subir, su valor caiga; también hay veces en que los nuevos aumentos de capital se usan para quitarle control a algunos de los accionistas al bajar su porcentaje de participación, o los que van entrando se agandallan y quieren meter una valuación más baja para obtener más acciones por su capital, pese a que los que más arriesgaron fueron quienes entraron desde el principio.

Es por eso que hay que estar pendientes tanto de la valuación que le ponen como de las condiciones de las acciones para ver qué tanto se van a diluir.

Tanto en los estatutos de la empresa, como en las series de las acciones (cada nueva ronda se hace un contratito nuevo de acciones con características específicas) se pueden poner condiciones que tengan efectos respecto a la dilución.

- Cómo se va a valuar la empresa, para que no te chamaquéen ni te toquen menos acciones.
- Cláusulas que garantizan un porcentaje mínimo de la compañía a los fundadores o inversionistas de rondas anteriores.
- Cláusulas en las que si un "x" por ciento de los accionistas no están de acuerdo, no se levanta más capital. Muchos no

quieren diluirse y prefieren que se mantenga la empresa con el mismo capital para evitarlo.

- *Pari passu.* Los accionistas que estén en ese momento tendrán derecho a adquirir acciones de emisiones subsecuentes en las mismas condiciones que las originales.
- Las acciones sólo puedan venderse a la misma empresa o accionistas.
- Otras.

Sean o no muy técnicos las personas del negocio en el que pienses invertir, es importante que discutan el concepto. ¿Qué y cuánto obtengo por mi inversión? ¿El dinero que pongo es para el total de la empresa, una sucursal, una fase? ¿Qué pasa cuando se requiera poner más?

¿Te acuerdas de que en el principio del capítulo estaba el consejo de Michael Cain sobre no meter ni todo tu dinero a un negocio ni todo de un jalón? Bueno, pues es precisamente por esto: debes planear tus aportaciones, de acuerdo con la dilución que quieras tener y no echar toda la leña al asador en la primera ronda.

¿Quién tiene el control de la empresa?

Si creías que ya con lo que llevamos estabas más que hecho para entrarle con capital a un negocio y no necesitabas preguntar más, ¡fíjate que no! Hay una parte muy importante: qué derechos te da esa inversión, porque no sólo de ganancias vive el hombre.

Aunque no nos guste, en las empresas hay mucha política: quién decide, a quién le tiene que pedir opinión, si entran o salen accionistas, si se expande o no, si compra a otro o no, si

347

hacen cambios en el personal. Los temas son interminables. Que puedas participar o no en las decisiones, que te den el avión o te hagan caso, depende en parte del tipo de acciones que tengas.

Aunque ya mencionamos algunos puntos relacionados con la dilución, hay otros relevantes para el control de la empresa:

- Votos y vetos. Hay decisiones que se toman entre los accionistas (por ejemplo: si habrá aumento de capital), pero hay unos que pueden votar y otros que no. Pero también hay algunos que tienen "derecho de veto", es decir, que si ellos dicen "no" es ino!

  Hay casos en los que para ciertas decisiones se requiere un porcentaje o mayoría y ahí tienes que juntarte con otros.
- Los lugares en el consejo de administración de la empresa. Los socios —los meros meros de la empresa— nombran al consejo de administración, que es el órgano de decisiones de la empresa. Ahí se definen cuestiones como si se mete o saca un producto del mercado, si se cambian los precios o los canales de distribución, ihasta correr al director general pueden!

Obviamente, no todos los inversionistas pueden estar ahí metidos como muéganos participando en las juntas. Entonces cada empresa tiene un número determinado de "asientos o lugares". Por eso son tan codiciados.

Los asientos a veces se reparten por grupos de accionistas o por el porcentaje que cada quien tenga, pero muchos inversionistas lo exigen como condición para entrarle al negocio, independientemente de la participación que tengan.

Eso sí, estar en el consejo implica responsabilidades. Si tú estás en el comité de auditoría y la empresa no pagó sus impuestos, podrías ir a la cárcel, así que si vas a querer el asiento más vale que tengas los conocimientos, el tiempo y la experiencia para ejercerlos.

- Cuándo recibes las ganancias. Hay acciones a las que se les pagan antes los dividendos, pero generalmente ésas no te dan derecho a votar.
- La entrada de nuevos accionistas. Es posible que tal o cual persona no la puedes ver ni en pintura, es tu competidor o podría tener un interés estratégico en la empresa que te perjudique. Algunos estatutos o acciones también contemplan la posibilidad de objetar a los accionistas por ciertos motivos.

Esta información se define tanto en los estatutos de la empresa como en la serie con la que se hagan las acciones, así que a leerlos antes de invertir.

Eso sí, por mucho que con las acciones puedas dar tu opinión o hasta vetar las decisiones de la empresa, no hay que perder de vista que quien opera es el emprendedor y que tampoco se trata de que por una acción quieras andarte mangoneando a todo el mundo en la empresa. Está bien aconsejar, pero la peor pesadilla —según me contaron los que ya levantaron capital— es tener un "micro-management", es decir, que los inversionistas actúen como directores y quieran meter su cucharota y casi casi administrar la empresa. Hay que vigilar, pero también dejar trabajar.

¿Y ahora que ya invertí?
¡Pues a pedir cuentas!

Por muy buen análisis que hayas hecho, hay que seguir pendiente después de invertir, tanto para revisar que el dinero se esté aplicando en lo que se suponía, como para ver cómo va el negocio, si hay cambios relevantes, etcétera.

Para esto es muy importante la rendición de cuentas: que el emprendedor informe periódicamente cómo van. ¿Qué características debe tener?

1   Ser periódico. No importa si es una llamada al mes, si es un informe muy simple cada tres meses o uno supercompleto para la junta de consejo mensual. Lo importante es que no sea un reporte "cristiano": se entrega cada que Dios quiere, sino que se respete el tiempo. En parte por la disciplina, pero sobre todo porque si no es periódico, ¿contra qué vas a comparar?

2   Debe tener métricas bien pensadas y que de verdad reflejen el desempeño del negocio, que expongan con claridad los problemas que surjan y sus soluciones, no una macropresentación con 10 mil indicadores elegantes. Puedes tener secciones cortas con los indicadores sobre ventas, clientes y utilidades (si ya las hay), un apartado simple de novedades y, en su caso, alarmas o situaciones a reportar.

Algunos de los indicadores que más usan los negocios son:

• Ganancia promedio o ticket promedio por usuario, cliente o mesa (dependiendo del giro).

- Costo de adquisición por cliente y cuántos clientes recurrentes tienes. Los negocios que todo el tiempo tienen que salir a buscar clientes porque no tienen clientes recurrentes o porque les cuesta fidelizarlos se les pueden ir al cielo los gastos de promoción o ventas.
- Cuánto te genera un cliente a lo largo de toda la duración que pueda tener (en inglés se conoce como *Customer lifetime value*).
- Ganancia promedio por empleado. Esto te sirve para ver si estás contratando demasiado rápido respecto a cómo suben los ingresos.
- Ganancias o pérdidas del negocio y flujo de efectivo.

3 El nivel de sofisticación o de detalle de los informes debe aumentar conforme aumenta el tiempo que lleva la empresa, el tamaño del negocio y de tu inversión. Si una empresa va arrancando, ¡lo último que quieres es que el director se pase dos semanas del mes preparando un informe para una junta de consejo! ¡Lo que quieres es que se ponga a chambear en el negocio! Ahí puede que una llamada baste. Obviamente, si ya llevan tres años, tiene al triple de personas a su cargo y le metiste varios millones, tampoco vas a aceptar un resumen en un post-it, hecho cinco minutos antes al "ahí se va".

Estos acuerdos no deben quedar "sobreentendidos", platíquenlo y, de ser posible, escríbanlo, para que puedan darle seguimiento al negocio.

LAS "LIGAS" DE INVERSIÓN: DEL CHANGARRO DE TU CUATE A LOS FONDOS DE CAPITAL PRIVADO

Ya te quedó clarísimo qué implica invertir en un negocio, los riesgos, si es para ti o no, cómo analizarlo y demás. Si ya decidiste que lo tuyo, lo tuyo, sí es la inversión "arbana", ¿qué opciones tienes para entrarle?

Digamos que en las inversiones en negocios hay ligas como en el futbol, tanto en términos del riesgo que corres, como de cuánta estructura hay, cómo se administran o el respaldo o servicio que recibes como inversionista.

Si la inversión en negocios fuera como las ligas de fut...

Va la explicación.

La "cascarita": ahorros

Ésta sería la fase en la que el emprendedor usa sus propios ahorros o medios para emprender (ya sea que ponga su propio capital, sacrifique sueldo por estar arrancando el proyecto, esté trabajando desde su casa o usando su coche para las ventas, etcétera).

Esa fase no es todavía una liga para los inversionistas, pero es importante que exista antes de que tú le entres al negocio porque es donde demuestra la famosa capacidad de ejecución y cuánto está dispuesto a chambearle o apostarle a su propio proyecto.

Cuando te presenten una propuesta de negocios, pregunta qué han invertido hasta ese momento (ojo, dije qué y no cuánto, porque puede que no todo sea dinero).

Llanero: negocios con familiares o amigos

Éste sería cuando le entras con lana al negocio de un familiar, cuate, conocido o similar. Los negocios onda "futbol llanero" te llegarán, o los encontrarás por recomendaciones del primo del amigo del que no vino a la fiesta.

Nuestros vecinos del norte llaman a esta categoría las 3F's: Friends, Family and Fools. Traducido sería amigos, familia y... tontos (algunos dicen que la tercera F es de fans, para que se oiga menos gacho).

Esta fase tiende a ser de lo más riesgoso y menos estructurado (te harán cara de circunstancia cuando preguntes por su información financiera o acta constitutiva), pero tu chamba, si no quieres acabar en la última categoría de las 3F's e incrementar el riesgo de perder dinero, es justamente analizar bien la empresa y fijar condiciones de inversión que te den una mínima certeza.

Algo que tiene que quedar bien claro aquí, en especial si es con la familia, es que se trata de una inversión, no un regalo de graduación o préstamo sin caducidad. Sondea bien y acuerda por escrito para que no haya confusiones.

Puede que una variante más tipo "semiprofesional" sería buscar este tipo de proyectos en incubadoras de negocios, cámaras empresariales, grupos o eventos de emprendedores. En México están surgiendo muchas reuniones donde te puedes topar con buenas oportunidades de inversión, por ejemplo, *Tech startup night*, *startup weekend* o *startups drinks*.

Fuerzas básicas: franquicias

En las franquicias, las reglas y el modelo están dados. Pueden servirte para aprender de negocios y es un híbrido entre auto empleo e inversión. Ya hablaremos largo y tendido de ellas más adelante, pero como la idea es un estándar de cierto modelo, la clave es distinguir la calidad de la franquicia.

Las franquicias entran en las "ligas" para el inversionista porque son un tipo de modelo en el que puedes invertir, pero no forman parte de la curva de financiamiento del emprendedor, no son un paso para fondear un negocio, sino para replicar uno que ya existe.

Liga de ascenso: ángeles inversionistas

Aquí entran los ángeles inversionistas, ya sea de manera individual, organizados en redes, clubes de inversionistas, incluso los fondos de capital ángel. Aunque en espíritu puede parecerse al "llanero", aquí hay un nivel mayor de profesionalización tanto en el tipo de negocios, el proceso de selección, el análisis y los términos de la inversión. Por poner un ejemplo: los ángeles inversionistas ya se avientan *due diligences* completos para los proyectos en los que van a invertir, cosa que es poco probable que suceda si sólo le vas a entrar al restaurante de tu cuate.

Los ángeles inversionistas siempre han existido. Antes eran el tío o tía ricachona que le metía lana al proyecto de departamentos del sobrino, para echarle la mano, pero se volvía su socio. De manera informal siguen existiendo, sólo que hay una versión más pro, analítica y en algunos casos organizada, donde estudian empresas o proyectos, ya no sólo de sus ahijados o del hijo del compadre. El capital ángel ha comenzado a migrar del "te invierto porque te conozco, eres de mi familia o la de alguien cercano" a "te invierto porque analicé tu proyecto, es viable, me interesa y quiero apoyar". Más de mérito, que de palancas o relaciones.

A diferencia de un socio capitalista que sólo aporta el billete, un inversionista ángel pone también experiencia, conocimientos, contactos. Tiene una parte de mentor, que busca agregarle valor a la empresa (eso sí, no hay que confundir "mentor" o "consejero" con "me creo jefe absoluto del emprendedor").

En Estados Unidos, el típico inversionista ángel no es un "millonario a secas", sino alguien que ya tuvo dos o tres negocios exitosos, con los que se dio sus buenos trancazos, pero salió adelante y puede que hasta vendió bien (así hizo lana, por eso tiene para invertirla). El inversionista ángel sabe lo difícil que es emprender y conseguir financiamiento cuando arrancas y quiere apoyar a otros emprendedores. Por supuesto quiere hacer dinero, es hombre de negocios finalmente, pero no lo hace sólo por eso, busca hacer una contribución.

No todos los inversionistas ángeles son ex emprendedores, pero es altamente recomendable que lo sean o que, aunque hoy trabajen en una empresa, en algún punto de su vida hayan intentado poner la suya y se hayan quedado con la espinita, dicen los de los clubes de inversionistas ángeles.

¿Qué modalidades de Inversión ángel hay?

Para ser inversionista ángel, o ya tienes el conocimiento y experiencia para buscar, filtrar y hacer toda la talacha de investigación, valuación, negociación de los términos, etcétera, o hay alguien que lo hace por ti, te los presenta y decides si le entras.

Los inversionistas ángeles pueden ser:

- "Lobos solitarios" (los que invierten de forma individual).
- Grupos "informales": cuates que juegan golf los fines y que por eso se conocen, que hicieron la maestría juntos o algún negocio, le saben al tema y luego les entra el gusanito para organizarse un poco para invertir en algo más emocionante que lo que les ofrecen en la casa de Bolsa.
- Grupos organizados: puede ser a través de un club, una red de inversionistas o incluso formar un fondo entre todos y luego buscar proyectos.

En México, es un poco complicado ver cuáles de los grupos están realmente activos y han tenido éxito, pero los que el Angel Resource Institute menciona son:

Grupo	Total de integrantes
Fundación E	120
Angel Ventures Mexico	115
Guadalajara Angel Investor Network (GAIN)	22
Innovateur Capital	15
MTY Global Ventures	10

Fuente: Angel Resource Institute.

356

Como ven, son pocos. En algunos casos, es un poco "club de Toby". Esto tiene que ver con las cantidades que se requieren para invertir y con que en general se tienen que conocer. Puede ser difícil dar con esas redes, pero no imposible.

Eso sí, hay que evaluarlos. Hay muchos clubes que no levantan ni cinco centavos o lo logran una vez cada que pasa el cometa Halley. Algunos porque dependen de la voluntad —por no decir humor— de sus inversionistas ángeles; otros porque sólo formaron el grupo por glamour. Para saber si estás frente a un verdadero club o red de inversionistas ángeles, Jorge Madrigal —quien trabajó en uno de ellos y hoy se dedica a conectar emprendedores— recomienda preguntar cuántos tratos han cerrado en los últimos seis, doce, dieciocho meses, con montos e información de qué proyectos y cómo van. Si es posible, también averigua qué inversionistas ángeles le han entrado a esos negocios, aunque eso puede ser más complicado que te lo digan.

Los inversionistas ángeles son una liga aparte por dos razones:

- Necesitas más dinero que en el llanero. Al negocio de tu primo le puedes meter 20,000 pesos pero acá el ticket, aportación o monto mínimo de entrada por proyecto son entre 25 y 40 mil DÓLARES, no pesos, y puede llegar hasta un millón de dólares para un proyecto.
- Les solicitan a los emprendedores planes de negocios bien estructurados (nada de la leyenda urbana de que tu cuate te explicó el negocio en una servilleta), proyecciones y, si ya opera, estados financieros.
- Puede que requieras ser inversionista calificado (esto aplica de esta liga en adelante).

¿Y eso qué es? Para la Comisión Nacional Bancaria y de Valores (CNBV), un inversionista calificado es "la persona que mantenga en promedio, durante el último año, inversiones en valores por un monto igual o mayor a 1,500,000 unidades de inversión (7.4 millones de pesos en mayo del 2013, aproximadamente), o que haya obtenido en cada uno de los dos últimos años ingresos brutos anuales iguales o mayores a 500,000 unidades de inversión (2.5 millones de pesos en mayo del 2013, aproximadamente)".

Esto, que puede parecer muy elitista, tiene una razón de ser: la inversión en negocios es de alto riesgo, entonces si le tienes que meter 300,000 pesos, un millón de pesos o hasta varios milloncitos de dólares (depende de lo sofisticado del vehículo), pues más vale que tengas una porción mayor que esa guardadita y segura, por si el negocio tronara y perdieras toda esa inversión.

No todos son tan estrictos con este requisito —los clubes de inversionistas si no es a través de fondo, no lo piden—, pero nosotros mismos debemos evaluar si el dinero que invertimos en negocios es dinero que podemos arriesgar.

Liga profesional: fondos de capital semilla, emprendedor y privado

¿Y la liga profesional? Ésa serían los fondos de capital semilla (*seed capital*), capital emprendedor (conocidos como *venture capital* o VC) y los de capital privado (*private equity* o PE). Una pequeña aclaración: el conjunto de estos fondos se le llama "capital privado", pero para no confundirnos con los fondos de *private equity*, que tienen la misma traducción, en este segmento les pondré PE cuando estemos hablando de ellos.

En resumen, lo que hacen estos instrumentos es buscar proyectos de inversión con alto potencial, formar un fondo con dinero de varios inversionistas (tanto personas como empresas o instituciones, por ejemplo, las afores) para inyectarles capital a cambio de acciones. La chamba de estos fondos es, aparte de meter dinero, ayudar a los emprendedores a crecer el negocio, para en unos años vender la empresa a un precio mayor o colocarla en la Bolsa para recuperar la inversión y hacer una ganancia.

Estos fondos son manejados por equipos de profesionales que saben de evaluación de proyectos, negocios, administración, impuestos, legal, etcétera, y dado que los rendimientos de los fondos dependen de cómo les vaya a los negocios, lo más importante es que te fijes en quiénes son y su récord: qué empresas han fondeado, qué pasó con esos proyectos, en cuánto vendieron las que tuvieron éxito, cuántas tronaron.

El funcionamiento de los tres es parecido, la diferencia es el tipo de negocios que fondean, con cuánto le entran y a cuántos.

Tipos de fondos para inversión en negocios

Fondos de capital semilla *(seed capital)*
- Empresas en fundación o etapas muy tempranas.
- Reparten el total de su inversión en muchas empresas (le tiran a las probabilidades).
- Cada fondo es de entre 1 y 5 millones de dólares.
- La inversión por proyecto es de 25 mil a 500 mil dólares.

Fondos de capital emprendedor *(venture capital)*

- Empresas en etapas tempranas.
- Reparten el total de su inversión en muchas empresas (le tiran a las probabilidades).
- Cada fondo es de entre 75 y 135 millones de dólares.
- La inversión por proyecto es de 1 a 10 millones de dólares.

Fondos de capital privado *(private equity)*

- Empresas en etapa de expansión o con cierta consolidación.
- Concentran su inversión en pocas empresas (más inversión pero en menos compañías).
- Cada fondo es de entre 100 y 500 millones de dólares.
- La inversión por proyecto es de 15 a 50 millones de dólares.

Fuente: Sondeo con participantes de la industria de fondos de capital privado
(semilla, emprendedor y PE). Rangos promedio a julio del 2013.
Los rangos de inversión pueden variar dependiendo del desarrollo y ciclo en el que se encuentre la industria.

Pero, ¿cómo funcionan?

Ahí les va el proceso:

¿Han visto la serie *Dragon's Den*, donde un grupo de empresarios colmilludos buscan proyectos de emprendedores para invertir su dinero? Pues algo así. Se forma un fondo para invertir en una empresa o empresas que con un apretón de tuercas y algo de dinero tenga potencial para crecer y generar rendimientos. Si lo vemos por pasos sería así:

360

1 La firma del fondo hace un plan o prospecto del tipo de transacciones (negocios, pues), que piensa buscar para invertir y se lo presenta a los inversionistas.

Aunque funcionan parecido, hay diferencia entre los fondos por el tipo de proyectos y de acercamiento: los fondos de capital semilla y VC buscan empresas en etapa temprana e invierten montos más bajos en muchos proyectos; PE va por empresas en expansión o incluso maduras, invierten en menos empresas pero montos más grandes.

2 Los inversionistas firman un compromiso de capital. Ahí todavía no ponen la lana, pero básicamente si llega el proyecto, le entran.

3 Una vez que el manejador encuentra el o los proyectos donde quiere invertir y la empresa donde van a meter capital dijo sí, los inversionistas mandan el dinero y con él se forma un fondo exclusivamente para los negocios que se seleccionen, nada de "ay, se me atravesaron unas vacaciones en Aruba o mejor ahora vamos a poner franquicias". Muchos fondos incluso lo hacen a través de un fideicomiso.

Durante la vida del fondo, el manejador va a cobrar una comisión sobre el valor del fondo levantado. En *private equity*, normalmente es 2%, pero en capital semilla y emprendedor, como son fondos menores, puede ser un poco más, 3% o 4% incluso. Esta comisión paga el tiempo de uno o varios administradores profesionales de fondos, más abogados, fiscalistas, oficinas, etcétera, pero tampoco es que con ella se vayan a hacer millonarios. Donde se ponen buenas las ganancias es en los puntos que siguen:

4 El fondo tiene una vida de entre cinco y siete años. En ese tiempo, aparte de inyectar capital, también le entran a la ges-

tión de la empresa para generar valor, hacerla crecer y más adelante venderla en un precio mayor a un tercero, a los mismos dueños o colocarla en La Bolsa de Valores. Si no logran que valga más, mal negocio para los inversionistas, pero también para ellos porque se echaron todos esos años en algo que no les dio.

En este proceso de generar valor puede que compren otras empresas para hacer sinergias, que cambien los procesos de la empresa, que inviertan en innovación o en algún proyecto de investigación que ya trajeran pero no podían financiar, que la endeuden más o al revés, el caso es buscar formas de venderla más alto, porque si quedas tablas, fue un desperdicio; y si no sacas la empresa adelante y truena, pues obviamente tu fondo también.

5   Venden la empresa a un tercero, se la revenden a los dueños originales o la sacan a Bolsa una vez que ya subió de valor.

6   Con la venta de la empresa o de las acciones que se colocaron en Bolsa, se le regresa el capital con el que le entraron los inversionistas. En algunos casos dan un retorno preferente que puede andar entre 8 y 10% anual (ojo: no es garantizado, es lo que se usa en la industria, pero si le fue bien al negocio) y lo que sobre, después de cubrir eso, se reparte entre los inversionistas y quien maneja el fondo (se conoce como *carried interest*).

En *private equity*, el *carried interest* es 80-20 (80% se lo quedan los inversionistas y 20% el que maneja el fondo), pero en capital emprendedor puede ser hasta 65-35 %. Éstas son las divisiones más comunes, pero pueden variar.

Esa repartición es donde en realidad el manejador puede hacer su agosto y por eso es tan importante que logre que el proyecto en el que invirtieron despegue y genere lo más posible en la venta o colocación en Bolsa.

Para entrar tanto en los fondos de *venture capital* como de *private equity,* también necesitas ser inversionista calificado de acuerdo con la Ley, porque sus mínimos de entrada no son así como "deme cinco para llevar y quédese con el cambio": en capital emprendedor (VC) son de 250 mil a 5 millones de dólares y en capital privado (PE) el mínimo, mínimo, onda "barato, güerito", es 1 millón de dólares.

Otro requisito es que debes tener un relación de negocio con el fondo (aunque no dice qué tipo de relación: si cinco minutos de conocerse o veinte años trabajando juntos).

Por estas dos razones es por lo que, al igual que los ángeles inversionistas, son medio "club de Toby" y funcionan "por invitación". Aunque la verdad sea dicha, si tú te acercas, te investigan y si tienes tanto el perfil como el dinero, puedes invertir. La cosa es que la Ley no permite a los fondos anunciar al público cuándo están levantando capital y tampoco hay un registro de los fondos que están abiertos. Necesitarías acercarte a ellos o si estás leyendo las noticias y ves que hablan de un proyecto, hay altas probabilidades de que aún no hayan cerrado el fondo y puedas entrarle.

En México existe la AMEXCAP (Asociación Mexicana de Capital Privado) y en América Latina está la LAVCA (Asociación Latinoamericana de Capital Privado y Emprendedor). Ambas pueden ser fuentes interesantes de información y la forma de encontrar estos fondos.

Debo advertir que como está un poco de moda esto del capital privado, hay fondos muy profesionales, pero también uno que otro que son puro bluf, hablan en cifras de millones, pero nomás no levantan capital ni fondean proyectos. Entonces, antes de embarcarte con alguno hay que darle una buena investigada a sus manejadores (experiencia, trayectoria, habilidades, estudios, proyectos anteriores) y a su récord con los proyectos: a qué empresas han llevado, cuándo fue la última vez que fondearon algo (no debe ser más de seis meses), cuánto han crecido, qué rendimientos han entregado, salidas a Bolsa...

¿Quiénes invierten a través de fondos de capital privado?

Los mayores participantes de esta liga son los "inversionistas institucionales": bancos, afores, aseguradoras, fondos de pensiones, gobiernos de los países, pero también le entran personas físicas con patrimonios considerables.

¿Si es tan alto el monto de entrada por qué se incluye en un libro de inversiones para mortales? Porque puede que hoy no tengas los millones para esta liga, pero es bueno que la conozcas si más adelante tu fortuna da el salto o si los fondos de capital semilla, VC o PE buscan alguno de los proyectos en los que hayas invertido mediante las ligas anteriores,.para seguir fondéandolos.

¿Por qué los negocios propios no están incluidos en las ligas?

Porque aparte de tus capacidades de análisis como inversionistas, necesitarás muchas otras más de administrador y operador para llevarlo a buen puerto. Tener un negocio propio puede ser una inversión pura si es tuyo, pero no lo operas (aunque siempre habrá que echar un ojo), pero para algunos es más bien un trabajo y para eso hay que prepararse en otros campos que no caben en este libro. Si es tu caso, a aplicarse, para que no pierdas tu trabajo y tu inversión.

De cualquier modo, si estás en este caso y quieres que sea una verdadera inversión, debes analizarlo como si no fuera tuyo y buscar que cumpla los criterios que exigirías a otros, sin que el sentimentalismo le invente o exagere posibles rendimientos.

FRANQUICIAS: EL NEGOCIO EMPAQUETADO

A mucha gente le llaman la atención las franquicias porque piensan que casi casi les dan una cajita para que le echen agua, se arme solo el local, le aparezcan clientes como los *Sea monkeys* —a los que también ponías en agua— y ya sólo se paren atrás de la caja registradora (o ponga a alguien) a cobrar las carretonadas de dinero. Un negocio probado y de muy bajo riesgo. Ajá ¿y luego? Si bien ayuda tener el modelo, los procesos, los proveedores, las especificaciones de local y los productos, y sí puedes reducir el riesgo si elegiste una buena franquicia, tampoco es que sea milagroso el tema.

Hay otros factores como, por ejemplo, la ubicación, si el público que escogiste era el adecuado, la competencia, si llegaste medio tarde o medio temprano al mercado (como Isela de elpesonuestro. com que decía que hacer *cupcakes* era tan 2010, cuando empezaron a brotar como gremlins las franquicias y/o chavitas que los vendían), o ya yéndonos a un extremo, si el franquiciante truena y los deja con las tiendas puestas, ¿a quién le vas a comprar los insumos o la fórmula de la receta secreta? Eso y muchas cosas más pueden hacer que no sea un inversión tan segura como pensabas.

Pero entonces, ¿para qué sirve invertir en una franquicia si estás buscando negocio como inversión?

365

Iliana Estrada, consultora de franquicias y ex directora de la oficina en México de Frankata, una firma de asesoría para formarlas, lo resume así: "Tener una franquicia es como tener un changarrito o un negocio pequeño, pero con el respaldo de una gran empresa y esto es tanto para proveedores como para sistema, soporte o demás."

Ella da un ejemplo interesante: no te pega igual que suba el precio del huevo si eres un puesto de jugos y licuados de la esquina, que si tienes una franquicia de los Bisquets Obregón que puede ir a negociar con Bachoco para que se lo dejen en un precio más decente que al resto. Al final, esto es un factor de competitividad.

Con una franquicia tienes el producto o servicio que en teoría ya funcionó en otros lados y tiene aceptación del cliente, te transmiten los conocimientos o *know how* a través de manuales, capacitación y soporte, conoces cuánto tienes que invertir desde el principio (¡claro!, si todo sale en orden), no tienes que salir a conseguir proveedores e insumos porque ya está organizado y en algunos casos también la marca puede tener algún peso. Ahora falta que la operes bien.

Es curioso, pero la mayoría de la gente pensaría que la marca es lo que más pesa en una franquicia, y claro si eres MacDonald's o Starbucks puede ser muy importante, pero para Iliana eso sólo es la punta del iceberg, lo que lo sostiene es el modelo de negocio, la red de proveedores, los procesos, el soporte que ofrece, incluso en las empresas famosas de hamburguesas y cafés.

La prueba de fuego de las franquicias para Iliana es: si ya que conociste la operación, le viste el valor al modelo de negocios y entiendes que incluso pagando regalías y/o comprando productos al franquiciante te conviene quedarte en la red, pues es una buena franquicia. Si en cambio encuentras que puedes replicar el modelo sin problema, es únicamente un negocio que franquiciaron.

Una de las ventajas de las franquicias sobre otras inversiones en negocios es que existen financiamientos específicos que el inversionista puede usar para entrarle.

Es posible que los únicos otros activos de inversión con esta característica sean los bienes raíces, pero el resto, aunque te puedes "apalancar" (endeudar) para entrarle, no tienen créditos específicos y diseñados para los plazos de los negocios.

¿Eres candidato para invertir en una franquicia?

Pareciera broma pero ¿cualquiera que pueda pagar una franquicia ya es candidato? Fíjense que no. Acá el perfil de inversión se pone más peliagudo y específico. Iliana me contaba que cuando asesoraba franquicias le hacían una prueba de personalidad a los posibles adquirientes para saber qué tan emprendedores eran.

Un emprendedor de pura cepa nunca podría ser candidato para franquiciatario porque cuando le agarre el modo la va a querer copiar y poner su versión, o le va a pintar moños y meter productos, cuando el chiste de la franquicia es la estandarización. Ahí aplica el "no organices", el exceso de proactividad choca con el modelo de franquicia.

¿Entonces uno que sea asalariado de toda la vida? Tampoco, tampoco. O sólo que lo sea, pero con algo de iniciativa, porque también necesita moverse para organizar, promocionar, atraer clientes, negociar con proveedores.

No puede ser ninguno de los extremos porque como dice Iliana: "Uno le va a cambiar el sabor a la receta secreta y el otro se va a sentar a ver que entre la gente." Así, ¿cómo? Es un perfil de gente con cierto emprendedurismo y capital, pero también alguien que pueda seguir reglas.

Yo diría que el perfil es alguien autoempleado o un asalariado con mucha iniciativa. Incluso, Iliana cuenta que muchos que no saben que son emprendedores lo descubren cuando ponen la franquicia, porque ven en vivo y a todo color un modelo de negocios trabajando, le agarran a la estructura que les faltaba y se dan cuenta de que les gustaría poner su propio negocio.

De hecho, existe un test para esto, la famosa prueba Hogan, que aunque sirve para pronosticar el desempeño laboral por medio de la personalidad, las características, los valores básicos y la capacidad de aprendizaje, también funciona para saber qué tan emprendedor eres.

En las ferias de franquicias el cliente número uno son los jubilados, que quieren invertir su pensión en poner un negocio, para vivir de él, sin tener muy claro que están arriesgando su dinero y que si no están tan hechos para el comercio, el negocio puede acabar sacándoles más canas... pero verdes, en lugar de ser una fuente estable de ingresos.

Ése sería un buen ejemplo de por qué, aparte de dinero, necesitas tener perfil para esto.

Ok, y si sí naciste para franquiciatario, ¿ahora qué?

Encontrar una buena franquicia requiere varios pasos:

* Estableces más o menos tu presupuesto y eliges el giro. Iliana recomienda tener cuidado con las más baratas y muy nuevas

porque puede que no estén tan probadas o que lo que venden sea fácilmente copiable, que el negocio de donde franquician no sea tan sólido: si no ha sobrevivido los cinco años críticos la matriz, ¡imagínate! Si ya es un riesgo general que truene la franquiciante y te deje chiflando en la loma, si tomas una muy joven, lo magnificas.

- Investigas cuál es la cuota de franquicia, la inversión inicial y, si se puede, el tiempo estimado de recuperación de la inversión. Acá ¡ojo! Muchas de las franquicias que se anuncian ponen sólo lo primero y tú te vas bien campante con la idea de que nada más tienes que invertirle 100 000 pesos, pero falta que le apoquines para la renta del local, remodelación, mobiliario y equipo; si es una franquicia de producto, el inventario; y si es de servicio, el capital de trabajo. No es como que la pones y al mes sales tablas. También es conveniente averiguar cómo trabajan. Por ejemplo, si es de nieves, ¿ellos te llevan el producto? ¿Sólo el concentrado y lo preparas, o la receta?

- Si ya encontraste una que te haya gustado, entras en el proceso y te sueltan más información. Lo más probable es que en esta etapa sólo te digan el tiempo de retorno de la inversión estimado —ojo, que sea realista o acabarás siendo el que es-timado—, el ticket promedio y los gastos. Generalmente, dan escenarios: óptimo, conservador y promedio. Muchos creen que desde que piden informes les van a dar una corrida financiera hecha con gastos e ingresos casi mes por mes, pero no: te dan la información suelta y hay que arrastrar el lápiz para sacar los numeritos, ésa es responsabilidad del interesado. Eso sí, los gastos de la corrida deben ser con una "franquicia tipo", que sepas de cuántos metros cuadrados, cuántos empleados y hasta si hace frío o calor. Tienes que tropicalizarlo, si no quieres sorpresitas. Toda esa información se la dan a cualquiera que entre en el proceso y no tienes que pagar ni un peso por ella.

- Si después de echar números y analizar el negocio te decidiste, aplicas para la franquicia. Tendrás que pasar algunos filtros tanto de solvencia como de personalidad (lo de la prueba de si eres emprendedor) y llenar una solicitud con tus generales: si eres casado, soltero, si trabajas, cuánto tiempo, dónde piensas poner la franquicia, etcétera. Y te presentas a una entrevista con el franquiciante.
- Si te aprueban, te entregan la famosa COF, que es la "Circular de Oferta de Franquicia". La COF todavía no es el contrato — no tiene cláusulas legales— ni tienes que pagar por ella, pero ya tiene todos los datos para tomar una decisión informada.

Ahí sí está el modelo tal cual: qué vas a vender, a quién contratar, quiénes serán tus proveedores y ya te desglosan las finanzas y la inversión inicial (cuánto de pinturas, carrito, etcétera), los gastos, todas las cuotas y porcentajes, si existe marca registrada, la política de devoluciones (si es de productos), etcétera.

Viene hasta el tipo de zona y tipo de ubicaciones —porque no falta el que quiere poner el puestito de cacahuates con salsa en un mall de zona premium—, segmento de mercado, los perfiles de puestos (no te van a autorizar al vago de tu primo). También si quien la compra tiene que estar en el mostrador o sólo inviertes. Muchas son de "tú la compras, tú la atiendes".

Tienes que leer la COF enterita para que tengas todos los elementos para decidir y que luego no te agarren en curva con cosas que "no sabías". La Ley dice que te la tienen que entregar 30 días antes de la firma del contrato, y de preferencia hábiles porque no se específica.

- Firmas el famoso contrato y ahí sí, ya no hay vuelta atrás. Normalmente son muy rígidos y protegen como perro al franquiciante. Por eso hay que leerlos muy, pero muy bien. Una opción previa al contrato es firmar una "carta de intención", en la que te "apartan" cierta localidad a un precio. Si le entras, se queda a cuenta, si no, te lo regresan. Iliana lo recomienda mucho porque hay casos donde pasas seis meses sin encontrar local, cuando el contrato de franquicia que firmaste dice que tienes cuatro meses para abrir o ya empiezas a pagar.

El proceso en sí no es tan complicado, pero sí hay que ponerse a estudiar para no llevarse un chasco. Algunas recomendaciones adicionales para elegir franquicia son:

1 Lee toda la cof y el contrato, porque las penalizaciones vienen ahí.
2 Antes de contratar habla con otros franquiciatarios de la marca para saber cómo les ha ido. En la cof viene el listado de todas las franquicias que hayan otorgado.
3 Revisa bien cuánto vas a tener que pagar de tus ventas. El negocio del franquiciante no es tanto la cuota de franquicia, sino las regalías. Hay variables, que son un porcentaje de ventas, o fijas, que es un monto que te cobras entre o no dinero al negocio. En general, son más justas las variables, pero pocos las usan porque el que te vendió la franquicia requeriría un sistema de información en red para monitorear las ventas y que no le hagan de chivo los tamales, ¡qué malpensados! Si a nadie se le ocurriría, ¿verdad?

¡Ah! Y si te dicen que no te cobran regalías, tú no dejes de preocuparte, porque ya van en el costo del producto o servicio.

4 Checa quién les desarrolló la franquicia, si no son consultores reconocidos, ¡aguas! Chance se las hizo el compadre que medio leyó en Wikipedia o copiaron no sé qué modelo y eso no te garantiza ni que estén realmente estructurados como negocio para ser franquicia y que jale, ni que te estén pasando el conocimiento necesario para operarlo bien.

5 Fíjate en la vigencia del contrato. Por lo general, la duración va en relación al tiempo de recuperación de la inversión. Por ejemplo, si se supone que recuperas la inversión en tres años, el contrato debería ser más o menos de ocho. Recuerda que la renovación —a menos que te lleves de a cuartos con el franquiciante— te puede costar entre 25 y 35% de la cuota de franquicia vigente.

Rendimientos no monetarios

Invertir en negocios puede ser de alto riesgo, pero aparte de que sea en aras de obtener altos rendimientos (claro, si todo sale bien), hay otro tipo de recompensas en este tipo de "activo". Es muy emocionante participar en un proyecto, verlo crecer y que tenga éxito, cambiar la forma en que algo se hace y generar empleos.

Es un tipo de inversión que puede hacer bien a mucha gente, aparte de nuestras carteras, si escogemos bien el proyecto. Es por eso que para invertir en negocios, y que realmente reditúen, hay que poner bastante más que dinero.

CAPÍTULO

No.

9

INVERSIONES PARA HIPPIES, YUPPIES Y BOHEMIOS

LA ÚLTIMA Y NOS VAMOS... SON RECOMENDACIONES, NO PIENSES EN OTRAS COSAS

QUERIDO Y ADORADO LECTOR:

Si ya llegaste a esta parte del libro y pusiste tu dinero a trabajar ¡Felicidades! ...Si aún no te decides, sólo acuérdate que el tiempo es dinero, entonces tu primera tarea en cuanto cierres este libro es correr a sacar tus ahorros del colchón y contratar esa alternativa de inversión que le quitará lo flojito y lo pondrá a trabajar para ti.

Es muy posible que éste haya sido un libro retador para ti. Para mí lo fue en, por lo menos, dos sentidos: primero, es un reto que me pusiste tú o algún otro lector por sus preguntas sobre inversiones y sus ganas de seguir mejorando sus finanzas. Cada consulta me hizo ver que había mucho más que profundizar. Segundo, porque las inversiones pese a ser de las áreas más difíciles de las finanzas personales, son un tema apasionante, en parte por sus beneficios, pero sobre todo porque nos tienen a los seres humanos como su centro, pues somos los que interactuamos en los mercados, lo que las hace ricas y complejas a la vez. Realmente te agradezco que te hayas esforzado en aprender y llegar hasta acá, pero sobre todo, espero que como todo reto, también se acompañe de una recompensa: ir construyendo tu fórmula para la prosperidad y tener más claro cuál es tu propio significado de la riqueza.

Así como en este libro platicamos más de tus metas, de saber quién eres como inversionista, también es importante saber para ti qué significan la prosperidad y la riqueza, cómo las mides, qué es lo importante en la vida para ti, cómo puedes saber si te estás acercando a tus objetivos. La riqueza, para mí, no es una cantidad, sino el hecho de tomar cualquier decisión o buscar una meta, sin que el dinero sea un obstáculo; elimina de tu diccionario la frase "no me alcanza" para todo lo que sean tus verdaderas prioridades.

Si tú escribes tu propio significado, va a ser mucho más fácil que le eches todos los kilos a la inversión. Aquí te dejo un lindo cuadro, hasta enmarcado, para que le pienses y lo escribas:

Riqueza

¡Ah! Y si creyeron que para este punto ya se habían acabado las tareas, pues fíjense que no. Quiero que hagan algo más. Lo primero es que dibujes cómo está tu portafolio actualmente, es decir dónde está tu dinero (esté trabajando o no).

Y en otro portafolio escribe qué quieres que tenga tu portafolio ideal. Quizá aún no tengas todos los recursos, conocimientos o experiencia para ese portafolio ideal, pero sí sería muy interesante que hagas el ejercicio "hacia dónde quieres llegar con tu dinero".

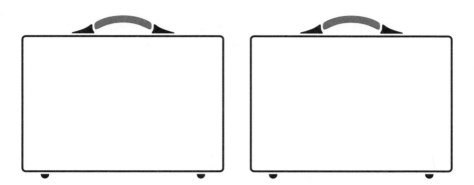

Últimos recordatorios

No dejes para mañana lo que puedas invertir hoy. Si no se te ha grabado, ponte a hacer planas, porque de ahora en adelante no debes dejar ni un peso ocioso. Acuérdate: hay hasta fondos de inversión con liquidez diaria que es casi como tener el dinero en tu chequera, pero generando.

Conócete. Si tienes clara tus metas, quién eres como inversionista y hacia dónde quieres ir, será más fácil que puedas analizar cualquier movida de tapete u oportunidad.

Las inversiones no se cuidan solas. Una vez elegidas, dedícales tiempo periódicamente para que sepas si vas por buen camino o hay alguna tuerca que apretar.

Nada es para siempre: ni el portafolio que construiste en 1991. Hay que adaptar las inversiones al ciclo de vida, a las oportunidades y a los cambios importantes.

Recuerda la sabiduría popular de los dichos. Para las inversiones también aplica el que no arriesga no gana, pero los riesgos deben ser acordes con nuestras metas y plazos, e ir bien acompañados de las recompensas adecuadas. No hay preguntas tontas, sólo tontos que no preguntan y pierden dinero. Que no te de pena averiguar hasta que quede claro

Ni todo el amor, ni todo el dinero. No olvides que por grandiosa que parezca una inversión, no hay una sola cosa que pueda resolver todas tus necesidades, así que hay que diversificar.

No comas ansias. Acuérdate que los rendimientos no se generan de la noche a la mañana, ni por generación espontánea. Tiempo es el activo más importante que requerirás para obtener resultados.

Invierte en lo que te interese aprender, no sólo en lo que "dé más". Si te interesa, seguro investigarás más y a la larga conseguirás mejores resultados.

En las inversiones no existen los productos milagro. Favor de carcajearse frente al individuo que quiera plantearte una maravillosísima estafa disfrazada de oportunidad. Habrá otros a los que les vean la cara, pero no a ti.

Ojo con creerse más listos que el mercado, eso nos puede dar buenas tundas financieras. Si estás en el lado de la inversión, lo que importa es tener una buena estrategia, en lugar de andarle "cascando" o si quieres hacerlo, que sólo sea a una parte de tu dinero.

¡Que no panda el cúnico! Ten siempre en mente tus metas cuando las cosas se pongan complicadas.

Espero de todo corazón que lo que hayas aprendido en este libro te sirva para tomar mejores decisiones con tu dinero, te pique la curiosidad para seguir aprendiendo, te haya entretenido pero, sobre todo, te haya convencido de convertirte en el inversionista que quieres ser.

Te deseo toda la prosperidad que quieras alcanzar y que la inversión sea una buena herramienta para todos esos sueños dorados que vale la pena cumplir.

iiiFeliz InversiÓINK$$$!!!

Anexos para clavados, digo, avanzados

Como no todo cabe en un jarrito sabiéndolo acomodar, y en finanzas hay muchos puntos finos que aprender, les dejo este lindo paquete de anexos con información adicional, más profunda, técnica o clavada de los temas que vienen en los distintos capítulos del libro.

Aunque algunos están ligados a un capítulo específico, los pueden leer intercalados con el libro o al final de corrido, porque es información complementaria.

Sin más rollos, ahí se los dejo:

¿TASAS REALES? ¿QUÉ LAS OTRAS SON DE "A MENTIRITAS"?

Anexo
1

(Viene del capítulo 2 "Un ojo al gato y otro al garabato... qué factores afectan a las inversiones")

Cuando llegas a preguntar por una inversión, muchas veces es un cuete saber realmente cuánto te va a pagar o comparar con otras: unos te dan la tasa bruta, otros la tasa neta, otros el GAT (Ganancia Anual Total) y ¡para acabarla! te dicen que las inversiones deben buscar tasas reales para que tu dinero mantenga su valor en el tiempo ¡se hace un taserío que si fuera con "z" ya sería como el juego de té del sombrerero loco!

Para que no nos confundamos y no nos den gato por liebre, ahora les voy a explicar los tipos de tasas con pelos y señales, y cómo se relacionan entre ellas.

Hay dos grandes divisiones, dependiendo de qué se incluye en la tasa:

1 Comisiones e impuestos.
2 Inflación.

Las tasas de acuerdo a las comisiones e impuestos:

- **Tasa bruta:** El nombre no es de a gratis... sería medio ÍDEM la persona que se quede con ésta y no pregunte más. Es la tasa aún CON las comisiones de la institución financiera, los impuestos y la inflación.

  Esto es interesante porque la tasa bruta es por ejemplo con la que los bancos anuncian sus pagarés, pero en cambio, los fondos de inversión dan sus rendimientos en tasas netas (esa tasa es la que sigue), dato importante a la hora de decidir si invierto con melón o con sandía.

- **Tasa neta:** En ésta ya te muestran las ganancias SIN comisiones e impuestos, pero la inflación aún no se descuenta. Un ejemplo de tasa neta es el GAT o Ganancia Anual Total, un indicador que creó el Banco de México para que la gente no se fuera con la finta de la tasa bruta. El GAT es la tasa bruta menos comisiones y va hasta debajo de los folletos o páginas de internet en instrumentos a tasa fija, con letras bastante más chirris que el resto del anuncio, pero hay que buscarla.

Tasas de acuerdo a la inflación:

- **Tasa nominal:** Ésta es la tasa CON inflación (aún no se le resta al rendimiento)

- **Tasa real**: Es la que ganan tus inversiones SIN inflación (ya se le descontó). Ésta es la que te dice si de veritas de veritas estás ganando. Si te da positivo, buenas noticias y si es varios puntos mayor que la inflación ¡buenísimas! Si es una tasa negativa ¡mala tarde! Porque no estamos preservando el valor de nuestro dinero (el próximo año no podríamos comprar la misma cantidad de cosas con el dinero que tenemos ahorrado).

Obviamente es mejor tener una tacita aunque no sea real, que tener el dinero en la cuenta de nómina echando la flojera y que le cobren comisiones, pero ya si te vas a tomar la molestia de quitarle lo holgazán ¡hay que tomársela completa!

Digamos que saberse los términos está muy padre para su cultura general o para echarse un café más largo si el asesor o asesora de inversiones "no está de mal ver", como diría mi papá, pero lo que importa es efectivamente cuánto hemos ganado libre de polvo, paja, o sea, ya quitando las comisiones, impuestos e inflación, porque si se comen tus ganancias ¡qué chiste! Para saber eso hay que "cruzar" los distintos tipos de tasas:

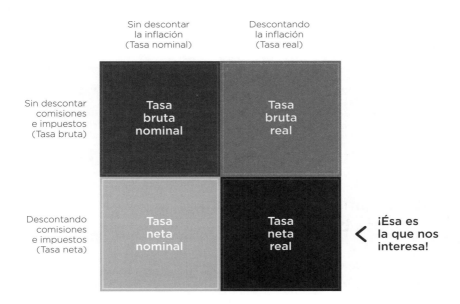

	Sin descontar la inflación (Tasa nominal)	Descontando la inflación (Tasa real)
Sin descontar comisiones e impuestos (Tasa bruta)	Tasa bruta nominal	Tasa bruta real
Descontando comisiones e impuestos (Tasa neta)	Tasa neta nominal	Tasa neta real ← ¡Ésa es la que nos interesa!

Supongo que con el dibujito y la flecha ya les quedó clarísimo que lo que nos importa es la tasa neta real, pero para que sepan qué les están diciendo si les mencionan alguna de las otras, les dejo el esquema de varias "tazas" que están aparentemente llenas pero donde los rendimientos verdaderos constantes y sonantes son el café... el resto es espuma, como las comisiones y la inflación:

Si los rendimientos fueran café...

Hay que saber qué tasa nos están dando, porque si es bruta preguntemos por las comisiones y chequemos la inflación para restarlas. No sea que acabemos comparando peras con kiwis y creyendo que un pagaré nos da más que un fondo o cetes, cuando ¡ups! pequeño detalle: unos estaban hablando de tasas bruta nominal, otros de neta nominal y otros nominal real.

Interés simple y compuesto, la famosa bola de nieve

Otra consideración para saber cuánto realmente vamos a ganar en una inversión es si el interés que genera es simple o compuesto.

El interés simple se genera únicamente sobre nuestro capital inicial (lo que invertimos) y siempre se mantiene constante: si invertiste 100 pesos a una tasa de 5% anual, cada año se generarán 5 pesos. En cambio, en el interés compuesto, cada nuevo periodo los intereses que se generen se suman al capital y se generan intereses sobre el capital y sobre los intereses.

Si dejaras el mismo capital, en el interés simple en cada periodo se generaría la misma cantidad de intereses. En el interés compuesto los intereses de cada periodo van creciendo porque la base sobre la que se calculan también se hace más "choncha". Por eso muchos financieros comparan el interés compuesto con una bola de nieve.

Yo me los imagino así:

¿Por qué es importante? Porque la forma en que se "capitaliza"

**¿Cuanto ganarías en una inversión
con tasa de 10% anual?**

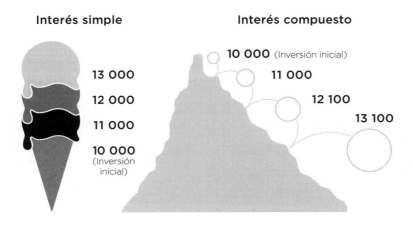

el interés influye en qué tan rápido aumenta tu dinero... y porque también demuestra que dejarlo trabajar, en lugar de andarle ordeñando los intereses, sí mejora los resultados.

EL VALOR DEL DINERO EN EL TIEMPO

Anexo

Bonus

1

¿Para qué te alcanzará cuando recibas los rendimientos de tu inversión?

Tan relevante es este rollo de cuánto podemos comprar con la misma cantidad de lana en diferentes periodos de tiempo, que en finanzas hay conceptos y formulillas para medirlos con mayor exactitud y se usan en algunos métodos para evaluar si entrarle o no a un negocio. Estos conceptos son el valor presente, el valor futuro y el valor presente neto.

Un peso en tu bolsa hoy, vale más que un peso "prometido" para el futuro porque lo puedes invertir de inmediato para que empiece a generar lana ya y porque los precios de las cosas suben, y si te esperas, con la misma cantidad ya no podrás comprar lo mismo.

La cuestión es muy simple: Si yo les pregunto si prefieren que les pague una lana hoy o en seis meses, me dirán que hoy... a menos que la espera implicara un premio o tasa de interés, para que pudieran seguir comprando lo mismo o más en el futuro. Pero mucho bla bla, mejor empecemos por explicar el valor presente y valor futuro:

- **Valor futuro**

Es la cantidad de dinero que una inversión crecerá en un determinado periodo de tiempo, dependiendo de la tasa a la que vaya a trabajar. Si 5% fuera la tasa de interés anual que pudieras conseguir, podríamos decir que 100 pesos de hoy valen lo mismo que 105 pesos dentro de un año.

Esto es bastante simple y si acaso se puede poner más interesante dependiendo de si el interés es simple o compuesto (lo de las bolas de nieve que acabamos de ver), pero con el siguiente concepto empieza el "viaje" del valor del dinero en el tiempo:

- **Valor presente**

Cuando investigamos el valor presente de algo, la información que tenemos es cuál es el monto que vamos a recibir al final y qué tasa es la mínima que estamos dispuestos a aceptar (o en su defecto, cuál quieren pagarnos) y lo que necesitamos saber es ¿cuántos pesos de hoy debería invertir?

En el valor presente la idea central sigue siendo que 100 pesos que tenemos en la manita hoy valen más que 100 pesos en un año. La diferencia entre el valor presente y futuro es la información que quieres saber. Chequen los signos de interrogación de este esquema:

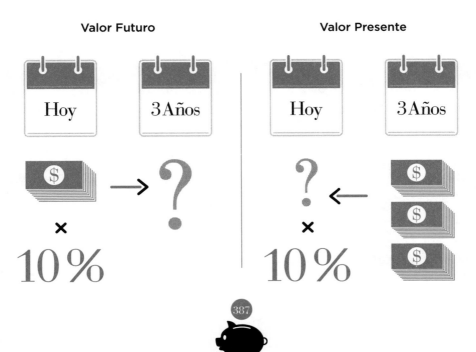

Para que quede más claro, pongámonos prácticos y hagamos un ejercicio de valor presente:

Piensa que tienes unos cuates que van a poner una taquería. Si al final del año prometieron pagarte 11,000 pesos por tu préstamo y si 10% fuera la tasa mínima que estarías dispuesto o dispuesta a recibir, dado el nivel de riesgo del negocio ¿con cuánto le entras? ¿Qué monto invertido hoy crecerá a 11,000 pesos con una tasa de 10%?

¡Ah pues vamos a "descontar" esos 11000 pesos con una tasa de 10% para ver cuánto serían hoy!

La fórmula si la inversión fuera sólo a un año sería:

$$\text{Valor Presente} = \frac{\text{monto}}{(1 + \text{tasa, pssst va en decimal})}$$

Hagámoslo por pasos para que nadie se nos quede en el camino:

$$\text{Valor Presente de 11,000 pesos a una tasa de 10\%} = \frac{11{,}000}{(1+0.1)}$$

$$\text{Valor Presente de 11,000 pesos a una tasa de 10\%} = \frac{11{,}000}{(1.1)}$$

Valor Presente de 11,000 pesos a una tasa de 10%= 10,000 pesos.

Cuando el trato es por varios años, la cosa cambia un poquito:

$$\text{Valor presente de "monto"} = \frac{\text{Monto}}{1(1+ \text{tasa})^{\text{\#de periodos}}}$$

$$\text{Valor presente de 11,000 pesos a 3 años} = \frac{11000}{1(1+0.10)^3}$$

Valor presente de 11,000 pesos a 3 años = $\dfrac{11\,000}{1(1.1)^3}$

Valor presente de 11,000 pesos a 3 años = 8,264.4 pesos

Si tus cuates te pidieron más que eso para el changarro, habrá que entablar una nueva ronda de negociaciones... a menos que estés dispuesto a bajar tus expectativas y aceptar una tasa menor.

A manera de resumen, el valor presente es para cuando sabemos el flujo que va a entrar si invertimos en fulanita o perenganita inversión y la tasa que queremos que nos paguen, pero lo que queremos investigar es cuánto valdría la pena meterle para que "nos salga el negocio".

> **TIP** Una forma más fácil de calcular es buscar las tablas de valor presente y valor futuro (que ya muestran de forma abreviada el cálculo de la tasa por los periodos que sean), detectar la cifra que corresponde a nuestra tasa y periodo, y hacer la multiplicación del monto correspondiente.

Chequen esta tabla de valor presente:

$$PV = \frac{\$1}{(1+i)^n}$$

n/?	1.0%	1.5%	2.0%	2.5%	3.0%	3.5%	4.0%	4.5%	5.0%	5.5%	6.0%	7.0%	8.0%	9.0%	10.0%
1	0.99010	0.98522	0.98039	0.97561	0.97087	0.96618	0.96154	0.95694	0.95238	0.94787	0.94340	0.93458	0.92593	0.91743	0.90909
2	0.98030	0.97066	0.96117	0.95181	0.94260	0.93351	0.92456	0.91573	0.90703	0.89845	0.89000	0.87344	0.85734	0.84168	0.82645
3	0.97059	0.95632	0.94232	0.92860	0.91514	0.90194	0.88900	0.87630	0.86384	0.85161	0.83962	0.81630	0.79383	0.77218	0.75131
4	0.96098	0.94218	0.92385	0.90595	0.88849	0.87144	0.85480	0.83856	0.82270	0.80722	0.79209	0.76290	0.73503	0.70843	0.68301
5	0.95147	0.92826	0.90573	0.88385	0.86261	0.84197	0.82193	0.80245	0.78353	0.76513	0.74726	0.71299	0.68058	0.64993	0.62092
6	0.94205	0.91454	0.88797	0.86230	0.83748	0.81350	0.79031	0.76790	0.74622	0.72525	0.70496	0.66634	0.63017	0.59627	0.56447
7	0.93272	0.90103	0.87056	0.84127	0.81309	0.78599	0.75992	0.73483	0.71068	0.68744	0.66506	0.62275	0.58349	0.54703	0.51316
8	0.92348	0.88771	0.85349	0.82075	0.78941	0.75941	0.73069	0.70319	0.67684	0.65160	0.62741	0.58201	0.54027	0.50187	0.46651
9	0.91434	0.87459	0.83676	0.80073	0.76642	0.73373	0.70259	0.67290	0.64461	0.61763	0.59190	0.54393	0.50025	0.46043	0.42410
10	0.90529	0.86167	0.82035	0.78120	0.74409	0.70892	0.67556	0.64393	0.61391	0.58543	0.55839	0.50835	0.46319	0.42241	0.38554
11	0.89632	0.84893	0.80426	0.76214	0.72242	0.68495	0.64958	0.61620	0.58468	0.55491	0.52679	0.47509	0.42888	0.38753	0.35049
12	0.88745	0.83639	0.78849	0.74356	0.70138	0.66178	0.62460	0.58966	0.55684	0.52598	0.49697	0.44401	0.39711	0.35553	0.31863
13	0.87866	0.82403	0.77303	0.72542	0.68095	0.63940	0.60057	0.56427	0.53032	0.49856	0.46884	0.41496	0.36770	0.32618	0.28966
14	0.86996	0.81185	0.75788	0.70773	0.66112	0.61778	0.57748	0.53997	0.50507	0.47257	0.44230	0.38782	0.34046	0.29925	0.26333
15	0.86135	0.79985	0.74301	0.69047	0.64186	0.59689	0.55526	0.51672	0.48102	0.44793	0.41727	0.36245	0.31524	0.27454	0.23939

En nuestro ejemplo eran 11,000 pesos por tres periodos a 10%.

Nos tocaría multiplicar 11,000 x 0.75131= 8 264.41

Estas tablas generalmente vienen en los anexos de los libros de finanzas corporativas, pero también es fácil encontrarlas en internet. Sólo hay que fijarse que la tabla sea del concepto que estamos calculando.

¿Dónde quedó la tasita?

¿Y si al presentarte una inversión lo que no te dan es la tasa? Si sólo te dicen cuánto le tienes que meter y cuánto te van a dar (por ejemplo, en algunos seguros de inversión te dicen cuánto pagas y cuánto es la suma asegurada pero no el "rendimiento" del seguro en sí). Eso también se puede encontrar con el valor presente.

Si sólo es para un periodo, sólo tienes que hacer un despeje (no te preocupes, no tienes que correr por "El Baldor", lo haremos paso a paso).

$$VP=VF_t / (1+R)^t$$

Como ven la ecuación del valor presente tiene cuatro componentes:

Valor Presentes (VP)

Valor Futuro (VF)

Tasa (R)

Y los periodos de la inversión (t), que en este caso es 1 por ser un año

Recuerden la "secu", que vamos a despejar:

Si $VP=VF_t / (1+R)t$

$1+R= VF/VP$

$R= (VF/VP)-1$

Hagámoslo con un ejemplo.

Pensemos que tus cuates te dicen que si le inviertes 10,000 pesos, ellos te regresan al año siguiente 11,000 (para que comparemos con los otros ejemplos).

10,000 = 11,000/ (1+R)

1+R= 11,000/10,000

R=1.1-1 =0.1 que como es tasa, al estar en decimal en porcentaje se pasaría a 10%

Coincide inos salió ¡Fiuf!

Como vieron para cantidades a un solo periodo (ejemplo un año) es más o menos sencillo. Donde ya se empieza a complicar es cuando hay varios periodos. Eso lo podrán encontrar en cualquier libro de finanzas corporativas, claro, quienes se quieran seguir clavando en la textura, el resto puede seguir con el último concepto: el valor presente neto.

¿Neto salgo ganando?
el Valor Presente Neto
y la evaluación de oportunidades
de inversión...

Ya llevamos un rato hablando del valor del dinero en el tiempo. Si hay una aplicación importante del concepto en inversiones es cuando el activo es un negocio, porque es básico saber si al dinero que le vas a meter hoy, le puedes sacar más que con otra inversión de mejor riesgo o esfuerzo ipa´ que valga la pena!.

Hay un concepto llamado "Valor presente neto", NPV por sus siglas en inglés *Net Present Value*, busca saber es si una inversión nos dará un rendimiento mínimo deseado (ése lo fija quien evalúa), tomando en cuenta cuánto generará, menos los gastos del negocio, el costo del dinero y su valor en el tiempo. El resultado del NPV es un numerito, que dependiendo de si sale positivo o negativo es un "sí le entro o no le entro".

Valor Presente Neto

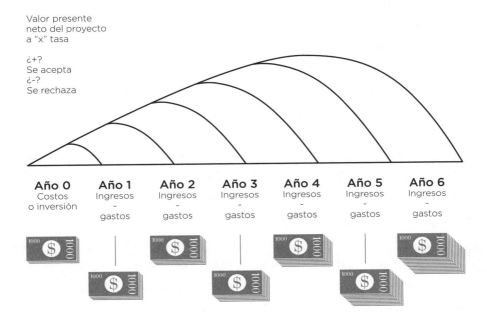

Valor presente
neto del proyecto
a "x" tasa

¿+?
Se acepta
¿-?
Se rechaza

Año 0	**Año 1**	**Año 2**	**Año 3**	**Año 4**	**Año 5**	**Año 6**
Costos o inversión	Ingresos - gastos	Ingresos - gastos	Ingresos - gastos	Ingresos - gastos	Ingresos - gastos	Ingresos - gastos

¿Cómo se hace?

1 Se pone la tasa que quieres que te genere esa inversión. Es el elemento del costo del dinero o cuánto es lo mínimo que los inversionistas están dispuestos a ganar para entrarle y se llama "tasa de descuento".

2 Calculas el estimado de dinero que generará año con año la empresa (flujos), ya libres de polvo y paja (descontando los gastos del negocio).

3 Sacas el valor presente del dinero de cada periodo con la tasa de descuento que elegiste (ya quedamos que 100 pesos de hoy pueden comprar más que 100 pesos en 3 años).

393

4 Si te sale un número positivo es que sí daría al menos ese rendimiento que quieres y puede ser un buen proyecto. Si te da negativo ¡olvídalo! Sus resultados estarían por debajo de la tasa mínima que estabas dispuesto a recibir.

Va el ejemplo:

Imaginemos que tus cuates sí pusieron su taquería, sueño de casi todos los mexicanos que quieren abrir un negocio. La hipotética taquería ha sido un exitazo, pero como tienen tantos clientes, ya no se dan abasto y para no perderlos ahora necesitan invertirle 20,000 pesos para comprar una plancha que les va a permitir vender 1,000 órdenes más de tacos al año. Cada orden de tacos les genera 10 pesos de ganancia y la plancha les duraría 6 años.

Lo fácil y donde muchos meten la patota es que sólo multiplican:

1,000 órdenes x 10 pesos de ganancia x 6 años = 60,000 pesotes

¡60,000 pesos de ganancia, invirtiendo 20,000 pesos!

Ah bueno ¡va! No tan rápido, chatos. Con 60,000 pesos de hoy podrías comprar menos cosas en 6 años ¿cierto? Entonces ¿cuánto valdrían esos 60,000 pesos hoy?

Si te ofrecen darte 4% sobre tus 20,000 pesos ¿Te conviene? Mmm... pues cetes da eso y ahí tu único esfuerzo es programar una transferencia y no te da úlcera por si la taquería va bien o mal.

Si otras inversiones son más seguras que el negocio taquero ¿cuánto es lo mínimo que le pedirías a tus cuates de rendimiento para que valga la pena arriesgar esa lana en lugar de mejor escoger un pagaré, cetes, algo más tranquilo u otro negocio similar? Ésa es la "tasa de descuento", puede variar por el tipo de industria o sector de ese negocio o el tipo de instrumento de inversión.

Pensemos que la tasa mínima por la que estarías dispuesto a invertir fuera 9%, y estás estimando que cada año tendrás 10,000 pesos de ganancia sólo en esa plancha para la que les vas a prestar lana y al final de los 6 años puedes revenderla en 5,000 pesos (eso se conoce como "valor de salvamento", no todas las cosas las tienen terminando su vida útil, pero supongamos que ésta sí). Para fines de simplificación, todo lo que se genere en eso, lo recibirías tú.

Pongamos esa información en una linda tablita:

Tiempo	año 0	año 1	año 2	año 3	año 4	año 5	año 6
Costo Inicial	-20,000						
Flujos		20,000	20,000	20,000	20,000	20,000	20,000
Salidas		-10,000	-10,000	-10,000	-10,000	-10,000	-10,000
Flujos netos		10,000	10,000	10,000	10,000	10,000	10,000
Salvamento							5,000
Flujo de Efectivo Neto	-20,000	10,000	10,000	10,000	10,000	10,000	15,000

En total, por el proyecto entrarían flujos de 10,000 pesos cada año, durante 6 años y un extra de 5,000 pesos por el salvamento en el sexto año.

Calculamos el valor presente de los flujos de efectivos futuros uno por uno (lo sé, suena cansado, pero tampoco es tan difícil y a lo peor pueden usar las tablas del valor presente)

Valor presente de 10,000 pesos del primer año:

= 10,000 x 1/1.09

= 9,174.31

Valor presente de 10,000 pesos del segundo año:

= 10 000 x $1/1.09^2$

= 8,416.79

395

Valor presente de 10,000 pesos del tercer año:

$= 10,000 \times 1/1.09^3$

$= 7,721.83$

Valor presente de 10,000 pesos del cuarto año:

$= 10,000 \times 1/1.09^4$

$= 7,084.25$

Valor presente de 10,000 pesos del quinto año:

$= 10,000 \times 1/1.09^5$

$= 6,499.31$

Valor presente de 10,000 pesos del sexto año:

$= 10,000 \times 1/1.09^6$

$= 5,962.67$

Y el valor presente de la lana del salvamento al sexto año:

$= 5,000 \times 1/1.09^6$

$= 2,981.33$

Valor presente total de los flujos del negocio

$= 9,174.31 + 8,416.79 + 7,721.83 + 7,084.25 + 6,499.31$

$+ 5,962.67 + 2,981.33 = 47,840.49$

El Valor Presente Total es 47,840.49 pesos. Ahora lo comparamos con los costos estimados:

NPV = - costos + Valor Presente Total

NPV = - 20,000 + 47 840.49 = + 27,840.49

El número en este caso es positivo, por lo tanto, el proyecto se acepta y le entraríamos al negocio de la taquería. Si el número hubiera sido negativo entonces se rechazaría porque significa que ya tomando en cuenta la tasa que queremos ganar y el valor del dinero en el tiempo inos sale más caro el caldo que las albóndigas!

por los costos, no obtendríamos los rendimientos mínimos por los que estaríamos dispuestos a entrarle.

Una nota para novatos en finanzas: ¡Aguas con los signos de los números! Como de esto dependen los resultados, es muy importante que el costo siempre vaya en negativo y los flujos que entran en positivo. No sea que se equivoquen y terminen aceptando negocios más malos que la sarna, donde terminen poniendo, en lugar de ganando, por no fijarse en eso.

Otro punto a recordar es que la tasa de descuento que escojamos influye en muchos casos en que el proyecto que analicemos salga como aceptable (signo positivo) o rechazable (signo negativo), el chiste es fijar la adecuada respecto al nivel de riesgo, que no te vayas demasiado abajo o que, por ponerte tanto tus moños no haya negocio que pase la prueba. No hay tal cual un estándar para todos los negocios, por eso debemos investigar un poco con gente en la industria cuál sería la tasa adecuada para el giro que a ti te interesa y también tomar en cuenta cuánto dan alternativas de menor riesgo.

¿INTENTAR PREDECIR LAS CRISIS? EL INDICADOR COINCIDENTE Y ADELANTADO

Anexo
2

(Viene del capítulo 2 "Un ojo al gato y otro al garabato... qué factores afectan a las inversiones")

Ya platicamos que la economía tiene ciclos y que no todo es color de rosa siempre. Hay etapas de expansión, desaceleración, recesión y recuperación, más o menos duraderas y más o menos profundas.

Como la videncia financiera es un arte casi imposible, uno de los indicadores para saber en qué etapa estamos o cómo se pueden poner a futuro es el sistema de indicadores cíclicos del INEGI, que se divide en dos: el indicador coincidente y el indicador adelantado. Puede que ahorita no les suenen mucho, pero es común topárselos cuando están dando las noticias económicas:

Coincidente: Muestra los cambios de la actividad económica respecto a su tendencia a largo plazo.

Para sacarlo el INEGI incluye el Indicador de la Actividad Económica Mensual, el Indicador de la Actividad Industrial, el Índice de Ventas Netas al por menor en los Establecimientos Comerciales, el Número de Asegurados Permanentes en el IMSS, la Tasa de Desocupación Urbana y las Importaciones Totales.

Adelantado: Como su nombre lo dice, busca mostrar anticipadamente la trayectoria que va a tener la actividad económica.

Éste se compone de la Tendencia del Empleo en las Manufacturas, las Exportaciones no Petroleras, el Índice de Precios y Cotizaciones de la Bolsa Mexicana de Valores en términos reales, el Tipo de Cambio Real, la Tasa de Interés Interbancaria de Equilibrio y el Índice Standard & Poor´s 500 (índice bursátil de Estados Unidos).

La gráfica de abajo es su representación, pero ¿cómo se lee?

Sistema de indicadores cíclicos

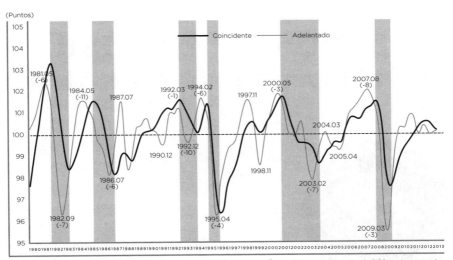

Nota: El dato del indicador adelantado de abril de 2013 es una cifra oportuna. Éste registra un incremento de 0.02 puntos respecto al mes anterior. La tendencia de largo plazo del indicador Coincidente y del adelantado está representada por la línea ubicada en 100. Los números sobre la gráfica (por ejemplo 1981.05) representan el año y el mes en el que ocurrió el punto de giro en el indicador adelantado: pico o valle. Los números entre paréntesis indican el número de meses que determinado punto de giro del indicador Adelantado antecede al punto de giro del indicador Coincidente. Dichos números pueden cambiar a lo largo del tiempo.
Fuente: Indicador coincidente y adelantado del INEGI, hasta abril de 2013.

La línea horizontal en el 100 es la referencia. Según dónde esté es la tendencia:

- Cuando el indicador está creciendo y está por arriba de la línea es **Expansión.**
- Cuando está disminuyendo, pero todavía está por arriba de la línea es **Desaceleración.**
- Cuando está disminuyendo y ya está por debajo de la línea, es **Recesión**

- Cuando está creciendo pero aún está por debajo de la línea es **Recuperación**.

El negro (el coincidente) es el que nos dice en qué fase estamos y el ocre (el adelantado) trata de predecir en cuál estaremos.

Estos indicadores se publican mensualmente en la página del INEGI www.inegi.gob.mx.

EL FAMOSO "COMPRAR BARATO Y VENDER CARO"

(Viene del capítulo 4, sección de acciones)

El famoso "Comprar barato y vender caro"

Pedro, un editor de *El Economista* decía que aquello de que "el secreto de las inversiones es comprar barato y vender caro" era una obviedad del tamaño del Estadio Azteca...

Y estoy de acuerdo, lo es tanto como el máximo principio de las finanzas personales: no gastar más de lo que ganas. La cosa es que luego justo las cosas obvias son en las que metemos la pata o las que son fáciles de decir, pero complicadas de hacer. Si fueran sencillas o existiera una receta 100% garantizada para lograrlas, todos seríamos ricos y nadie se sobreendeudaría jamás, así que hay que tenerlas en el radar y trabajarlas, por muy evidentes que nos parezcan. La pregunta obligada, ya que andamos en la hoguera de las obviedades, es ¿y cómo sé cuándo está caro y cuándo está barato algo? Igual que en la vida real con cualquier producto: analizando su precio y valor.

Rudos contra técnicos... los tipos de análisis de las inversiones

La relación entre el precio y el valor de algo en ocasiones llega a ser tan filosófica y controversial que incluso en el mundo financiero se hicieron dos escuelas al respecto: los que están a favor del análisis fundamental y los que "le van" al técnico.

El análisis fundamental se enfoca en las características de las empresas para estimar su valor (las bases o fundamentos que permiten que genere utilidades en el futuro) y determinar si el precio de sus acciones lo reflejan, si están por encima de su valor o por debajo. Aplican también para otros mercados donde se puedan ver datos históricos y analizar los factores para generar rendimientos, pero toda esta sección vamos a usar ejemplos de acciones porque como son porciones de empresas, es más fácil pensar en su valor: el capital que le han metido, los activos que tiene, su mercado, sus ventajas competitivas, etcétera.

Al análisis técnico puro eso le vale un poco sombrilla y lo que realmente le importa son los movimientos de los precios en el mercado, por ejemplo: si detecta que una compañía está cotizando a un precio más bajo del promedio de un "x" periodo, es señal de compra. El análisis técnico trata de predecir cómo va a cotizar una acción, buscando un patrón de acuerdo con la oferta y demanda del mercado que han tenido. En los países de habla inglesa algunos les llaman "chartists" porque se la pasan viendo grafiquitas (charts) y modelos para detectar las tendencias.

¿Por qué el análisis técnico se enfoca sólo al precio o primordialmente a éste? Porque estos amigos están convencidos que cualquier cosa relacionada con el valor de la empresa o con la situación global, el mercado "ya lo descontó". "Descontar" para los financieros es que ya se refleja en el precio, acuérdense de esa frase, porque ¡ah cómo les encanta a los del sector!

Estas escuelas de análisis son un poco como en las luchas: "rudos contra técnicos", aunque en este caso los rudos probablemente sean los que son fans del análisis técnico porque se fija más en lo inmediato, las últimas tendencias, en las oportunidades o amenazas del momento. El análisis fundamental es de más largo plazo.

Lo principal en lo que se fijan los del análisis técnico son los precios de los activos y el volumen (a cuánto y cuánto se han comprado y vendido).

En términos generales los *traders* —los que compran y venden activos en los mercados— están más clavados con el análisis técnico porque lo que importa es la ganancia o pérdida que hacen hoy, en esta hora y a veces en estos minutos. En cambio, a los inversionistas sí les importa más el largo plazo y un análisis fundamental es más adecuado. Eso sí, algunos combinan métodos para buscar lo mejor de ambos mundos: puedes "elegir" acciones de ciertas empresas usando el análisis fundamental y buscar algunas oportunidades, o cascarle sólo a una parte, de acuerdo con las señales de compra o venta que se detectan con el análisis técnico.

Recapitulando ¿cuáles son las diferencias entre las escuelas de análisis?

Análisis Fundamental

- Palabra clave: valor.
- Enfocado en determinar el valor de una compañía y si éste corresponde con el precio del mercado.
- La oportunidad se da cuando la empresa cotiza por debajo de su valor.

- Revisa los estados financieros de la compañía, sacan razones (ganancias por acción, precio por acción, deuda sobre capital...) y toma en cuenta factores como la macroeconomía, las ventajas competitivas, mercado, el sector...
- Tiene una orientación de largo plazo. Se usa más para inversiones.

Técnico Análisis

- Palabras claves: precio y tendencia.
- Enfocado en el movimiento de los precios al que cotiza una acción (o cualquier activo) y de predecir cuál será la tendencia en el futuro, según los patrones que ha presentado.
- Se considera una oportunidad cuando la acción cotiza por debajo del precio histórico de un determinado periodo.
- Revisa el histórico del precio y volumen de la acción. Considera que cualquier valor o factor el mercado "ya lo descontó", es decir, se refleja en el precio de la acción
- Se enfoca en el corto plazo. Se usa más para *trading*.

Digamos que ambos sistemas buscan "gangas" en las inversiones, pero cada uno bajo su propio concepto y plazo.

La ganancia se hace en la compra...

Bien dice el refrán "el que no conoce la historia está condenado... a meter la pata en sus inversiones". Aunque una de las maximízimas de las inversiones sea que "rendimientos pasados, no garantizan rendimientos futuros", saber cómo se ha comportado un instrumento y cuál es su valor es vital para ver si estás comprando a precio adecuado, si nos están viendo la cara de turista o solitos la estamos poniendo.

Hugo Petriccioli, que ha pasado su vida siendo el proveedor de los fondos de inversión para quienes nos lo venden a nosotros, siempre recordaba que la ganancia se hacía al comprar y no al vender. ¿Cómo? ¿No debo enfocarme en cuánto subirá, sino en si su precio actual es una oportunidad? Exactamente. Este principio corresponde a la escuela del valor (los que invierten más tirados hacia el lado del análisis del fundamental) donde podemos encontrar a genios como sir Franklin Templeton o Benjamin Graham, que ahí nomás fue el senzei de Warren Buffet, quien ya es clientazo de la lista de billonarios de Forbes. Ellos piensan que no puedes adivinar el futuro, ni asegurar que algo vaya a subir (aunque quien te lo quiera vender te jure y perjure que sí) pero lo que puedes hacer es asegurarte de que estás comprando a un buen precio (comprar por debajo del valor), porque es lo único que puede darte verdaderas posibilidades de hacer una ganancia.

También hay que saber cuándo vender

La mayor parte de los inversionistas viven obsesionados con sacarle hasta la última décima de rendimiento a los mercados, pero nadie le atina siempre ni a los mínimos de un instrumento de inversión para comprar, ni a los máximos para venderlo. Lograrlo sería el equivalente a la carta a Santa Claus (los niños modernos ya le deben mandar whatsapp), pero avorazarse, ser muy codicioso o creerse más listo que el mercado es peligroísimo. Es más, es la receta infalible para perder dinero.

Se ha dicho que el secreto de las inversiones del muy célebre Warren buffet, integrante del top 5 de los ricachones de la lista Forbes y también conocido como el oráculo de Omaha por su habilidad para olfatear rendimientos, es como el que todos dicen "comprar acciones de empresas cuando están baratas". Él también busca acciones que coticen por debajo de su valor, que tengan una ventaja competitiva que dará ganancias sostenibles y crecientes a largo plazo. Pero además él hace algo que es muy importante: no se deja llevar por el entusiasmo o pesimismo de los mercados y siempre tiene *cash* cuando otros no.

El respetable inversionista no pretende llegar a los picos para sacarle hasta la última gota de jugo a esa inversión ¡hasta ha vendido cuando otros se relamen los bigotes porque los mercados están en máximos y creen que seguirán subiendo! En esos periodos lo han criticado y han dicho "ya perdió el toque", pero en numerosos desplomes del mercado, él se había salido a tiempo y los otros se quedaron en la chilla. Aprender a retirarse a tiempo y a tomar utilidades es tan importante como encontrar gangas.

BÁSICOS PARA ANALIZAR ACCIONES

(Viene del capítulo 3, "En instrumentos de inversión, para todo hay en esta viña del Señor", subtítulo de acciones)

Las acciones no andan por la vida con una etiquetita de "-20%" o "todas las compañías de alimentos y las farmacéuticas al 3x2", y tampoco podemos estar seguros de que una acción es una ganga solamente porque haya bajado de precio. Podríamos estar comprando algo a un precio bajo sólo porque está descompuesto y eso para nada garantiza una buena inversión. ¿Entonces cómo podemos saber si realmente estamos "comprando barato" una acción valiosa? Analizando más profundamente la empresa, su sector, su estrategia, los numeritos de sus estados financieros y algunas fáciles divisiones que nos pueden ayudar a ver más allá de su cotización del momento.

Ben Graham —autor de *El inversionista inteligente* y básicamente el papá de los pollitos en el tema de inversión— consideraba que la mayoría de los inversionistas no debían elegir acción por acción, sino invertir en una selección de acciones muy parecida al índice líder de la Bolsa (en EU el Dow Jones, en México el IPC), cosa que ahora se puede hacer en automático con un fono indizado (en los tiempos de Graham no existían, se tenía que hacer "manual" y con más lana).

¿Por qué tener una cartera que imite o ser muy similar al IPC? Porque es más o menos fácil invertir en estas acciones y obtener resultados similares promedio del mercado, mientras que tratar de ganarle está bastante cañón, tanto que a veces ni los que se dedican a las inversiones lo logran... Y si eso le pasa a muchos profesionales, las probabilidades de que una persona común y corriente con otra ocupación se convierta en el novato del año es bajísima, sobre todo si tiene poco tiempo para dedicarle y apenas está aprendiendo. Puede que como el burro que tocó la flauta te salga un año, pero ganar de chiripa sostenidamente es complicado. Como ya lo hemos mencionado, no debemos caer en la trampa de sentirnos más listos que el mercado porque ahí es donde nos acaban bailando.

Si pese a la recomendación del buen Benjamin Graham quieres escoger cada acción con tus manitas (bueno, con tu *mouse* porque ya puede ser electrónico), él aconseja que observes primero, hagas una cartera imaginaria, le des seguimiento y aprendas sin meterle dinero. Dependiendo de cómo te vaya y qué tal te sientas decides si en serio te late eso de escogerlas tú, y si no pues te puedes quedar en fondos indizados. Obviamente mientras sigues la cartera simulada, también podrías estar en fondos indizados, obligaciones o en algún otro instrumento de menor riesgo, si quieres.

La media salomónica podría ser meter la mayor parte de tu inversión en Bolsa por medio de fondos indizados y tú elegir acciones en directo por un monto de 10 a 30% del total que quieras destinarle a este rubro. Así puedes vivir más concienzudamente la experiencia, pero de una forma más o menos controlada.

Para hacer este ejercicio de seguir la cartera, en los tiempos de Ben tendrías que haber llevado un registro en papel y buscar las cotizaciones manualmente. Recordemos que él empezó a invertir poquito antes de la Gran Depresión de 1929. Ahora, afortunadamente hay sitios donde puedes meter tus hipotéticas carteras de forma electrónica y darles seguimiento desde tu computadora o celular. Una opción es Accigame de Banamex que es un simulador muy interesante donde empiezas a operar con 2 millones de pesos virtuales y compites contra otros inversionistas. Ahí ¡hasta las comisiones se simulan! Te cobran 1% por operación. Otras alternativas para darle seguimiento a una cartera de acciones son Yahoo finanzas y Morningstar.com.mx. También hay *apps* de cotizaciones o las de cada casa de Bolsa, que te permiten armar un portafolio de acciones, ver su información financiera, sus tendencias, algunos análisis y hasta leer lo que otros inversionistas dicen de cada empresa.

Estudiar es importante porque atenerse a los "golpes de suerte" casi siempre termina en golpes... pero a los bolsillos.

Hay que evitar a toda costa acciones caras, por muy de moda y prometedoras que parezcan. Ojo con que la manada inversionista nos contagie la euforia. Para Graham comprar caro una buena acción ya era un peligro, porque iba contra la seguridad de nuestro dinero al tener un rendimiento potencial menor, pero comprar caro una MALA acción en época de prosperidad lo era mucho más, porque cuando venga una crisis esa sí va a apestar y quién sabe si se recupere. Así que elige con cuidado siempre, pero más cuando estás en medio de un boom del mercado.

Si pese a todas las advertencias te quieres aventar a invertir en Bolsa en directo, ¿cómo analizas las acciones? Benjamin Graham tenía algunos principios a analizar y una lista de "control de calidad":

A Las perspectivas generales a largo plazo de la empresa: ¿De dónde provienen las ganancias actuales y futuras de esta compañía? ¿Qué es lo que la hace crecer? ¿Qué variables macroeconómicas le afectan? ¿En qué parte del ciclo económico le va mejor y en cuál peor? ¿Cómo es su sector y cómo está posicionada en éste? ¿Tiene alguna ventaja competitiva? ¿Cuál es el panorama en los años venideros?

B La calidad de su equipo directivo: ¿Cómo están manejando la empresa? ¿El equipo tiene ya algún tiempo? ¿Se cambió recientemente? ¿Por qué? ¿Han cumplido los objetivos que se plantearon anteriormente? ¿Es alguien que se preocupa más por el negocio real o porque la acción cotice alto?

C Su fortaleza financiera y su estructura de capital: ¿Cómo son sus costos contra sus ingresos? ¿Pone a trabajar sus ingresos eficientemente? ¿Cómo y cuánto se financia? ¿Su nivel de deuda es saludable? ¿Ha hecho muchas emisiones (eso no conviene a tus propias acciones)?

408

D Su historial y su actual tasa de dividendos: para Graham era sumamente importante invertir en compañías que hayan pagado dividendos ininterrumpidamente durante los últimos 20 años y también checar cuánto estaban pagando. Recordando los tipos de ganancias de las acciones, los dividendos es la parte de las utilidades de la empresa que se reparte entre sus accionistas. La compañía requiere generar suficientes para reinvertir y también para pagarle a los socios.

Esto de alguna forma se convertía en una lista a palomear, que era el control de calidad de las acciones, que ahorita vamos a ver.

Como dato cultural, Graham clasificaba a los inversionistas en defensivos y emprendedores (o agresivos). Los primeros están más interesados en la seguridad y no quieren o pueden dedicarle mucho a la gestión de sus acciones. Los segundos invierten más tiempo en sus inversiones, tienen un perfil más tolerante al riesgo y buscan mejores resultados que la media de los inversionistas.

La lista de criterios del control de calidad puede aplicar para ambos, pero en el caso del inversionista emprendedor pueden flexibilizarse, considerando que el riesgo es mayor, pero que es en pro de mayores rendimientos y porque va a estar más pendiente de sus acciones. Por ejemplo, en "tamaño de la empresa", el primer punto de la lista, los inversionistas "defensivos" debían invertir en empresas grandes que les dieran cierta estabilidad, mientras que los inversores "emprendedores" podrían combinar con empresas medianas o chicas, relativamente respecto a la Bolsa (las famosas *Mid cap* y *small cap*), con un crecimiento potencialmente mayor.

La siguiente lista sería muy restrictiva para las empresas que tienen poco años en Bolsa, pero si cumplen con los otros criterios, un inversionista agresivo puede definir si tienen lugar en su cartera o no.

Lista de control de calidad para acciones

☐ Tamaño adecuado de la empresa.

☐ Un estado financiero suficientemente sólido.

☐ Estabilidad de las utilidades (Que no reporte pérdidas en los últimos 10 años).

☐ Historial de dividendos (Pago de dividendos continuados al menos 20 años).

☐ Crecimiento de sus utilidades (Idealmente que las utilidades por acción hayan crecido por lo menos un tercio en un periodo de 10 años).

☐ Un precio por acción razonable respecto a sus utilidades.

☐ Un precio por acción razonable respecto a su valor contable, también conocido como valor en libros.

Los dos últimos incisos de la lista son los famosos "múltiplos". Los múltiplos son indicadores que reflejan el valor o la situación de una empresa al comparar su precio contra sus resultados o su patrimonio, lo que nos permite ver si está "cara" o "barata" respecto a otras compañías del mismo sector o respecto a sí misma, si comparamos cómo se ha movido en el tiempo.

Los múltiplos nos facilitan la vida al darnos un numerito fácil de sacar. Aunque suena muy elevado y muchos de los analistas los usan pomposamente en sus reportes, en realidad son simples divisiones de ciertas cifras de las empresas (ahorita les pongo un ejemplo), que nos pueden servir como guía a la hora de elegir acciones.

Los múltiplos más comunes son:

- **Precio entre utilidades** (P/U o PER por sus siglas en inglés, *Price-Earnings Ratio*). Este múltiplo se saca dividiendo el precio de cada acción entre las utilidades de la empresa por acción (utilidad entre el número total que la empresa tenga colocadas).

Su resultado significa cuántas veces estás pagando por cada peso de utilidad o lo puedes leer como ¿cuántos años tardarías en recuperar tu inversión si la empresa mantuviera sus resultados actuales?

Si el múltiplo es muy alto son menores las posibilidades de que siga subiendo la acción, respecto a las que tienen un múltiplo menor, aunque también hay que fijarse si la baja del múltiplo se explica porque mejoraron las utilidades de la compañía y no únicamente porque el precio se desplomó.

Veamos un ejemplo:

¿Cuál sería el P/U de una empresa que cotiza a 45 pesos por acción, el año pasado generó 6 mil millones de pesos en utilidades y tiene 2 mil millones de acciones en circulación?

$$P/U = \frac{45}{(6{,}000{,}000{,}000 / 2{,}000{,}000{,}000)} = \frac{40}{3} = 15x^*$$

*La "x" significa "veces"

Ese múltiplo significaría que pagaste 15 veces cada peso que generó de acción o que te tardarías 15 años en recuperar lo que le metiste a la compra de esa acción, si mantiene los mismos resultados.

Pregunta para tantearte:

Tomando en cuenta todo lo que ya dijimos de los múltiplos, si en el mismo sector que la compañía del ejemplo hubiera empresas con P/U's de 13x y de 20x ¿cuál escogerías?

Como nota al pie, el P/U se calcula generalmente con las utilidades del último año, aunque también hay algunos analistas que lo sacan con estimaciones de lo que la empresa van a ganar en el futuro.

Graham calculaba el P/U con las utilidades promedio de los últimos tres años, para que un año bueno no diera un múltiplo que hiciera ver a la empresa mejor de lo que en realidad era, y creo que tampoco habría sido muy fan de los cálculos con estimaciones porque ¿quién puede asegurar que el futuro será como creemos? Yo se los paso al costo, pero ustedes pueden usar el que consideren o todas las versiones.

- **Precio de la acción entre valor en libros de la compañía** (P/VL). Este múltiplo lo que compara es el precio de la acción contra su valor contable (activos menos pasivos) por acción. Se le llama "en libros" porque antes de la era de la tecnología y los archivos electrónicos, la contabilidad de las empresas se llevaba en unos libros tipo tumbaburros.

Si la compañía tiene un múltiplo P/V muy alto, estás pagando mucho por cada peso que la compañía valga, contablemente hablando; si es menor a 1, la compañía estaría cotizando con un "descuento" respecto a su valor en libros. Ésa es la generalidad, pero al usar este múltiplo hay que fijarnos bien en qué tipo de compañía analizamos y sus activos: si es una empresa cuyo valor está mayoritariamente en intangibles (como la marca o patentes), un P/VL alto puede ser más o menos normal. También es más o menos lógico que los múltiplos de valor en libros de las compañías de tecnología sean mucho más altos que los de alimentos, por el tipo de activos que requieren para funcionar (ésa es otra de las razones por la que los múltiplos se usan entre compañías similares o mínimo del mismo sector).

- **Valor de la empresa sobre** EBITDA (EV/EBITDA, por sus siglas en inglés *Enterprise Value* o Valor de la empresa, sobre utilidad antes de impuestos, intereses, depreciaciones y amortizaciones por acción, que es *Earnings Before Interest, Taxes, Depreciation and Amortization*).

Este múltiplo, al igual que el P/U, nos muestra cuánto tardaríamos en recuperar nuestra inversión, pero con la diferencia de que el EV/EBITDA sí toma en cuenta lo que la empresa debe a sus acreedores y accionistas.

Ahí les va cómo se saca:

El valor del mercado se calcula con tres componentes:

> Capitalización de mercado + Deuda neta
> + (Participación minoritaria
> × el precio / valor en libros)

La capitalización de mercado se saca al multiplicar el precio de la acción en el mercado por el número de acciones existentes.

La deuda neta son todos los pagos pendientes y su costo, menos el efectivo con el que cuenta la empresa.

Eso se divide entre la EBITDA de la empresa, que viene en el estado de resultados.

El EBITDA es un indicador que muestra cuánto ganó la empresa únicamente descontando los gastos de operación, aún no incluye los costos financieros (intereses, impuestos, depreciación y amortización). Da una imagen más exacta de la situación de la compañía porque sólo incluye dinero que verdaderamente entró o salió.

Puedes sacar los diferentes múltiplos con las cifras de los reportes anuales de las compañías. Los reportes están en sus páginas de internet, son públicos por Ley y es muy recomendable que aunque no los uses para calcular las razones a mano, leas los de las compañías en las que piensas invertir para entender más de su negocio.

Si no quieres arrastrar el lápiz, otra opción más facilita es buscar los múltiplos ya calculados en los documentos de análisis de los grupos financieros y casas de bolsa o en páginas como Yahoo Finanzas o Morningstar.com.mx

Eso sí, chulos ino vayan a hacer concha y crean que con un múltiplo solo ya pueden definir cuáles acciones compran!

El chiste de los múltiplos es usar varios (los tres básicos, por ejemplo), después de haber hecho el análisis macro, del sector y de la perspectiva de largo plazo de la compañía.

El P/U, P/VL y FV/EBITDA son los más comunes, pero hay otros relacionados con flujo de efectivo, ventas suscriptores, etcétera... Dependiendo del sector al que pertenezca la empresa a analizar, unos pueden ser más útiles que otros.

¿Y cuántas acciones debo tener en mi cartera?

Benjamin Graham recomendaba a los inversionistas defensivos tener una "diversificación adecuada, aunque no excesiva" ¿Traducción? Tener mínimo 10 acciones y máximo 30 si se iba a invertir en directo.

Campechaneando técnicas

Aunque para inversiones (no especulación) el análisis fundamental es la base, muchos lo complementan con análisis técnico (el que monitorea los precios) para dar con "señales de compra o de venta".

Como platicamos en el anexo 3, el análisis técnico se concentra en la tendencia de los precios de las acciones, sobre la base de que el mercado ya incorpora o descuenta en las cotizaciones de las acciones todo lo relacionado con el valor de la empresa y las noticias o los hechos que le afectan en las cotizaciones. Aunque esto no es necesariamente siempre cierto o muy preciso, si el análisis técnico se usa sólo para buscar oportunidades o incluso definir ventas, puede ser un buen apoyo.

Aunque hay muchas metodologías del análisis técnico, una de las más básicas es la de los promedios móviles.

¿Y eso qué carambas es? Un promedio móvil es un promedio de un rango cambiante de datos, es decir, no vas a hacer el promedio histórico desde el día uno hasta hoy, sino siempre de los últimos 10 o 20 o 50 o el número de periodos que quieras. Conforme vas avanzando, vas descartando los más antiguos. Los promedios móviles buscan detectar cambios de tendencia hacia el alza o baja del precio de un activo.

Por ejemplo, para sacar el promedio móvil de 50 periodos del precio al cierre del Índice de Precios y Cotizaciones (*IPC*) o de alguna acción, sumas los precios de cierre de los últimos 50 días y los divides entre 50. Cuando los precios se mueven por arriba del promedio, se considera que habrá un posible cambio de tendencia hacia arriba y puede ser buen momento para comprar; si los precios se mueven por abajo del promedio móvil, la señal sería de venta.

Los promedios móviles más comunes son 10, 20, 50, 100 y 200 días. Se supone que entre más largos sean los promedios, es más fácil evitar señales falsas. De nuevo, los promedios móviles los puedes sacar y graficar a manita o buscarlos en internet.

Veamos un ejemplo con los promedios móviles del Índice de Precios y Cotizaciones:

Si checan esta gráfica, se están usando los promedios móviles de 20, 50 y 100 días.

Promedios móviles del IPC de la Bolsa Mexicana

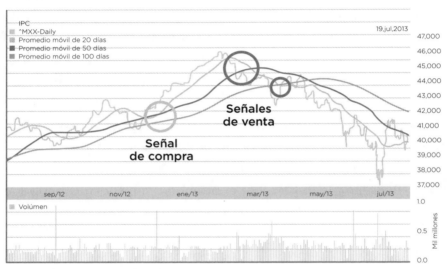

Fuente: Gráficos de análisas técnico de Yahoo! Finanzas México, julio del 2013

Hay varias señales de compra potenciales y de venta cuando se cruzan las líneas del promedio más corto (20) con las de los más largos (50 y 100), pero elegí dos para mostrarles:

- En el circulito de la señal de compra, el promedio móvil de 20 días se cruza con el de 50 y se empieza a despegar, y de ahí todos los precios van subiendo.
- En donde marqué la señal de venta, el promedio móvil de 20 días primero baja ante el de 50 días, pero si no quedaron muy

seguros, luego viene una segunda señal donde el promedio móvil más corto pasa abajo del de 100.

• Obviamente esto tampoco es infalible, los promedios nos pueden fintar, pero si ya le vas a entrar seriamente al tema de ser un inversionista activo, puede ser un buen complemento de análisis.

Último consejo para acciones

Para terminar esta parte quiero dejarlos con una de mis frases favoritas de Graham:

"Las inversiones deben estar basadas en el valor y no en el glamour."

¿Eso qué significa? Que hay muchas acciones que suben y suben sólo porque de momento son populares, se la pasan saliendo en las noticias y el mercado mismo las está empujando, no sus resultados. Eso puede crear la falsa ilusión de que son valiosas, sin que el negocio que esté detrás realmente sea para tanto, pero eso no es eterno y la caída puede ser dolorosa para el bolsillo... y hasta para el ego. Por eso es tan importante refinar nuestros criterios para elegir acciones y no dejarnos llevar por lo que está de moda ni sólo por precios. Valor es la palabra clave.

VALUACIÓN DE *START-UPS*

Anexo
5

(Viene del capítulo 8 "Inversión
en negocios") A. Método de *scorecard*

Hay muchas empresas que no tienen "fierros" o ingresos que respalden una valuación de dinerito constante y sonante, ya sea por el tipo de negocio (ej: las muy tecnológicas o de servicios) o porque apenas empiezan, pero sí tienen otros elementos que tienen valor como la propiedad intelectual, el capital humano, su posición en el mercado. ¿Cómo los integras? Para este tipo de negocios se puede usar un método de valuación conocido como *scorecard*, que es como una boleta de calificaciones donde le das un puntaje a la empresa en criterios que hayas definido, de acuerdo a cómo está respecto a la media de su sector o empresas similares, y comparándola con el valor de éstas, sacas su valuación.

¿Cómo se hace?

1   Averiguas cuánto vale la empresa promedio del sector al que pertenece la compañía que vas a valuar. En países como Estados Unidos hay mucha información estadística al respecto, en América Latina se está construyendo poco a poco. Algunos usan la información local, otros "tropicalizan" la de nuestros vecinos del norte.

   Para nuestro ejemplo diremos que es una plataforma de comercio electrónico y quienes hacen cosas similares a ellas valen 3 millones de dólares en promedio.

418

2 Estableces una serie de criterios de las cosas que importan para el funcionamiento y le das puntuaciones de acuerdo con si crees que está mejor que la media de las empresas de ese tipo, igual o mejor. La base es 100% y eso significaría que está igual que las del sector. Hay que ponerle puntos para arriba o para abajo, según corresponda.

3 Le das una ponderación a cada aspecto (Defines el peso o importancia de cada criterio con un porcentaje). Acá, obviamente la suma de todos los criterios debe dar 100%.

4 Anotas tu análisis de cada factor y le das una calificación Tendrías una boleta más o menos así:

Formato de *scorecard*				
Aspecto a evaluar	Análisis	Ponderación (Importancia del factor en lo global, la suma de los aspectos debe dar 100%).	Calificación o factor (Base 100%; menor que la media, se pone menos de 100%, mejor que la media se califica con más de 100%)	Resultado (calificación por ponderación)
El equipo		20%		
Tamaño de la oportunidad		20%		
Producto		20%		
Distribución y Ventas		15%		
Competencia		15%		
Otros factores		10%		
Total (múltiplo)				

Valuación de la empresa (Se obtiene multiplicando el múltiplo por el valor medio de las compañías de ese sector)

5 Multiplicas la calificación por la ponderación.

Acuérdate que son porcentajes, entonces si tienes 20% en la ponderación y una calificación de 130% la multiplicación sería 0.20 x 1.30.

6 Sumas todos los resultados y el total te da un "múltiplo".

7 Multiplicas el número que te salió en el total por el valor promedio de las empresas del sector. El resultado es la valuación.

En nuestro ejemplo tendríamos algo así:

Formato de *scorecard*				
Aspecto a Evaluar	Análisis	Ponderación (Importancia del factor en lo global, la suma de los aspectos debe dar 100%).	Calificación o factor (Base 100%; menor que la media, se pone menos de 100%, mejor que la media, se califica con más de 100%)	Resultado
El equipo	Mejores que la media del sector, vienen de trabajar en Amazon, Mercado Libre y Paypal. Además, es su segundo emprendimiento.	20%	140%	0.28
Tamaño de la oportunidad	Amplio mercado potencial (acá irían datos estadísticos, ejemplo: 5 millones de usuarios potenciales, de acuerdo con los que hacen transacciones electrónicas según la AMIPCI)	20%	130%	0.26
Producto	Ya está en el mercado y tiene usuarios. Retroalimentación positiva de los clientes. Tecnología muy fácil de usar, resuelve una necesidad para facilitar el comercio, su adopción por parte de los usuarios puede ser acelerada pero potencialmente copiable en poco tiempo.	20%	100%	0.2
Distribución y Ventas	Lo hacen los fundadores y se da por referencia de otros clientes. Falta reforzar el equipo para tener mayor alcance.	15%	90%	0.135
Competencia	Son los primeros en el sector, se requiere de tecnología específica, pero el modelo sí puede ser replicable relativamente rápido por otros competidores.	15%	110%	0.165
Otros factores	Los emprendedores tienen una fuerte red de mentores y amplias conexiones en el sector comercial por sus trabajos anteriores. Cuentan con un líder en logística y desarrollaron tecnología propia en sistemas de seguridad.	10%	120%	0.12
Total (múltiplo)				1.16
Valuación de la empresa (múltiplo x valor promedio= 1.16 x 3,000,000,000 de dólares)				$3,480,000

Como la empresa de e-commerce en la que vamos a invertir es mejor que el promedio de su sector en muchos criterios, su valuación quedaría en 3.48 millones de dólares.

Este método por supuesto no es exacto. De nuevo depende mucho de los criterios, supuestos, cómo se midan y de tu opinión. Algunos financieros consideran que requiere muchos recursos y gente investigando para que realmente se haga bien y no sean números improvisados, pero con todo eso el *scorecard* es de los métodos de valuación favoritos de los ángeles inversionistas porque toma en cuenta los criterios que más te importan para la inversión.

La del ejemplo sería nuestra valuación como inversionistas. En cuánto quede al final dependerá de cuál sea la de los emprendedores, con base en qué y qué se negocie. Si a los emprendedores no les han hecho una valuación en alguna aceleradora de negocios o no han contratado a alguien para esto, sería importante que hagan su propio *scorecard*, pues si tú que eres el fundador no sabes el valor de lo que traes en manos o no tienes argumentos para defenderlo ¡cómo esperas que otros te lo paguen!

B. Valuación por probabilidades y tamaño de la oportunidad

En muchos de los emprendimientos es difícil tener certeza de si tendrán éxito o no, pero a veces lo que está claro es que si logran hacer lo que están intentando, será un hitazo. ¿Cómo definir el valor de algo así? Una posibilidad es buscar dimensionar ese éxito potencial (oportunidad de mercado) y contrastarlo con las probabilidades históricas de supervivencia de las empresas con etapas similares del negocio a evaluar.

Como dijo Jack el destripador, vamos por partes.

1 ¿Qué sería la oportunidad de mercado? El total de ventas que puede llegar a tener la empresa, el número de consumidores, etcétera. Con esto se establece un valor potencial.

2 Obviamente sería el ideal "si la hacen", pero ¿qué posibilidades hay de que lo logren? Para responder esa pregunta se mira las estadísticas de supervivencia (o de mortalidad, como prefieran verlo) de las pymes de acuerdo con la fase en la que están (una empresa que empieza tiene más probabilidades de tronar que una que ya sobrevivió 3 años, por ejemplo). Consulté a César Salazar, quien usa esta metodología de valuación en 500 *startups*, y esta tablita sería más o menos lo que podríamos tomar en cuenta:

**Probabilidades de éxito
de acuerdo con la etapa de la compañía**

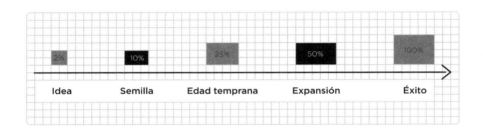

2%	10%	25%	50%	100%
Idea	Semilla	Edad temprana	Expansión	Éxito

3 Al tamaño de la oportunidad de negocio se le saca el porcentaje de la probabilidad de éxito, según la etapa en la que esté el negocio y lo que salga es la valuación.

Va el ejemplo: Startup con un tamaño de oportunidad de 100 millones, en etapa temprana:

Valuación = 100 millones
× 25% de probabilidad de éxito
= 5 millones.

Ése sería el valor total de esa empresa en ese momento. De ahí los inversionistas y el emprendedor negociarían con qué porcentaje le entran.

Si acuerdan que los inversionistas ponen 5 millones, pues eso los haría dueños del 20% de la empresa.

Algo importante a considerar para César Salazar de 500 *startups* es que las valuaciones son un efecto de las fuerzas del mercado (sí, a ellas también las traen fritas la oferta y la demanda): si hay muchos proyectos en qué invertir y poco capital, las valuaciones bajarán; si hay muchos inversionistas que quieran entrarle compitiendo por pocos proyectos, irán para arriba. Este es un criterio más que debemos analizar en todas las técnicas de valuación.

C. Valuación "por resultados futuros"

Aunque desconozco si esta metodología o enfoque de valuación tenga un nombre técnico, yo la llamo "por resultados futuros" porque es el resumen de qué se trata:

Heberto Taracena —fundador de metros cúbicos y ahora ángel inversionista— dice que cuando él está ante un proyecto que inicia, intenta negociar no el presente, sino el futuro, simplemente porque cuando una empresa empieza, es muy complicado conocer su valor real.

Al principio su parte de la empresa va en función del dinero que puso para los gastos de los primeros años, pero cuando se va a abrir la siguiente ronda de capital, se hace una valuación de la compañía ya con ingresos reales y el porcentaje de los socios y del emprendedor se fija de acuerdo con los resultados alcanzados: entre más alta salga la valuación, se le regresa o entrega un mayor porcentaje al emprendedor y los socios bajan su proporción. También las condiciónes pueden ser métricas como si llegan a un número "x" de ventas, de usuarios, etcétera.

La idea detrás de esto es ajustar las proporciones de la empresa una vez que ya se tengan resultados. Para Taracena, antes de eso, la conversación puede ser muy subjetiva, pues si al final tronaran, todos se quedarán con menos o con un "x%" de nada.

Un ejemplo —ojo, es ejemplo, no guía— sería:

Si la valuación de la empresa sale en:	Los inversionistas se quedan con:	Los emprendedores se quedan con:
Hasta 6 millones (escenario pesimista)	80%	20%
Entre 7 y 9 millones (escenario neutro)	70%	30%
De 10 a 20 millones (escenario positivo)	60%	50%
De los 21 millones en adelante (escenario extraordinario)	35%	65%

Los inversionistas ponen 4 millones de dólares (80%) y los emprendedores entre trabajo, idea y recursos aportaron 1 millón de dólares (20%). Después del segundo año van a ir por una ronda de capital y esto es lo que acuerdan desde el principio:

Resultados	% de los inversionistas	Valor de su porcentaje
6 millones	80%	4.8 millones
7 a 9 millones	70%	4.9 a 6.3 millones
10 a 20 millones	60%	6 a 10 millones
21 millones en adelante	50%	10.5 millones ...

Aunque el porcentaje de los inversionistas baja conforme aumenta la valuación de la empresa, esto se compensa porque al mismo tiempo cada acción vale más en dinero, entonces ellos contentos y a los emprendedores cada vez les pertenece más su empresa.

De acuerdo con Heberto Taracena y con Hernán Fernández (Angel Ventures), es una práctica común de la industria empezar con porcentajes altos como inversionista y luego "regresarlos" al emprendedor conforme consiga generar mayor valor. Acciones por resultados es el nuevo "pago por ver" de los negocios. Pero además, para Heberto ahorra mucho tiempo, pues se quitan de pláticas subjetivas de "yo creo que vale tal o cual", mejor se enfocan en ¿cuánto quieres? Y ya si logran las metas, lo van a tener.

Como todo en la vida, esto está sujeto a polémica: para algunos emprendedores e inversionistas este método no es necesariamente el que tiene los mejores incentivos para los involucrados, ya que si los emprendedores no llegan a las metas en el tiempo establecido, pueden perder la oportunidad de obtener esa parte de la empresa. Además, el esquema le puede dar al emprendedor una sensación de empleado... que es justo lo contrario que alguien que empieza un negocio busca.

Si es el método que se acordó, es importante que el emprendedor lea bien las condiciones del contrato y sepa si corre el riesgo de no obtener cierta parte de las acciones, si no llega a los resultados en el periodo exacto o negociar que esto tenga cierta flexibilidad.

Algunas personas en el "ecosistema emprendedor" piensan que de aplicarse este modelo sería más adecuado que la devolución de acciones al emprendedor sea más en función del tiempo que de los resultados, pues finalmente tiempo y trabajo son los valiosos activos que los fundadores están invirtiendo en el proyecto.

Amables recordatorios...

No quiero cerrar esta parte sin dejarles una pequeña advertencia: independientemente del método que uses o el acuerdo de reparto al que llegues, lo más importante son los supuestos con los que los construiste. Ya sabes lo que dicen de los sistemas: *Garbage in, garbage out* (Si lo alimentas con basura, saldrá basura).

Y aunque sea un "otra vez la burra al trigo", también me queda claro que si vas empezando, no te vas a gastar los miles o millones en una consultoría que te saque el valor de algo que apenas se está construyendo, pero sí es importante que tengas en mente el concepto de valuación, acordar los parámetros entre el emprendedor y el inversionista, y poner por escrito qué tendrá cada quién y qué pasará cuando crezcan.

GLOSARIOINK

Accionistas. Propietarios permanentes o temporales de acciones en una sociedad anónima. Esta situación los acredita como socios de la empresa y los hace acreedores a derechos patrimoniales y corporativos.

Acciones. Partes iguales en que se divide el capital social de una empresa. Sirve para acreditar y transmitir los derechos y obligaciones de los socios. Pueden ser privadas o públicas (como cuando se colocan en la Bolsa).

Activo. Cualquier bien tangible o intangible de valor que posee una empresa o una persona y que potencialmente le sirva para generar más activos. En contabilidad y finanzas es el término con el que se denomina a los recursos económicos que una empresa administra en el desarrollo de sus actividades, independientemente de si se deben o son propiedad de la misma.

Administración del Riesgo. Es el proceso mediante el cual se identifica, se mide y se controla la exposición al riesgo. Es un elemento esencial para la solvencia de cualquier negocio y rendimientos de cualquier inversión. La administración implica fijar lineamientos y políticas, definir una metodología de valoración y medición de los riesgos, y establece procedimientos y controles.

Administración activa. Filosofía de inversión basada en la selección de activos. Se sustenta en la convicción de que es posible superar el rendimiento del índice seleccionando los activos en que invertir.

Administración pasiva. Filosofía de inversión basada en la "no selección" de los activos.

Afores. Administradora de Fondos para el Retiro. Son las instituciones financieras que resguardan e invierten el ahorro para el retiro de los trabajadores afiliados al IMSS e ISSSTE en cuentas dualizadas, para dárselos cuando cumplan 65 años –aunque también se puede recibir antes por motivos de incapacidad o que después de los 60 años ya no se pueda conseguir trabajo. La figura aparece en México por primera vez en la ley del IMSS del 1 de enero de 1997, y empieza a funcionar en julio de ese mismo año.

El ahorro que resguardan las afores son las contribuciones obligatorias al IMSS e ISSSTE que hacen los patrones y trabajadores para el retiro y también existe la opción de hacer aportaciones voluntarias.

Ahorro. La parte de tus ingresos que reservas para metas posteriores o para afrontar futuras eventualidades. Idealmente se debe hacer en cuanto recibes tus ingresos (quítamelo que me lo gasto) en lugar de gastar primero y ahorrar lo que sobre.

Analistas. Individuos encargados del estudio de antecedentes, composición de precios, fluctuaciones, estados financieros e indicadores bursátiles, con el propósito de realizar evaluaciones y pronosticar tendencias.

Asignación de activos (*asset allocation*). 1. Es la manera en la que se distribuyen las inversiones según las distintas clases de activos. 2. Metodología de inversión en la que primero se determinan los grupos de activos en los que se invertirá y en qué porcentajes, para después hacer la selección de cada instrumento. Esta metodología implica un rebalanceo periódico del portafolio de inversión para mantener los porcentajes definidos al principio, si llegaran a afectarse por variaciones del mercado.

AMIB. Asociación Mexicana de Intermediarios Bursátiles, agrupa a instituciones financieras (Casas de Bolsa y Operadoras de sociedades de inversión) y brokers que ponen en contacto a compradores y vendedores de valores (acciones, bonos).

AMEXCAP. Asociación Mexicana de Capital Privado. Es una organización que agrupa a fondos de capital privado y capital emprendedor, así como despachos de asesoría financiera y legal en el tema.

Apalancamiento. 1. Uso de deuda para financiar una operación (puede ser una inversión o un negocio). 2. En el tema de las inversiones en particular, cuando se usa apalancamiento, la operación se hace una parte con fondos propios y otra se le pide a terceros. El objetivo es aumentar la rentabilidad del capital que invertimos (con menos recursos propios generamos más rendimientos), sin embargo el apalancamiento también puede multiplicar las pérdidas si la operación sale mal.

Autorregulación. Es la actividad por la que los participantes de un mercado se autoimponen normas de conducta y operativas, supervisan su cumplimiento y sancionan su violación, constituyendo así un orden gremial complementario al dictado por la autoridad formal.

Aumento de capital. Incorporación al capital de la empresa de reservas y/o nuevos recursos, el que se efectúa, por lo general, mediante derechos de suscripción para los accionistas o aumentando el valor nominal de la acción.

Aversión al riesgo. Es la actitud que una persona tiene frente a la posibilidad de perder en sus inversiones. Entre más adversa al riesgo sea, mayor seguridad requerirá en sus inversiones. Dado que el riesgo y el rendimiento están relacionados, una persona muy adversa al riesgo acepta tener menores rendimientos en aras de una mayor seguridad, mientras que una persona menos adversa tolerará tomar riesgos mayores en aras de obtener mayores ganancias.

Banco central. Es la institución que tiene a su cargo la política monetaria del país. Sus principales responsabilidades son preservar el valor de la moneda (buscando la estabilidad de los precios y el tipo de cambio) y la estabilidad del sistema financiero. En países como Estados Unidos, tienen como mandato adicional el promover el crecimiento del país.

Los bancos centrales de cada país son los únicos que pueden acuñar monedas e imprimir billetes de curso legal y pueden emitir regulación para los bancos.

El banco central no es un banco comercial, ni las personas ni empresas pueden abrir cuentas con él. Sólo otorga créditos a los bancos. Por eso se conoce como banco de bancos.

Banco de México. Es el banco central de los Estados Unidos Mexicanos y es el organismo encargado de emitir y regular el volumen de moneda en circulación, administrar las transacciones bancarias, regular el crédito, y actuar como agente financiero del gobierno en la colocación de instrumentos de financiamiento como CETES, PAGAFES y BONDES.

Benchmark. (Anglicismo) es un estándar, referencia o comparativo contra lo que algo puede ser medido. Cuando se refiere a inversiones es la medida a vencer en cuanto a rendimientos. Por ejemplo, si se invierte en acciones, el *benchmark* natural es el Índice de Precios y Cotizaciones de la Bolsa mexicana de Valores.

BMV. Siglas de la Bolsa Mexicana de Valores, que en México es la institución responsable de proporcionar la infraestructura, la supervisión y los servicios necesarios para la realización de los procesos de emisión, colocación e intercambio de valores y títulos inscritos en el Registro Nacional de Valores (RNV), y de otros instrumentos financieros.

Boom. Anglicismo que se utiliza para designar un alza desmedida de un mercado o industria.

Bondes. Bonos de desarrollo del Gobierno Federal. Títulos de deuda emitidos por el Gobierno Federal con el propósito de financiar proyectos de maduración prolongada.

Bonos. Títulos de deuda emitidos por una empresa o por el Estado. En ellos se especifica el monto a reembolsar en un determinado

432

plazo, las amortizaciones totales o parciales, los intereses periódicos y otras obligaciones del emisor.

Bono Basura. Bonos que se emiten con muy pocas o ninguna garantía o valor de liquidación; típicamente ofrecen altos intereses y muy alto riesgo.

Bonos M. Instrumentos de deuda emitidos por el Gobierno Federal, que pagan intereses cada 182 días y al vencimiento del instrumento se paga el valor nominal. Se colocan en plazos de 3, 5, 10, 20 y 30 años, aunque pueden emitirse a cualquier plazo, siempre que sea múltiplo de 182 días. La tasa de interés que pagan los cupones de dichos instrumentos es fija a lo largo de la vida del bono y el rendimiento del mismo puede variar dependiendo de si se conservan al vencimiento o si se venden antes de ese plazo.

Bursátil. Relativo a la actividad en Bolsa.

Bursatilidad. Facilidad de comprar o vender la acción de una emisora en particular

Broker. Persona o firma que actúa como intermediario entre un comprador y un vendedor. En español se usa el término corredor.

Calificadoras. Instituciones independientes que analizan las emisiones de instrumentos representativos de deuda y a las empresas emisoras de valores, para establecer el grado de riesgo que dicho instrumento representa para el inversionista (calificación). Evalúan el nivel de certeza de pago oportuno del principal e intereses por parte de la emisora, su situación financiera y los posibles factores externos que puedan influir en que cumplan con las obligaciones que contraen con sus deudores. Son como el "buró de crédito" de las empresas.

Capital. Recursos que se tienen para producir otros bienes.

Capital social. En finanzas es el valor de las aportaciones en dinero o en especie que los socios hacen a la empresa para su operación.

Capitalización bursátil. Valor que resulta de multiplicar las acciones en circulación de una empresa por su precio de mercado actual. Dependiendo de la magnitud de este valor una empresa que se cotiza en Bolsa se puede considerar de Pequeña Capitalización (*SmallCap*), Mediana o Media Capitalización (*MidCap*) o Alta Capitalización (*LargeCap*).

Casas de Bolsa. Instituciones financieras autorizadas para realizar operaciones de compra y venta de valores (deuda, acciones), brindar asesoría a las empresas en la colocación de valores y a los inversionistas en la constitución de sus carteras de inversión. Las Casas de Bolsa tienen un gran abanico de productos y servicios, que pueden ser desde cetes hasta commodities como el oro o plata y derivados.

Certificados de la Tesorería de la Federación (Cetes). Instrumento de deuda emitido por el Gobierno Federal Mexicano desde 1978, a través del cual se captan recursos de personas físicas y morales a quienes se les garantiza una renta fija. Los Cetes tienen un valor nominal de 10 pesos, que se paga al vencimiento, y se colocan "a descuento" (por un precio menor a dichos 10 pesos). El rendimiento que recibe el inversionista consiste en la diferencia entre el precio de compra y su valor nominal.

Cetes directo. Programa del gobierno federal para la venta de deuda gubernamental a individuos sin intermediarios y sin comisiones.

Certificados bursátiles. Son instrumentos de deuda que las empresas pueden colocar en la Bolsa que les da flexibilidad para definir el monto, plazo, condiciones de pago, tasa de interés, momento de colocación y si hacen una o varias emisiones. Los certificados bursátiles pueden ser quirografarios (respaldados por el patrimonio de la empresa) o estructurados (que es cuando están respaldados por activos no líquidos como cuentas por cobrar, hipotecas, proyectos, infraestructura, flujos futuros...).

Cuenta a la vista. Cuenta bancaria en la que el titular puede hacer depósitos o retiros en cualquier momento, sin que el monto esté sujeto a un plazo determinado de permanencia. Pueden tener requisitos como un saldo mínimo o comisiones por manejo de cuenta pero los movimientos en sí pueden realizarse sin restricciones, siempre que haya fondos en la misma.

Cuenta de nómina. Es la cuenta bancaria que se le abre a un empleado para recibir su salario.

Comisión. Cualquier cargo, independientemente de su denominación o modalidad, que sea distinto al interés, que una entidad financiera cobre a un cliente.

Comisión Nacional Bancaria y de Valores (CNBV). Órgano desconcentrado de la Secretaría de Hacienda y Crédito Público responsable de la supervisión y regulación de Bancos, Casas de Bolsa, Sociedades de Inversión, de sector de crédito popular y uniones de crédito, las emisoras que cotizan en Bolsa, sociedades controladoras de grupos financieros, sociedades de información crediticia y demás entidades financieras, personas físicas y morales cuando realicen actividades previstas en las leyes relativas al sistema financiero.

Comisión Nacional de Seguros y Fianzas (CNSF). Órgano desconcentrado de la Secretaría de Hacienda y Crédito Público encargado de realizar la inspección, vigilancia y supervisión de las instituciones, sociedades, personas y empresas reguladas por las leyes General de Instituciones y Sociedades Mutualistas de Seguros, y Federal de Instituciones de Fianzas, así como del desarrollo y actividades de los sectores asegurador y afianzador del país.

Comisión Nacional del Sistema de Ahorro para el Retiro (CONSAR). Órgano administrativo desconcentrado de la Secretaría de Hacienda y Crédito Público, con autonomía técnica y facultades ejecutivas con competencia funcional propia en los términos de la Ley de los

Sistemas de Ahorro para el Retiro. La Comisión tiene a su cargo la coordinación, regulación, supervisión y vigilancia de estos sistemas.

Commodities. Son materias primas que tienen la característica de ser fungibles o intercambiables, porque vienen empaquetados en las mismas cantidades y calidad. Algunos ejemplos son el oro, el petróleo, el cobre o granos como la soya, el maíz o el café. En los mercados financieros se negocian a través de contratos de futuros u opciones.

Condusef. Comisión Nacional para la Protección y Defensa de los Usuarios de Servicios Financieros. Es una institución pública dependiente de la Secretaría de Hacienda y Crédito Público, cuya función es orientar e informar a los usuarios de servicios financieros sobre sus derechos y opciones, promover la Educación Financiera, y cuando éstos tienen un conflicto con las instituciones financieras, atener sus quejas y reclamaciones, y apoyarlos en la busqueda de una conciliación. También tiene facultades para sancionar algunas prácticas de las instituciones financieras que puedan resultar nocivas para el usuario.

Deuda. 1. Cantidad de dinero o bienes que una persona, empresa o país debe a otra y que constituyen obligaciones que se deben saldar en un plazo determinado; 2. Instrumentos financieros mediante los cuales algún gobierno, empresa o banco "pide prestado" dinero al público inversionista para financiar proyectos de crecimiento, inversión o gasto público, con el compromiso de rembolsarlo en un plazo determinado, con una tasa de interés.

Deducible 1. (Seguros) Cantidad o porcentaje establecido en una póliza, cuyo importe ha de superarse para que la aseguradora pague una reclamación. 2. (Impuestos) gasto o cantidad que por ley puede restar el contribuyente al fijar la base imponible de un tributo.

Déficit. Situación que se crea cuando los gastos exceden a los ingresos de una persona, empresa, gobierno...

Diario Oficial de la Federación. Órgano del Gobierno Constitucional de los Estados Unidos Mexicanos, que tiene la función de publicar en el territorio nacional leyes, reglamentos, acuerdos, circulares, órdenes y demás actos expedidos por los poderes de la Federación, a fin de que éstos sean observados y aplicados debidamente en sus respectivos ámbitos de competencia.

Divisa. 1. Moneda extranjera referida a la unidad del país de que se trata 2.Cualquier moneda o efecto mercantil (cheques, giros, letras de cambio, órdenes de pago y derechos especiales de giro) aceptado internacionalmente como medio de pago.

Diversificación. Característica que tienen las inversiones que se estructuran con diferentes clases de activos y plazos, con objeto de disminuir el riesgo.

Derivados. Son instrumentos financieros que generan pagos u obligaciones las cuales dependen del valor de algún otro activo como materias primas, divisas, bonos y precios de acciones o índices de mercado. Los futuros y las opciones son ejemplos de instrumentos derivados.

Depósito a plazo fijo. Producto que consiste en la entrega de una cantidad de dinero a una entidad bancaria durante un tiempo determinado, mismo que será regresado al vencimiento, con una tasa previamente pactada. En algunos casos el pago de intereses pueden realizarse periódicamente, durante la vigencia del instrumento.

Efectivo. Dinero en monedas o billetes.

Estados financieros. Documentos que indican la situación financiera de una empresa. Los principales son el Balance General, Estado de Resultados y Estado de Flujos de Efectivo.

Emisoras. Empresas que emiten títulos de capital y/o de deuda.

Eventos Relevantes. Aquellos actos, hechos o acontecimientos capaces de influir en el precio de un valor.

Especulación. 1. Actuación consistente en asumir conscientemente un riesgo superior al corriente con la esperanza de obtener un beneficio mayor al medio que se obtiene normalmente en una operación comercial o financiera. La especulación se ejerce en torno a la compra y venta de cualquier categoría de bienes de consumo, primeras materias, títulos, valores, divisas, etc. 2. De acuerdo con Benjamin Graham, autor del inversor inteligente, especulación son aquellas operaciones de inversión que no satisfacen los requisitos de prometer seguridad para el principal y un adecuado rendimiento.

FIBRAS. Fideicomiso de Inversión en Bienes Raíces. Fideicomisos que se encargan de rentar y administrar un portafolio de bienes inmuebles. Los Fideicomisos se colocan en Bolsa por medio de certificados de participación y un mínimo de 95% de la utilidad que generen por las rentas debe repartirse entre los inversionistas que los hayan adquirido. Son una alternativa para invertir en bienes raíces, pero a través de instrumentos financieros.

Fondo de inversión. Instrumento financiero donde se reúne el dinero de un grupo de personas y una entidad gestora invierte dichos recursos en activos como acciones, deuda, divisas, etcétera... de acuerdo a los lineamientos establecidos en un "prospecto de inversión" y a cambio del cobro de una comisión.

Fondo de Emergencias. Ahorro específico para enfrentar imprevistos como pagos de deducibles, reparaciones de la casa o el auto, gastos médicos menores o incluso enfrentar un periodo de desempleo. Idealmente se debe tener entre 3 y 6 meses de gasto en este fondo y cuando se use, volver a ahorrar para reponerlo y así estar preparados para futuras emergencias.

Forbes. Revista estadounidense especializada en negocios y finanzas, fundada en 1917 por Bertie Charles Forbes (quien había nacido en Escocia en 1880), con la idea de que fuera una publicación de "doers y doings" (algo como actores y hechos). Año con año publican una afamada lista de los mayores billonarios de Estados Unidos y del Mundo.

Freelance. Anglicismo para designar a los trabajadores independientes, es decir, aquellos que laboran en esquemas distintos a los de los asalariados, donde no existe una relación de subordinación con un patrón y tampoco tienen los derechos de éstos, como prestaciones o antigüedad, pero en algunos casos también tienen mayor libertad laboral al tener la posibilidad de tener varios proyectos con diversas compañías o personas.

Grupos financieros. Son las asociaciones de intermediarios financieros de distinto tipo, con reconocimiento legal que se comprometen a seguir políticas comunes y a responder conjuntamente de sus pérdidas. En México los grupos financieros están integrados por una sociedad controladora y cuando menos tres de las entidades siguientes: almacenes generales de depósito, arrendadoras financieras, casas de bolsa, casa de cambio, empresas de factoraje financiero, instituciones de banca múltiple, instituciones de fianzas e instituciones de seguros.

Historial crediticio. Es el registro que muestra qué tan puntualmente hemos pagado nuestros créditos y algunos servicios (telefonía, cable, etcétera) durante los últimos 72 meses. Dicha información se resguarda en las sociedades de información crediticia (Buró de Crédito y Círculo de Crédito) e influye en el otorgamiento de nuevos créditos.

Holding. Anglicismo para designar a una sociedad financiera cuya única finalidad es la posesión o control de participaciones de otras empresas. La traducción de la palabra es sociedad tenedora.

Horizonte de inversión. Es el plazo idóneo que se debe permanecer en una inversión para que ésta rinda frutos, de acuerdo al nivel de riesgo y tipo de instrumentos que la componen.

439

Índice. Medida estadística diseñada para mostrar los cambios de una o más variables relacionadas a través del tiempo. Razón matemática producto de una fórmula, que refleja la tendencia de una muestra determinada.

Índice Accionario. Valor de referencia que refleja el comportamiento de un conjunto de acciones. Se calcula mediante una fórmula que considera diferentes variables, por ejemplo, las emisoras más bursátiles, la capitalización o los sectores a los que pertenecen.

Índice de Precios y Cotizaciones (IPC). Es el Indicador líder de la Bolsa Mexicana de Valores y muestra la evolución del mercado accionario en su conjunto. Se calcula en función de las variaciones de precios de una selección de las acciones que más se venden y se compran en la Bolsa.

Índice Dow Jones. El Dow Jones Industrial Average es un índice que reúne el comportamiento de las 30 principales emisoras de la Bolsa de Nueva York.

Inflación. Aumento generalizado y sostenido de los bienes y servicios de una economía a lo largo del tiempo.

INEGI. Instituto Nacional de Geografía y Estadística.

INPC. El "Índice Nacional de Precios al Consumidor" es un indicador que sirve para darle seguimiento a la inflación. Es una canasta de productos y servicios básicos a los que se les monitorea los precios. El INPC lo mide el INEGI.

Institución financiera. Empresas que prestan servicios en los mercados financieros como captar ahorros del público y dar crédito, invertir los recursos de terceros, asegurar bienes, administrar ahorros, etcétera. La mayoría requiere autorización para sus operaciones y estar reguladas (es lo recomendable si vamos a abrir un contrato con ellas). Algunos ejemplos de instituciones financieras son los bancos, las aseguradoras, afores, las sociedades de inversión,...

Instrumento de inversión. Son las diversas opciones de productos y servicios que nos permiten poner nuestro dinero a trabajar.

Inversión. Es hacer que nuestro dinero trabaje para nosotros; al destinar nuestros recursos a activos que tiendan a aumentar su valor con el tiempo, generamos flujos de ingresos o ambos. La inversión siempre debe tomar en cuenta nuestras metas, el plazo que podemos dejar los recursos trabajando, definir de acuerdo a esto el nivel de riesgo que se puede asumir y finalmente de acuerdo a esto, elegir las alternativas con mejores rendimientos que se adapten a estos criterios.

Para Benjamin Graham, autor de "El Inversor Inteligente" y una de las figuras más importantes de la escuela de la inversión en valor, una inversión es aquella que, tras un análisis exhaustivo, promete seguridad para el principal y un adecuado rendimiento.

Interés. Es el precio que se paga por el uso de fondos ajenos. En el caso de un crédito, es el costo que paga el deudor; en el caso de una inversión, es lo que el emisor debe pagar al inversionista por el uso de su dinero.

Intermediarios Bursátiles. Instituciones financieras autorizadas por la Comisión Nacional Bancaria y de Valores para operar en la Bolsa.

Inversionistas. Personas físicas o morales que colocan sus recursos a cambio de valores o activos, para obtener rendimientos.

Inversionistas institucionales. Inversionistas representados por aseguradoras, sociedades de inversión, fondos de pensiones, afores y otras entidades con alta capacidad de inversión.

Inversionista calificado. De acuerdo con la Comisión Nacional Bancaria y de Valores es aquel que mantenga en promedio, durante el último año, inversiones en valores por un monto igual o mayor a 1'500,000 unidades de inversión (7.4 millones de peso en mayo del 2013, aproximadamente) o que haya obtenido en cada uno de los 2 últimos años, ingresos brutos anuales iguales o mayores a 500,000 unidades de inversión (2.5 millones de pesos en mayo del 2013, aproximadamente). Ser inversionista calificado es requisito para determinadas inversiones como los fondos de capital emprendedor o capital privado (private equity).

ISR (Impuesto sobre la Renta). Es un impuesto que se aplica a la ganancia obtenida por el contribuyente por llevar a cabo su actividad económica. Dicha ganancia es la cantidad que se tiene después de restar de los ingresos percibidos, los gastos para realizar su actividad.

Liquidez. Es la rapidez o facilidad con la que una inversión puede venderse y convertirse en efectivo, sin pérdidas en su precio. Ejemplo: un fondo gubernamental de corto plazo es más líquido que una casa, porque puedes venderlo al día y al tener poca variación no tendrías pérdidas, mientras que el inmueble tardaría más tiempo o tendrías que castigar su precio para agilizar la venta.

Macroeconomía. Es el estudio del comportamiento de los grandes agregados económicos como el empleo global, la renta nacional, la inversión, el consumo, los precios, los salarios, y los costos, entre otros. El propósito de la teoría macroeconómica es estudiar sistemáticamente las causas que determinan los niveles de la renta nacional y otros agregados, así como la racionalización de los recursos.

Mercado. Cualquier lugar que tenga como objeto poner en contacto a compradores y vendedores, para realizar transacciones de bienes o servicios, a cambio de una contraprestación.

Múltiplo. 1. Se dice del número o cantidad que contiene a otro varias veces exactamente. 2. En análisis financiero un múltiplo establece una relación entre dos variables, como puede ser el precio de una acción y las utilidades por acción que una empresa genera. Los múltiplos sirven para comparar empresas similares o mostrar la evolución de una empresa a lo largo del tiempo.

OTC. Siglas de *Over the Counter*. Se refiere a operaciones que se hacen fuera de una Bolsa de Valores o algún mercado regulado. Son contratos donde el vendedor y comprador hacen la operación en directo. La traducción sería algo como "sobre el mostrador" o "fuera del mostrador" y es para indicar que es por la libre y nadie regula o vigila.

LMV. Ley del Mercado de Valores. Ley publicada en el Diario Oficial de la Federación en diciembre del 2005; tiene por objeto desarrollar el mercado de valores en forma equitativa, eficiente y transparente; proteger los intereses del público inversionista; minimizar el riesgo sistémico y fomentar una sana competencia.

Pagaré. Instrumento de corto plazo ofrecido por los bancos, en el que las personas invierten su dinero durante un plazo a cambio de una tasa de interés que se determina al contratar. El principal y los intereses están garantizados y cuentan con el seguro del Instituto para la Protección al Ahorro Bancario. Los plazos más comunes de los pagarés son 7, 14 y 28 días, aunque ya se encuentran algunos a tres y seis meses, 270 y 360 días. El pagaré está regulado por los artículos 170 a 174 de la Ley General de Títulos y Operaciones de Crédito.

PIB. Producto interno bruto. Es el indicador que mide cuánto creció el valor total (dinero) de los bienes y servicios que produjo en un periodo, respecto a periodos anteriores.

Portafolio. Es el total de activos de las inversiones de una persona física o moral.

Portafolio Manager. Anglicismo para designar al administrador o "manejador" de un fondo.

Prospecto de inversión. Es el documento donde se contienen las características de una inversión, incluye activos en los que se invierten, límites de inversión, riesgos, rendimientos históricos, comisiones, etcétera.

Prima (seguros). Es el precio que se debe pagar a la institución de seguros para que éste cubra un determinado riesgo.

Principal. Adeudo o monto originalmente prestado, sin contar intereses o cargos moratorios.

Recesión. Fase del ciclo económico que se registra cuando el Producto Interno Bruto se contrae durante tres trimestres seguidos.

Refugio (*safe heaven*). Son activos de inversión de bajo riesgo a los que los inversionistas recurren en tiempos de turbulencia o incertidumbre económica. Algunos ejemplos son el oro o los bonos del tesoro estadounidense.

Rendimiento. Beneficio que produce una inversión. Pueden obtenerse a través de ganancias de capital (diferencia entre el precio de compra y el precio de venta), mediante los intereses que ofrezca el instrumento, principalmente en títulos de deuda, por dividendos que decrete la empresa emisora o una combinación de los anteriores.

Renta fija. Es el grupo de los instrumentos de inversión en los cuales se conoce la rentabilidad que se obtendrá desde el momento de la contratación, siempre y cuando mantengamos la inversión hasta el vencimiento.

Renta variable. Es el grupo de los instrumentos de inversión en los cuales se desconoce la rentabilidad que se obtendrá al momento de la contratación. Sus rendimientos dependen del precio del mercado en el momento de la venta.

Replicar. Cuando un instrumento de inversión se comporta igual que un determinado activo. Para formar una cartera que replique un índice, por ejemplo el Índice de Precios y Cotizaciones de la Bolsa Mexicana de Valores, simplemente compras los mismos valores (las acciones de empresas) que compongan el índice en una proporción igual a la de éste. Tu cartera se moverá igual que el índice, lo replicará.

Reserva Federal estadounidense. Es el banco central de Estados Unidos. También se le conoce como "La Fed".

Reservas internacionales. Son activos financieros que el banco central invierte en el exterior, deben tener la característica de ser muy líquidos, para hacer frente de manera expedita a obligaciones de pago fuera de nuestro país, y cuyo principal objetivo es contribuir a la estabilidad del poder adquisitivo de la moneda nacional. Las reservas nacionales actúan como una garantía de pago de las obligaciones de México en el Exterior y respaldo al peso. Las reservas están principalmente en dólares, pero también se tienen monedas de otros países, oro, los depósitos, títulos y valores pagaderos fuera del territorio nacional con alta calificación crediticia, créditos a cargo de otros bancos centrales exigibles a plazos no mayores de seis meses y los derechos especiales de giro del Fondo Monetario Internacional.

Riesgo. Proviene del latín "risicare" que significa "atreverse". En finanzas, el concepto de riesgo está relacionado con la posibilidad de que ocurra un evento que se traduzca en pérdidas para los participantes en los mercados financieros.

Riqueza. La capacidad de tomar cualquier decisión o buscar una meta, sin que el dinero sea un obstáculo, gracias al equilibrio obtenido en tus finanzas.

Siefore. Sociedad de Inversión Especializada en Fondos para el Retiro. Son los fondos de inversión donde las Afores invierten los recursos para el retiro de los trabajadores a lo largo de su vida laboral. Las Siefores van reduciendo el perfil de riesgo de las inversiones conforme la persona se acerca a la edad de retiro.

Sociedad de Inversión. También conocidas como "Fondos de inversión", son instituciones que invierten de forma grupal los recursos de muchos inversionistas en carteras o portafolios con distintos activos y niveles de riesgo. Su principal característica es la accesibilidad, ya que con relativamente pocos recursos permiten a los inversionistas la entrada a activos como acciones, deuda, divisas, incluso *commodities*, con una gestión profesional.

Socio capitalista. Personas que aportan fondos a un negocio o empresa, con objeto de participar en las ganancias futuras.

Spread. Anglicismo que se usa para describir el margen o diferencia que hay entre dos activos o un precio de compra o de venta.

Startups. Anglicismo para referirse a una empresa de nueva creación o emprendimiento, que presenta unas grandes posibilidades de crecimiento y, en ocasiones, un modelo de negocio escalable. En muchos casos relacionado con tecnología o con ser de alto valor.

Stop loss. Anglicismo, literalmente significa "detener las pérdidas". Es una medida de tolerancia a la baja de un activo que el inversionista debe definir dentro de su estrategia de inversión.

Tasa de interés. Es el costo del dinero: porcentaje de rendimiento (para el inversionista) o costo (para el emisor), respecto al capital comprometido por un instrumento.

Tasa de descuento. Tasa de interés mínima que un inversionista o empresa está dispuesto a aceptar para entrar en un proyecto. La tasa de descuento se utiliza en la evaluación de proyectos de inversión.

Tipo de cambio. El precio al cual una moneda se intercambia por otra.

Trader. Es un participante en un mercado que compra y vende activos por cuenta propia, a nombre de su firma o de terceros, en operaciones generalmente a corto plazo y con expectativa de obtener rápidos beneficios.

446

Udibonos. Bonos del gobierno federal a largo plazo denominados en unidades de inversión. La conversión a moneda nacional se realiza al precio de la udi, vigente en el día que se haga la liquidación correspondiente.

Udis. Las Unidades de Inversión son unidades de valor que se basan en el incremento de los precios (inflación) y son usadas para solventar las obligaciones de créditos hipotecarios o cualquier acto mercantil o para instrumentos de inversión cuyo objetivo sea preservar el poder adquisitivo.

Utilidades. Beneficios de orden económico obtenidos por una empresa a través de sus operaciones. Son las ganancias que se obtienen una vez descontados los egresos a todos los ingresos.

Vencimiento. Es la fecha en la que una obligación plazo llega a su fin.

Volatilidad. Variaciones significativas y a menudo impredecibles, en un cierto período en un mercado o activo.

Fuentes: Banco de México, Bolsa Mexicana de Valores, Asociación Mexicana de Intermediarios Bursátiles, Servicio de Administración Tributaria, Real Academia de la Lengua y definiciones propias.

Esta obra se terminó de imprimir en septiembre de 2013
en los talleres de Litográfica Ingramex, S.A. de C.V.
Centeno 162-1, Col. Granas Esmeralda,
C.P. 09810, México, D.F.